Das Buch

»Denn das größte und zugleich uns allernächste Welträtsel ist der Mensch selber.« Dies sagte einer der großen Psychologen unseres Jahrhunderts, C. G. Jung, der mit seinem Lebenswerk nicht unbeträchtlich zur Erkundung dieses Rätsels beigetragen hat. Und er ist einer im großen Chor der »Seelenkundigen« und »Seelsorger« dieses psychologischen Lesebuchs. Es bietet die vielfältigen Facetten der psychologischen Forschung, der Therapie, des Nachdenkens über die Beschaffenheit des Menschen, berücksichtigt Liebe, Ehe und Familie, stellt Fragen zu Individuum und Gesellschaft oder zur Therapierbarkeit des Menschen. Neben anderen sind vertreten Bruno Bettelheim, Eugen Drewermann, Erich Fromm, Arno Gruen, C. G. Jung, Verena Kast, Maria Montessori, Christiane Olivier, Frederick S. Perls, Jirina Prekop, Peter Schellenbaum.

Die Herausgeberin

Hannelore Roeckelein, am 24. Mai 1960 in Ingolstadt geboren, studierte Germanistik und Anglistik in Regensburg, ist gelernte Buchhändlerin und arbeitet heute als Verlagslektorin in München.

Welträtsel Mensch
Ein psychologisches Lesebuch

Herausgegeben von
Hannelore Roeckelein

Deutscher
Taschenbuch
Verlag

Susanne Lindner

Originalausgabe
Februar 1995
© für diese Ausgabe:
Deutscher Taschenbuch Verlag GmbH & Co. KG, München
© der Beiträge siehe S. 250–254
Umschlaggestaltung: Boris Sokolow
Gesamtherstellung: C. H. Beck'sche Buchdruckerei, Nördlingen
Printed in Germany · ISBN 3-423-35086-5

Inhalt

C. G. Jung
Die Bedeutung der Psychologie für die Gegenwart

Ich habe es als eine außerordentliche Schwierigkeit erfahren, im psychologischen Gebiete etwas allgemein Verständliches meinem Publikum zu vermitteln. Diese Schwierigkeit fing schon an, als ich noch Arzt an der Irrenklinik war. Jeder Psychiater nämlich macht die erstaunliche Entdeckung, daß nicht etwa er selber eine kompetente Meinung über geistige Gesundheit und Krankheit vertritt, sondern daß das liebe Publikum darüber stets alles viel besser weiß als er. Der Kranke gehe ja nicht an den Wänden hoch, er wisse, wo er sei, er kenne seine Angehörigen, habe seinen Namen nicht einmal vergessen, also sei er doch gar nicht krank, sondern bloß ein bißchen traurig oder ein bißchen exaltiert, und die Idee des Psychiaters, der Mann leide an der So-und-so-Krankheit, sei ganz unrichtig.

Diese häufige Erfahrung streift schon ans Psychologische, wo es nämlich noch schlimmer kommt. Vor allem meint jeder, daß Psychologie das sei, was er am besten kenne – Psychologie ist doch immer *seine* Psychologie, und die kennt nur *er*, und zugleich ist seine Psychologie doch *die* Psychologie überhaupt. Man setzt instinktiv voraus, daß die eigene seelische Beschaffenheit zugleich eine allgemeine sei und daß jedermann im wesentlichen so sei, wie jeder andere respektive wie man selber ist. Der Mann setzt diese Gleichheit von seiner Frau voraus, die Frau vom Manne, die Eltern von den Kindern, die Kinder von den Eltern und so weiter. Es scheint, als ob jeder zu seinem Innern die unmittelbarste, intimste und kompetenteste Beziehung habe und als ob seine Seele zugleich eine Allgemeinseele sei, die jedem anderen eignet, so daß man ohne Beschwernis den eigenen Tatbestand als eine Allgemeingültigkeit setzt. Man ist regelmäßig aufs tiefste erstaunt, betrübt oder gar entsetzt, wenn diese Regel einmal offensichtlich nicht stimmt, das heißt wenn man entdeckt, daß der andere auch wirklich ein anderer *ist*. Seelische Verschiedenheiten werden in der Regel nicht bloß als Kuriositäten oder gar als besonders reizvoll empfunden, son-

dern vielmehr als peinlich, schwer ertragbar oder sogar als unerträglich, unrichtig und verwerflich. Das offensichtliche Anderssein
wirkt wie eine Störung der Weltordnung, wie ein Irrtum, der
schleunigst beseitigt werden muß, oder gar wie eine Verfehlung,
welche man zu ahnden sich verpflichtet fühlt.

Ja es gibt, wie man weiß, psychologische Theorien von großer
Bedeutung, welche auf der Annahme beruhen, daß die menschliche Seele stets und überall dasselbe und deshalb auch unter allen
Umständen aus derselben Ecke zu erklären sei. Dieser von der
Theorie vorausgesetzten, erschütternden Monotonie widerspricht
die Tatsache der individuellen Verschiedenheit, die sich im Psychischen zur unendlichen Variation steigert. Aber abgesehen von diesem Umstand, erklärt die eine dieser Theorien die seelische Er-
scheinungswelt hauptsächlich aus der Biologie des Sexualinstink-
tes, die andere aber aus dem ebenso bekannten Machttrieb. Das
Resultat des Widerspruches ist, daß sich beide Theorien auf ihr
Prinzip versteifen und deutliche Neigung zum Alleinseligmachen
verraten. Die eine Theorie leugnet die andere, und man fragt sich
zunächst vergebens, wer nun eigentlich recht habe. Obschon die
Vertreter der beiden Standpunkte versuchen, sich gegenseitig nicht
zu kennen, löst dieses Verhalten doch keineswegs den Widerspruch. Die Antwort auf das Rätsel ist aber verblüffend einfach.
Sie lautet: *Beide haben recht,* nämlich in dem Maße, als sie eine
Psychologie beschreiben, die der ihrigen gleicht – in freier Anwendung des Faustischen Wortes: »Du gleichst dem Geist, den du
begreifst.«

Doch kehren wir zurück zu der Tatsache, daß der naive Verstand das sozusagen unausrottbare Vorurteil nährt, es sei beim
anderen alles genau so wie bei ihm! Obschon man ja im allgemeinen ohne weiteres die Verschiedenheit der menschlichen Seelen
zugibt, so vergißt man doch praktisch immer wieder, daß der andere tatsächlich ein anderer ist, anders fühlt, anders denkt, anders
wahrnimmt und anders will als ich. Wie wir sehen, nehmen selbst
wissenschaftliche Theorien an, daß jeden der Schuh an der gleichen
Stelle drücke. Neben diesem ergötzlichen Hausstreit psychologischer Meinungen gibt es aber noch andere, viel folgenschwerere
sozialpolitische Gleichheitsvoraussetzungen, welche das Vorhandensein der Einzelseele überhaupt vergessen.

Statt mich über solche Kurzsichtigkeiten nutzlos zu ärgern, habe ich mich vielmehr über die Tatsache ihrer Existenz verwundert und den Gründen nachgeforscht, die man dafür verantwortlich machen könnte. Diese Fragestellung hat mich zum Studium der Psychologie primitiver Völker geführt. Es war mir nämlich schon längst aufgefallen, daß eine gewisse Naivität und Kindlichkeit am meisten zum Vorurteil der Gleichheit neigt. In der Primitivität der Menschheit findet man nun tatsächlich, daß dieses Vorurteil sich nicht nur über alle Menschen, sondern auch über alle Naturgegenstände, wie Tiere, Pflanzen, Flüsse, Berge und so weiter erstreckt. Sie alle haben etwas wie menschliche Psychologie, sogar die Bäume und die Steine können reden. Und wie es unter den Menschen solche gibt, die offensichtlich der Regel nicht ganz entsprechen und deshalb als Zauberer, Hexen, Häuptlinge und Medizinmänner gelten, so gibt es auch unter den Tieren sogenannte Doktorkoyoten, Doktorvögel, Werwölfe und dergleichen, welcher Ehrentitel nämlich immer dann verliehen wird, wenn ein Tier sich etwas ungewöhnlich benimmt und dadurch die stillschweigende Voraussetzung der Gleichheit stört. Dieses Vorurteil ist offenbar ein mächtiger Überrest eines primitiven Geisteszustandes, welcher, im Grunde genommen, auf einem mangelhaft differenzierten individuellen Bewußtsein beruht. Das individuelle oder Ichbewußtsein ist eine späte Errungenschaft der Entwicklung. Seine Urform ist ein bloßes *Gruppenbewußtsein*, das auch bei den heute noch existierenden Primitiven gegebenenfalls so nieder entwickelt ist, daß sich solche Stämme nicht einmal einen eigenen Namen beilegen, der sie von den anderen Stämmen unterscheiden würde. So habe ich in Ostafrika einen kleinen Stamm angetroffen, der sich nannte: »Die Leute, die da sind.« Dieses primitive Gruppenbewußtsein lebt im modernen *Familienbewußtsein* weiter, und es erweist sich des öfteren, daß man von individuellen Mitgliedern solcher Familien auch weiter gar nichts aussagen kann, als daß sie eben soundso heißen, womit auch die Betreffenden hinlänglich zufrieden zu sein scheinen.

Das Gruppenbewußtsein, in welchem die Individuen durchaus auswechselbar sind, ist aber nicht die tiefste Stufe des Bewußtseins, sondern bereits eine gewisse Differenzierung. Die tiefste Primitivität besitzt wohl *eine Art Allbewußtsein* bei völliger Unbewußtheit des vorstellenden Subjekts. Auf dieser Stufe gibt es nur *Ereignisse*, aber *keine handelnden Personen.*

Unsere Voraussetzung, daß, was mir gefällt, auch dem anderen gefalle, ist also ein merklicher Überrest jener Urnacht des Bewußtseins, wo zwischen Ich und Du überhaupt kein wahrnehmbarer Unterschied bestand und wo alle das gleiche dachten, fühlten und wollten. Trat aber das Ereignis ein, daß der andere tatsächlich nicht gleichgerichtet war, so entstand eine Störung. Nichts erregt mehr Panik beim Primitiven als das Außergewöhnliche, in welchem dann sofort das Gefährliche und Feindselige vermutet wird. Auch diese Urreaktion überlebt in uns: Wie leicht ist man zum Beispiel beleidigt, wenn jemand unsere Überzeugung nicht teilt! Man ist gekränkt, wenn jemand nicht schön findet, was wir als schön preisen. Noch immer verfolgt man den Andersdenkenden, noch immer will man dem anderen seine Meinung aufnötigen, arme Heiden bekehren, um sie vor der Hölle, die unzweifelhaft auf sie wartet, zu bewahren, ja, man hat sogar eine bodenlose Angst, mit seiner Überzeugung allein zu stehen.

Die seelische Gleichheit aller Menschen ist eine stillschweigende Voraussetzung, eine schlechthin vorhandene Tatsache, welche von der ursprünglichen Unbewußtheit des Individuums herrührt. In der menschlichen Urwelt gab es anstatt eines Individualbewußtseins etwas wie eine Kollektivseele, aus welcher erst auf höheren Entwicklungsstufen allmählich das Einzelbewußtsein auftauchte. Unerläßliche Bedingung für das Dasein des individuellen Bewußtseins ist seine Verschiedenheit von anderem Bewußtsein. Man könnte den seelischen Entwicklungsprozeß daher mit einer Rakete vergleichen, die sich in eine Garbe verschiedenfarbiger Sterne auflöst.

Die Psychologie ist als empirische Wissenschaft allerjüngsten Datums. Sie ist noch keine fünfzig Jahre alt und liegt darum noch in den Windeln. Die bis dahin geltende Voraussetzung der Gleichheit hat ein früheres Zustandekommen verhindert. An dieser Tatsache kann man ermessen, wie jung die Bewußtseinsdifferenzierung überhaupt ist. Sie ist eben erst mühsam aus dem Urschlaf herausgekrochen, um schwerfällig und ungeschickt ihres eigenen Vorhandenseins bewußt zu werden. Daß wir irgendwie auf irgendeiner Höhe wären, ist wohl ein Wahn. Unser Gegenwartsbewußtsein ist ein bloßes Kind, das erst anfängt, »ich« zu sagen.

Zu erkennen, in welch unerhörtem Maße menschliche Seelen voneinander verschieden sind, war mir eines der größten Erlebnisse meines Lebens. Wäre die kollektive Gleichheit nicht Urtatsache, Ursprung und Mutter aller Individualseelen, so wäre sie eine gigantische Illusion. Aber sie besteht trotz aller individuellen Bewußtheit unerschütterlich weiter als das *kollektive Unbewußte*, dem Meere vergleichbar, auf welchem das Ichbewußtsein schwimmt wie ein Schiff. Darum ist auch nichts von der seelischen Urwelt verschwunden. Wie das Meer mit breiten Zungen zwischen die Kontinente greift und sie wie Inseln umfließt, so umdrängt ursprüngliche Unbewußtheit unser einzelnes Bewußtsein. In der Katastrophe der Geisteskrankheit brandet das Urmeer an der Insel empor mit stürmischer Springflut und schluckt die eben Entstandene wieder ein. Bei nervösen Störungen werden wenigstens Dämme durchbrochen und fruchtbare Landstriche durch Überschwemmungen verwüstet. Neurotische sind allesamt Küstenbewohner, den Gefahren des Meeres am nächsten. Die sogenannten Normalen wohnen im Lande drin, auf höherem, trockenem Boden, an harmlosen Seen und Flüßchen. Keine noch so hohe Flut erreicht sie, das Meer ist so weit weg, daß man sogar sein Vorhandensein leugnet. Ja, man kann derart mit seinem Ich identisch werden, daß das Allverbindende der Menschheit einem entschwindet und daß einer sich gegen den andern setzt. Was ja leicht geschehen kann, denn nie will einer so ganz wie der andere. Für den primitiven Egoismus aber steht es fest, daß nie *ich,* sondern stets *der andere* »muß«.

Das einzelne Bewußtsein ist vom bedrohlichen Meer des Unbewußten umgeben. Es ist nur *scheinbar* sicher und verläßlich, in Wirklichkeit aber ist es eine zerbrechliche, auf schwankenden Grundlagen ruhende Sache. Es braucht unter Umständen bloß einen starken Affekt, um die Gleichgewichtslage des Bewußtseins aufs empfindlichste zu stören. Die Sprache deutet es an: Man »gerät außer sich« vor Wut, er »vergaß sich völlig«, man »kannte ihn nicht mehr«, er ist »wie vom Teufel geritten«, man möchte »aus der Haut fahren«, es gibt Dinge, die einen »verrückt machen«,

man »weiß nicht mehr, was man tut« und so weiter. Alle diese
geläufigen Phrasen zeigen, wie leicht ein Affekt das Ichbewußtsein
erschüttert. Solche Störungen durch Affekte sind beileibe nicht
nur akut, sondern auch chronisch und können dauernde Veränderungen des Bewußtseins herbeiführen. Infolge seelischer Erschüt-
terungen können ganze Seiten unseres Wesens wieder ins Unbewußte untertauchen und auf Jahre und Jahrzehnte hinaus von der
Bildfläche des Bewußtseins verschwinden. Sogar bleibende Cha-
rakterveränderungen können dadurch entstehen. Man sagt darum
ganz richtig: Seit dem und dem Erlebnis »ist er ein anderer geworden«. Solche Dinge geschehen nicht nur etwa dem erblich Belaste-
ten oder Nervösen, sondern auch dem sogenannten Normalen.
Die durch Affekte veranlaßten Störungen nennt man technisch
Dissoziations- oder *Spaltungserscheinungen.* In seelischen Konflikten offenbaren sich solche Risse, welche die erschütterte Struktur
des Bewußtseins mit Zerfall bedrohen.

Auch der Bewohner des Landesinnern, der Normalwelt, welcher des Meeres vergaß, lebt nicht auf sicherem Boden, sondern
auf brüchiger Scholle, wo jederzeit, durch kontinentale Spalten
aufrauschend, das Meer zertrennend einströmen kann. Diese Gefahr kennt der Primitive nicht nur aus dem Leben seines Stammes,
sondern auch aus seiner eigenen Psychologie, den »perils of the
soul«, den Gefahren der Seele, wie sie technisch bezeichnet werden. Es sind dies der sogenannte *Seelenverlust* und die *Besessenheit.* Beides sind Spaltungserscheinungen. In ersterem Fall ist ihm,
wie er sagt, eine Seele abgewandert, und in letzterem ist ihm unan-
genehmerweise eine zugewandert. Gewiß klingt diese Formulierung fremdartig, sie beschreibt aber ziemlich genau jene Symptome, die wir heutzutage als Dissoziationsphänomene oder als schi-
zoide Zustände bezeichnen. Diese Erscheinungen sind keineswegs
schlechthin krankhafte Symptome, sondern ereignen sich auch in
der Breite des Normalen. Es sind dort Wandlungen des Allge-
meingefühls, irrationale Stimmungsumschläge, unberechenbare
Affekte, plötzliche Unlust, seelische Ermattung und dergleichen
mehr. Sogar die schizoiden Phänomene, welche der primitiven
Besessenheit entsprechen, kann man auch im Bereich des sogenannten Normalmenschen beobachten. Auch er ist nicht gefeit
gegen den Dämon der Leidenschaft, auch er steht der Besessenheit

durch eine Verliebtheit, ein Laster, eine einseitige Überzeugung offen, lauter Dinge, die einen tiefen Graben zwischen ihm und seinem Nächsten aufreißen und eine qualvolle Zerspaltung seiner eigenen Seele erzeugen.

Zerspaltung der Seele empfindet der Primitive immer als ungehörig und krankhaft, genau wie wir. Nur nennen wir's Konflikt, Nervosität und Geisteskrankheit. Nicht zu Unrecht hat der biblische Schöpfungsbericht eine unzerteilte Harmonie von Pflanze, Tier, Mensch und Gott im Symbol des Paradieses an den Anfang alles seelischen Werdens gesetzt und jene erste Bewußtwerdung »Ihr werdet sein wie Gott und wissen, was gut und böse ist« – als fatale Sünde erklärt. Denn als Sünde muß es dem naiven Geiste erscheinen, das Gesetz der heiligen urnächtlichen Einheit des Allbewußtseins zu brechen. Es *ist* die luziferische Empörung des einzelnen gegen das Eine. Es *ist* ein feindseliger Akt des Disharmonischen gegen das Harmonische, es *ist* eine Geschiedenheit gegen die Allverbundenheit. Und darum heißt es in der Verfluchung: »Und ich will Feindschaft setzen zwischen dir und dem Weibe, und zwischen deinem Samen und ihrem Samen. Dieser soll dir den Kopf zertreten, und du wirst ihn in die Ferse stechen« (1. Mose 3, 15).

Und doch war die Erringung des Bewußtseins die köstlichste Frucht am Lebensbaume, die magische Waffe, welche dem Menschen den Sieg über die Erde gab, und von der wir hoffen, daß sie ihm noch den größeren Sieg über sich selber ermöglichen werde.

Die Tatsache, daß individuelles Bewußtsein Trennung und Feindschaft bedeutet, hat die Menschheit unzählige Male im einzelnen sowohl wie im ganzen erlebt. Und wie beim Individuum die Zeit der Spaltung eine Zeit der Krankheit ist, so ist sie es auch im Leben der Völker. Wir werden kaum noch leugnen können, daß auch unsere Gegenwart eine solche Zeit der Spaltung und Krankheit ist. Die politischen und sozialen Zustände, die religiöse und philosophische Zersplitterung, die moderne Kunst und die moderne Psychologie, alle künden in dieser Hinsicht einerlei Meinung. Und ist es irgendeinem, der auch nur mit einer Spur menschlichen Verantwortungsgefühls begabt ist, irgendwie wohl dabei? Wenn wir ehrlich sind, so müssen wir gestehen, daß es in dieser Gegenwartswelt keinem mehr ganz behaglich ist; es wird sogar zunehmend unbehaglich. Krisis ist auch ein *ärztlicher* Ausdruck, der stets einen gefährlichen Krankheitsgipfel bezeichnet.

Der Keim der Spaltungskrankheit senkte sich mit der Bewußtwerdung in die Seele der Menschheit, höchstes Gut und größtes Übel zugleich. Es ist schwer, die Gegenwart, in der man unmittelbar lebt, zu beurteilen. Greifen wir aber auf die geistige Krankheitsgeschichte der Menschheit zurück, so begegnen wir früheren Anfällen, die wir besser überblicken können. Einer der schwersten Fälle war die römische Weltkrankheit der ersten nachchristlichen Jahrhunderte. Das Dissoziationsphänomen zeigte sich in einer beispiellosen Zerklüftung der politischen und sozialen Zustände, der religiösen und philosophischen Überzeugungen und in einem deplorablen Niedergang der Künste und Wissenschaften. Reduzieren wir die damalige Menschheit auf einen einzelnen Menschen, so haben wir eine in jeder Beziehung hochdifferenzierte Persönlichkeit vor uns, die zunächst mit überlegener Selbstsicherheit sich ihrer Umgebung bemächtigt hat, nun aber nach errungenem Erfolg sich in soundsoviele Einzelokkupationen und -interessen aufsplittert und darob ihre eigene Herkunft und Tradition und sogar ihr eigenes Gedächtnis dermaßen vergißt, daß es ihr scheint, sie sei dies oder das, und dadurch in einen unheilvollen Konflikt mit sich selbst gerät. Der Konflikt führt schließlich zu einem solchen Schwächezustand, daß die früher beherrschte Umwelt verheerend einbricht und den Zerstörungsprozeß vollendet.

Durch jahrzehntelange Beschäftigung mit dem Wesen der Seele hat sich bei mir sowohl wie bei anderen Forschern auf diesem Gebiete der Grundsatz herausgebildet, ein seelisches Phänomen niemals nur von der einen Seite, sondern auch von der anderen anzusehen. Weitläufige Erfahrung zeigt nämlich, daß alle Dinge zum mindesten zwei Seiten haben, bisweilen sogar noch einige mehr. Disraelis Maxime, die unwichtigen Dinge als nicht so unwichtig und die wichtigen als nicht zu wichtig zu nehmen, ist eine andere Formulierung der gleichen Wahrheit. Eine dritte Version wäre die Hypothese, daß jede seelische Erscheinung innerlich durch ihr Gegenteil kompensiert sei – sprichwörtlich ausgedrückt: »Les extrêmes se touchent«, oder: »Es ist kein Unglück so groß, daß nicht auch ein Glück dabei wäre.«

So ist auch die Spaltungskrankheit einer Welt zugleich ein Gesundungsprozeß oder besser noch der Höhepunkt einer Schwangerschaft, der Geburtswehen bedeutet. Eine Zeit der Zerspaltung wie die des Imperium Romanum ist zugleich eine Epoche der Geburt. Nicht sinnloserweise datieren wir unsere Ära vom Zeitalter des Augustus Caesar, denn in seine Epoche fällt die Geburt jener symbolischen Gestalt des Christus, welcher von den alten Christen als *Fisch,* nämlich als Herr des eben begonnenen Weltmonates der Fische, angerufen wurde und zum führenden Geist eines zweitausendjährigen Zeitalters emporstieg. Sozusagen dem Meere entstieg er wie der sagenhafte Weisheitslehrer der Babylonier, Oannes, als die Urnacht emporschwoll und eine Weltzeit zum Bersten brachte. Er sagte zwar: »Ich bin nicht gekommen, den Frieden zu bringen, sondern das Schwert« (Matthäus 10, 34). Aber was Spaltung bringt, erzeugt Verbundenheit. Deshalb war seine Lehre die der allverbindenden Liebe.

Wir sind durch unsere Entfernung in der Zeit in der vorteilhaften Lage, dieses historische Bild in aller Klarheit zu sehen. Hätten wir aber in jenen Tagen gelebt, wo es entstand, so hätten wir vermutlich zu denen gehört, die es übersehen haben. Damals war das Evangelium, die frohe Botschaft, nur wenigen und Unbekannten bewußt, die Oberfläche der Welt war von Politik, Wirtschaftsfragen und Sport erfüllt. Die religiöse und philosophische Sphäre mühte sich um die Assimilation der Geistesschätze, die aus dem eben eroberten nahen Osten in die römische Welt einströmten. Wenige achteten des Senfkornes, das zum großen Baume werden sollte.

Die klassische chinesische Philosophie kennt zwei gegensätzliche Weltprinzipien, das helle Yang und das dunkle Yin. Von diesen sagt sie, daß immer wenn das eine Prinzip den Höhepunkt seiner Macht erreiche, das Gegenprinzip in ihm wie ein Keim erwache. Dies ist wiederum eine besonders anschauliche Formulierung des psychologischen Grundsatzes der Kompensation durch das innere Gegenteil. Wenn eine Kultur ihren Höhepunkt erreicht, tritt früher oder später die Epoche der Zerspaltung ein. Die scheinbar sinn- und hoffnungslose Auflösung in unzusammenhängendes, richtungsloses Vielerlei, das einen mit Ekel und Verzweiflung erfüllen könnte, enthält aber in seinem dunkeln Inneren den Keim eines neuen Lichtes.

Kehren wir auf einen Augenblick zurück zu unserem vorigen
Versuch, aus dem Ganzen der antiken Zerfallszeit einen einzelnen
Menschen zu konstruieren. Ich versuchte, Ihnen zu zeigen, wie er
psychologisch zerfällt, wie er in fataler Schwächeanwandlung die
Herrschaft über die Umweltbedingungen verliert und schließlich
der Zerstörung zum Opfer fällt. Nehmen wir an, dieser Mann
komme zu mir in die Sprechstunde. Ich würde folgende Diagnose
stellen: »Sie leiden an Überanstrengung infolge Vielgeschäftigkeit
und maßloser Extraversion. In der Massenhaftigkeit und Kompli-
ziertheit Ihrer geschäftlichen, persönlichen und menschlichen Verpflichtungen haben Sie den Kopf verloren. Sie sind eine Art von
Ivar Kreuger (der schwedische »Zündholzkönig«, der nach finan-
ziellem Zusammenbruch Selbstmord beging), der ein charakteristi-
scher Vertreter modern-europäischen Geistes ist. Sie müssen einsehen, Verehrtester, daß Sie richtig auf den Hund gekommen
sind.«
Diese Einsicht ist praktisch besonders wichtig, denn die Patienten haben sowieso die Neigung, in verderblichster Weise mit den
alten Methoden, die sich schon hinlänglich als untauglich erwiesen
haben, weiterzuwursteln und damit ihre Lage nur zu verschlimmern. Zu warten nützt nichts. Darum erhebt sich unmittelbar die
Frage, was tun?
Unser Patient ist ein intelligenter Mensch; er hat alle Tränklein
der Medizin, die guten und die bösen, alle Diäten und alle Rat-
schläge aller klugen Leute schon versucht; deshalb müssen wir mit
ihm verfahren wie Till Eulenspiegel, der immer lachte, wenn's
bergauf ging, und weinte, wenn's bergab ging, ganz im Gegensatz
zum sogenannten gesunden Menschenverstand. In seinem Narren-
kleid steckte aber bekanntlich ein Weiser, der beim Bergaufgehen
sich auf den kommenden Abstieg freute. Weisheit und Narrheit
liegen ja so freundlich-gefährlich beisammen!
Wir müssen unseren Patienten dorthin richten, wo das Eine,
Allverbindende in ihm entsteht, wo jene schöpferische Geburt
stattfindet, welche »die Mutter bricht« und in tiefstem Sinne Ursache aller Oberflächenzerspaltung ist. Nicht eine Kultur *zerfällt*,
sondern sie *gebiert*. Es hätte in jenen ersten Jahrzehnten unserer
Zeitrechnung ein Einsichtiger inmitten der politisierenden, speku-
lierenden, cäsarenwahnsinnigen und zirkustrunkenen römischen

Weltstadt mit unerschütterlicher Sicherheit ausrufen können: »Schon ist der *eine* Keim einer kommenden Weltzeit im Dunkeln hinter all dieser ziellosen Verwirrung geboren, der Same jenes Baumes, der mit *einer* Überzeugung, *einer* Kultur und *einer* Sprache die Völker von der westlichsten Thule bis nach Polen und vom nördlichen Bergen bis nach Sizilien überschatten wird.« Denn das ist psychologisches Gesetz.

Mein Patient wird mir, aller Voraussicht nach, kein Wort davon glauben. Zum mindesten will er's selber erfahren haben. Und damit beginnen die Schwierigkeiten, denn das Kompensierende, das Neue und andere beginnt immer und ausgerechnet dort, wo man's am wenigsten vermuten würde, wo es auch objektiv am allerunplausibelsten ist. Nehmen wir nun an, daß unser Patient kein bloß konstruierter Extrakt einer ganzen Kultur, sondern ein leibhaftiger Mensch unserer Tage sei, welchem das Unglück zugestoßen ist, ein besonders typischer Vertreter moderner europäischer Kultur zu sein, so werden wir finden, daß unsere Kompensationstheorie ihm so gut wie nichts sagt. Er leidet vor allem am Alles-schon-besser-Wissen, und es gibt schlechterdings nichts, was nicht irgendwo schon richtig klassifiziert wäre; und was seine Seele anbetrifft, so ist sie wesentlich seine eigene Erfindung, seine eigene Willkür und gehorcht ausschließlich seiner Vernunft, und wo sie es dennoch nicht tut, nämlich wo er psychische Symptome wie Angstzustände, Zwangsvorstellungen und dergleichen hat, da handelt es sich um klinisch feststellbare Krankheiten mit durchaus plausiblen, wissenschaftlichen Namen. Seelisches als nicht weiter zu reduzierendes Urerlebnis kennt er überhaupt nicht und weiß nicht, wovon ich rede, meint aber, er verstünde es ganz richtig und schreibt sogar Artikel und Bücher darüber, wo er über »Psychologismus« jammert.

Diesem Geisteszustand, der hinter dicksten Mauern von Büchern, Zeitungen, Meinungen, Institutionen und Berufen verschanzt ist, kann niemand unmittelbar beikommen – am allerwenigsten jener eine Keim des Neuen und Allverbindenden, denn er ist klein, so klein und lächerlich, daß er vor Bescheidenheit lieber gleich den Geist aufgäbe. Und wohin müssen wir unseren Patienten führen, um ihm wenigstens einen Schimmer einer Ahnung von etwas anderem, das seine ihm nur zu bekannte Allerwelts-Welt

aufwiegen könnte, zu geben? Wir müssen ihn, auf weiten Umwe-
gen bisweilen, an eine dunkle, lächerlich unansehnliche, ganz be-
langlose und ungültige Stelle seiner Seele führen, auf einem längst
erledigten Weg zur längst erkannten Illusion, von der alle Welt
weiß, daß sie »nichts ist als . . .«. Jene Stelle heißt der *Traum*,
dieses flüchtig hinschwebende, groteske Gebilde der Nacht, und
der Weg heißt: das *Verstehen der Träume*.

Mit faustischer Empörung ruft mein Patient aus:

> Mir widersteht das tolle Zauberwesen!
> Versprichst du mir, ich soll genesen
> In diesem Wust von Raserei?
> Verlang ich Rat von einem alten Weibe?
> . . . .
> Weh mir, wenn du nichts Bess'res weißt!

»Haben Sie nicht das und jenes probiert? Haben Sie nicht übrigens
selber festgestellt, daß alle Ihre Versuche Sie im Kreise herum
wieder in den Wirrwarr Ihrer Gegenwart geführt haben?« So werde ich ihn fragen. »Also woher werden Sie jenen Gesichtspunkt
beziehen, wenn er in Ihrer Welt nirgends angetroffen werden
kann?«

Hier murmelt Mephistopheles beifällig: »So muß denn doch die
Hexe dran«, womit er in seiner ihm eigenen teuflischen Art das
alte »heilig-öffentlich Geheimnis«, daß der Traum inneres Gesicht
sei, verdreht. Der Traum ist die kleine verborgene Türe im Innersten und Intimsten der Seele, welche sich in jene kosmische Urnacht öffnet, die Seele war, als es noch längst kein Ichbewußtsein
gab, und welche Seele sein wird, weit über das hinaus, was ein
Ichbewußtsein je wird erreichen können. Denn alles Ichbewußtsein ist vereinzelt, erkennt Einzelnes, indem es trennt und unterscheidet, und gesehen wird nur, was sich auf dieses Ich beziehen
kann. Das Ichbewußtsein besteht aus lauter Einschränkungen,
auch wenn es an die fernsten Sternnebel reicht. Alles Bewußtsein
trennt; im Traume aber treten wir in den tieferen, allgemeineren,
wahreren, ewigeren Menschen ein, der noch im Dämmer der an-
fänglichen Nacht steht, wo er noch das Ganze und das Ganze in
ihm war, in der unterschiedslosen, aller Ichhaftigkeit baren Natur.

Aus dieser allverbindenden Tiefe stammt der Traum, und sei er noch so kindisch, noch so grotesk, noch so unmoralisch. Er ist von einer blumenhaften Unbefangenheit und Wahrhaftigkeit, die unsere autobiographische Lügenhaftigkeit erröten macht. Kein Wunder daher, daß in allen älteren Kulturen der eindrucksvolle Traum als eine Botschaft der Götter galt! Es war unserem Rationalismus vorbehalten, den Traum aus »Tagesresten«, das heißt aus Brocken zu erklären, welche von der reichbesetzten Tafel unseres Bewußtseins in die Unterwelt hinunterfielen. Wie wenn diese dunkle Tiefe nichts anderes wäre als ein leerer Sack, in dem nie mehr ist, als von oben hineingefallen ist. Warum vergißt man stets, daß es nichts Gewaltiges und Schönes im weiten Bereich menschlicher Kultur gibt, das nicht ursprünglich dem glücklichen Einfall entstammt? Was würde aus der Menschheit, wenn niemand mehr Einfälle hätte? Weit eher wahrlich ist das Bewußtsein jener Sack, in dem nie mehr drin ist, als was ihm »eingefallen« ist. Wir ermessen nie mehr, wie sehr wir von Einfällen abhängen, als wenn uns peinlicherweise nichts einfallen will. Der Traum ist nichts anderes als ein Einfall jener allverbindenden, dunklen Seele. Was wäre darum natürlicher, wenn wir uns in die endlosen Einzelheiten und Vereinzelungen der Weltoberfläche verirrt haben, als daß wir beim Traume anklopften, um bei ihm jene Gesichtspunkte zu erfragen, welche uns den Grundtatsachen des Menschseins wieder näher rücken könnten?

Aber da stoßen wir an die hartnäckigsten Vorurteile: »Träume sind Schäume«, keine Realitäten, sie lügen, es sind bloße Wunscherfüllungen; lauter Ausflüchte, um den Traum nicht ernst nehmen zu müssen, denn das wäre unbequem. Die geistige Hybris des Bewußtseins liebt eben die Vereinzelung trotz aller Unzuträglichkeiten, darum ist man abgeneigt, der Wahrheit des Traumes Wirklichkeit zuzugestehen. Es gibt Heilige, die sehr wüste Träume haben. Wie stünde es mit ihrer Heiligkeit, die sie so weit über den Menschenpöbel emporhebt, wenn die Obszönität des Traumes eine wahre Wirklichkeit wäre? Aber eben gerade die unangenehmsten Träume könnten uns am meisten der blutsverwandten Menschheit annähern und aufs wirksamste den Hochmut der Instinktlosigkeit dämpfen. Wenn auch eine ganze Welt aus den Fugen geht, so kann doch jene Allverbundenheit der dunkeln Seele nie in Stücke brechen. Und je weiter und zahlreicher die Spaltun-

gen der Oberfläche werden, desto mehr wächst in der Tiefe die
Kraft des Einen.

Allerdings ist niemand, der es nicht erfahren hat, davon überzeugt, daß es außerhalb des Bewußtseins noch irgendeine selbstän-
dige seelische Tätigkeit im Menschen geben könnte, ganz besonders nicht eine Tätigkeit, welche nicht nur in mir, sondern zugleich
in allen stattfindet. Aber wenn man die Psychologie der modernen
Kunst mit den Ergebnissen der Psychologie und diese wiederum
mit der Mythologie und Philosophie anderer Völker vergleicht, so
findet man unwiderlegliche Beweise für die Existenz dieses kollektiven, unbewußten Faktors.

Unser Patient ist aber dermaßen daran gewohnt, seine Seele nur
als eine Willkürlichkeit zu betrachten und zu handhaben, daß er
mir entgegnen wird, er hätte es noch nie gesehen, daß seinen seelischen Vorgängen irgendwelche Objektivität innewohne. Sie seien
im Gegenteil das Allersubjektivste, was man sich denken könne.
Darauf antworte ich ihm: »Dann können Sie ja Ihre Angstzustände und Zwangsvorstellungen sofort verschwinden lassen. Schlechte Launen, von denen Sie wimmeln, gibt es nicht mehr. Sie müssen
nur das Zauberwort sprechen.«

Natürlich hat er in seiner modernen Naivität gar nicht gemerkt,
daß er von seinen krankhaften Zuständen so besessen ist wie ir-
gendein Besessener des schwärzesten Mittelalters. Der Unterschied ist gleichgültig, damals nannte man's Teufel, heute nennt
man's Neurose. Die Sache ist dieselbe; es ist die gleiche uralte
Erfahrung: Ein objektives Psychisches, ein Fremdes, nicht zu Be-
wältigendes steht unverrückbar mitten in unserer Willkürherr-
schaft drin. Es geht uns damit wie dem Proktophantasmisten im
›Faust‹:

> Ihr seid noch immer da! nein, das ist unerhört.
> Verschwindet doch! Wir haben ja aufgeklärt! —
> Das Teufelspack, es fragt nach keiner Regel.
> Wir sind so klug, und dennoch spukt's in Tegel.

Kann sich unser Patient dieser Logik unterwerfen, so ist damit
vieles gewonnen. Der Weg zum Erlebnis der Seele ist frei. Aber er
ist zunächst ungangbar, denn schon lauert ein anderes Vorurteil:

Zugegeben, man erfahre eine seelische Macht, die sich unserer Willkür entzieht, ein sogenannt Objektiv-Psychisches; das ist aber doch nichts anderes als eben bloß Psychologisches, das heißt menschlich Unzulängliches, Unzuverlässiges, Verworrenes.

Es ist unglaublich, wie sich die Menschen in Wörtern fangen können. Immer meinen sie, mit einem Namen sei auch eine Sache gesetzt, wie wenn man dem Teufel einen seriösen Tort angetan hätte, daß man ihn jetzt Neurose nennt! Diese rührende Kindlichkeit ist auch noch ein Überbleibsel von Anno dazumal, als man nämlich noch mit Zauberworten operierte. Das, was hinter Teufel oder Neurose steckt, kümmert sich sicher nicht drum, wie man's nennt. Wir wissen ja gar nicht, was Psyche ist. Wir nennen das Unbewußte bloß darum so, weil uns unbewußt ist, was es ist. Wir wissen es so wenig, wie der Physiker weiß, was Stoff ist. Er hat bloß Theorien darüber, das heißt Anschauungen, Bilder mit einem Wort. Eine Zeitlang nimmt man an, daß sie passen, dann stürzt mit einer neuen Entdeckung die ganze Anschauung wieder um – kränkt das etwa den Stoff? Oder ist dadurch die Wirklichkeit des Stoffes irgendwie gemindert?

Wir wissen schlechterdings nicht, was uns in diesem fremdartigen Störungsfaktor, den wir wissenschaftlich als das *Unbewußte* oder das *Objektiv-Psychische* bezeichnen, entgegentritt. Man hat es mit einem Anschein von Berechtigung als Sexualinstinkt oder als Geltungstrieb gekennzeichnet. Damit reicht man aber an die eigentliche Bedeutung der Sache nicht heran. Denn was steckt hinter diesen Trieben, die doch gewiß nicht das Ende der Welt, sondern bloß eine Verstandesbeschränkung darstellen? Das Feld ist jeder Deutung freigegeben. Man kann das Unbewußte auch als eine Äußerung des Lebenstriebes überhaupt auffassen und die lebenschaffende und -erhaltende Kraft in Beziehung zu Bergsons Begriff des »élan vital« oder sogar zu dem der »durée créatrice« setzen. Eine andere Parallele wäre der Schopenhauersche »Wille«. Ich kenne Leute, welche die fremde Macht in der eigenen Seele als etwas Göttliches empfinden; dies aus dem einfachen Grunde, weil sie auf diesem Wege zum Verständnis des religiösen Erlebnisses gekommen sind.

Ich gebe gerne zu, daß ich die Enttäuschung meines Patienten oder meines Publikums ob des paradoxen Hinweises auf den

Traum als eine Informationsquelle in der Konfusion der modernen Geisteslage ohne weiteres begreife. Nichts ist natürlicher, als daß man einen solchen Hinweis zunächst als völlig lächerlich empfindet. Was sollte der Traum, dieses Subjektivste und Nichtigste in einer Welt, die von überwältigenden Realitäten nur so überfließt? Gegen Wirklichkeiten müssen doch ebenso handgreifliche andere Wirklichkeiten gesetzt werden, und nicht subjektive Träume, welche nichts bewirken als etwa schlechten Schlaf oder üble Launen. Gewiß, mit Träumen baut man keine Häuser, zahlt keine Steuern, gewinnt keine Schlacht und behebt die Weltkrise nicht. Und darum will mein Patient, wie alle anderen Leute auch, von mir hören, was man gegen die unleidliche Situation tun kann, und zwar mit vernünftigen Mitteln, welche der Lage angemessen sind. Das Unglück ist nur, daß alle Mittel, die angemessen scheinen, entweder schon erfolglos ausprobiert sind oder in praktisch unmöglichen Wunschphantasien bestehen. Diese Mittel sind aber alle im Sinne der jeweiligen Lage ausgewählt worden. Hat zum Beispiel jemand sein Geschäft in eine gefährliche Lage hineinmanövriert, so denkt er selbstverständlich darüber nach, wie er ihm wieder auf die Beine helfen könnte, und zwar mit all den Mitteln, mit denen man ein krankes Geschäft wieder kuriert. Was wird aber, wenn alle diese Mittel erschöpft sind, wenn sie im Gegensatz zu aller vernünftigen Erwartung die ohnehin peinliche Lage noch mehr ins Rutschen bringen? In einem solchen Fall muß man notgedrungenerweise die Anwendung sogenannter vernünftiger Mittel so schnell wie möglich aufgeben.

Mein Patient, und vielleicht auch unsere Zeit, ist in solcher Lage. Er wird mich ängstlich fragen: »Was kann ich tun?« Und ich muß ihm antworten: »Das weiß ich auch nicht.« »Dann gibt es also keine Rettung?« Worauf ich ihm antworte: »Die Menschheit war im Laufe ihres Werdeprozesses unzählige Male in solche Sackgassen verrannt, wo niemand Rat wußte, weil alle damit beschäftigt waren, innerhalb ihrer Situation kluge Pläne auszuhecken. Keiner hatte den Mut anzuerkennen, daß man sich überhaupt verrannt hatte. Und dann ging's plötzlich auf irgendeine Art doch wieder, so daß dieselbe alte Menschheit doch immer noch existiert, allerdings anders als zuvor.«

Wenn wir die Menschheitsgeschichte betrachten, so sehen wir

nur die alleräußerste Oberfläche der Ereignisse, und diese verzerrt im trüben Spiegel der Tradition. Was aber *eigentlich* geschehen ist, das entzieht sich dem forschenden Blick des Historikers, denn das eigentliche geschichtliche Geschehen ist tief verborgen, von allen gelebt und von niemand beachtet. Es ist privatestes, subjektivstes seelisches Leben und Erleben. Kriege, Dynastien, soziale Umwälzungen, Eroberungen, Religionen sind die alleroberflächlichsten Symptome einer geheimen seelischen Grundhaltung des einzelnen, ihm selber unbewußt und darum von keinem Geschichtsschreiber überliefert; Religionsstifter sind vielleicht noch am aufschlußreichsten. Die großen Ereignisse der Weltgeschichte sind, im Grunde genommen, von tiefster Belanglosigkeit. Wesentlich ist in letzter Linie nur das subjektive Leben des einzelnen. Dieses allein macht Geschichte, in ihm allein finden alle großen Wandlungen zuerst statt, und alle Zukunft und alle Weltgeschichte stammen als ungeheure Summation doch zuletzt aus diesen verborgenen Quellen der einzelnen. Wir sind in unserem privatesten und subjektivsten Leben nicht nur die Erleider, sondern auch die Macher einer Zeit. Unsere Zeit – das sind wir!

Wenn ich also meinem Patienten rate: »Achten Sie auf Ihre Träume«, so meine ich damit: »Kehren Sie zurück zu Ihrem Allersubjektivsten, zur Quelle Ihrer Existenz und Ihres Daseins, zu jenem Punkt, wo Sie Weltgeschichte machen, ohne es zu merken. Ihre anscheinend unlösbare Schwierigkeit muß offenbar unlösbar sein, damit Sie nicht weiter sich dafür aufreiben und Heilmittel ersinnen, von deren Unwirksamkeit man von vornherein überzeugt ist. Ihre Träume sind Ausdruck Ihres subjektiven Wesens und können Ihnen darum zeigen, durch welche falsche Einstellung Sie sich in diese Sackgasse verrannt haben.«

Tatsächlich sind Träume unparteiische, der Willkür des Bewußtseins entzogene, spontane Produkte der unbewußten Seele. Sie sind reine Natur und deshalb von unverfälschter, natürlicher Wahrheit, daher wie nichts anderes geeignet, uns dann eine dem menschlichen Grundwesen entsprechende Haltung wiederzugeben, wenn sich unser Bewußtsein zu weit von seiner Grundlage entfernt und in einer Unmöglichkeit festgefahren hat.

Die Beschäftigung mit den Träumen ist eine Art von *Selbstbesinnung*. Wobei aber nicht das Ichbewußtsein sich auf sich selbst besinnt, sondern es beschäftigt sich mit der objektiven Gegebenheit des Traumes als einer Mitteilung oder Botschaft der unbewußten, all-einen Menschheitsseele. Man besinnt sich wohl auf sich selbst, aber nicht auf das *Ich,* sondern auf jenes fremde *Selbst,* das uns ureigen, ja unser Stamm ist, aus dem das Ich einst wuchs. Es ist uns fremd, weil wir durch die Verirrung des Bewußtseins uns ihm entfremdeten.

Wenn man auch vielleicht der allgemeinen Idee beistimmt, daß Träume nicht willkürliche Erfindung, sondern ein natürliches Erzeugnis der unbewußten Seelentätigkeit seien, so wird einem doch, angesichts der *wirklichen* Träume, der Mut entfallen, in ihnen eine Botschaft von irgendwelcher Tragweite zu sehen. Traumdeuterei ist eine der Disziplinen der Hexerei und gehört daher zu den von der Kirche verfolgten schwarzen Künsten. Auch wenn wir Menschen des 20. Jahrhunderts in dieser Hinsicht etwas freisinniger denken, so haftet dem Gedanken der Traumdeutung doch noch allzuviel historisches Vorurteil an, als daß man sich mit ihm ohne weiteres befreunden könnte. Gibt es überhaupt – so wird man sich fragen – eine zuverlässige Methode der Traumdeutung? Man kann sich doch nicht irgendwelchen Spekulationen anvertrauen? Ich teile diese Bedenken in vollem Maße, und ich bin sogar überzeugt, daß es keine absolut zuverlässige Methode der Deutung gibt. Absolute Zuverlässigkeit in der Deutung von Naturgegebenheiten gibt es überhaupt nur innerhalb der engsten Grenzen, wo nämlich nie mehr dabei herauskommt, als man hineingesteckt hat. Unsere gesamte Naturerklärung ist ein Wagnis. Methoden entstehen erst lange nachdem die Pionierarbeit geleistet ist. Man weiß zwar, daß Freud ein Buch über Traumdeutung geschrieben hat, aber für seine Deutung gilt das vorhin Gesagte: Bei seinen Deutungen kommt nie mehr heraus, als was nach seiner Theorie im Traum drin stehen darf. Diese Auffassung ist natürlich der schrankenlosen Freiheit des Traumlebens nirgends gewachsen, weshalb sie den Traumsinn auch mehr verdunkelt als erleuchtet. Es ist auch schwer zu denken, daß es jemals eine Methode, das heißt einen technisch geregelten Weg, der zu einem untrüglichen Resultat führt, geben könnte, wenn man versucht, von der unendlichen Variabilität der Träume sich eine Vorstellung zu machen. Es ist auch gut, daß es keine gültige Methode gibt, denn sonst wäre der Traumsinn schon im

voraus beschränkt und würde deshalb gerade jene Tugend einbü-
ßen, welche ihn für psychologische Zwecke so besonders wertvoll
macht, nämlich seine Fähigkeit, einen neuen Gesichtspunkt zu
geben.

Man tut am besten, einen Traum so zu behandeln wie einen
gänzlich unbekannten Gegenstand: Man besieht ihn von allen Seiten, man nimmt ihn in die Hand, trägt ihn mit sich herum, hat
allerhand Phantasien über ihn und spricht von ihm zu andern
Leuten. Primitive erzählen darum immer ihre eindrucksvollen
Träume, womöglich in öffentlicher Versammlung; welcher Brauch
auch noch im späten Altertum beglaubigt ist, denn alle alten Völker maßen dem Traum hohe Bedeutung bei. Bei dieser Behandlung
fällt einem dann allerhand zum Traum ein, was bereits in die Nähe
des Traumsinnes führt. Die Feststellung des Sinnes ist natürlich –
wenn man so sagen darf – eine durchaus willkürliche Angelegen-
heit, denn hier, bei der Ausdeutung, beginnt das Wagnis. Je nach
Erfahrung, Temperament und Geschmack wird man dem Sinne
engere oder weitere Grenzen setzen. Manche werden sich mit we-
nigem begnügen, anderen ist viel noch nicht genug. Auch wird der
Sinn, das heißt die Auslegung des Traumes, in hohem Maße abhängen von der Absicht des Deutenden oder von seiner Erwartung
oder seinem Anspruch an Sinn. Die herausgefundene *Be-Deutung*
– man achte auf dieses Wort – wird sich unwillkürlich nach gewissen Voraussetzungen richten, und es wird viel von der Gewissen-
haftigkeit und Ehrlichkeit des Suchenden abhängen, ob er durch
die Auslegung des Traumes etwas gewinnt oder vielleicht nur noch
tiefer in seine Irrtümer verstrickt wird. Was die Voraussetzungen
anbetrifft, so dürfen wir wohl mit Sicherheit annehmen, daß der
Traum keine müßige Erfindung des Bewußtseins, sondern eine
natürliche, unbeabsichtigte Erscheinung ist, selbst wenn es sich
bewahrheiten sollte, daß Träume durch das Bewußtwerden irgendwie umgestaltet werden. Diese Umgestaltung geschieht auf
alle Fälle so rasch und so automatisch, daß sie kaum wahrnehmbar
ist. Also dürfen wir sie ruhig noch zur natürlichen Traumfunktion
nehmen. Mit ebensolcher Sicherheit dürfen wir annehmen, daß
Träume vor allem unserem unbewußten Wesen entstammen und
infolgedessen zum mindesten dessen Symptome sind, die einen
Rückschluß auf die Beschaffenheit dieses Wesens erlauben. Wenn

wir daher unser Wesen erforschen wollen, so sind eben die Träume das geeignete Mittel.

Man muß sich bei der Deutungsarbeit allerhand abergläubischer Voraussetzungen enthalten, so vor allem des Gedankens, daß die in den Träumen vorkommenden Personen zum Beispiel nichts anderes seien als diese selben Personen in der Wirklichkeit. Man darf dem gegenüber nie vergessen, daß man in allererster Linie und sozusagen ausschließlich von und aus sich selber träumt. (Für die Ausnahmen gibt es ganz bestimmte Regeln, die ich hier aber nicht erwähnen will.) Wenn wir diese Wahrheit anerkennen, so werden wir dadurch gelegentlich vor sehr interessante Probleme gestellt. Ich erinnere mich an zwei lehrreiche Fälle: Der eine träumte von einem betrunkenen Vagabunden, der im Straßengraben lag, der andere von einer betrunkenen Prostituierten, die sich in der Gosse wälzte. Ersterer war ein Theologe, letztere eine distinguierte Dame der großen Gesellschaft, beide empört und entsetzt und durchaus nicht gewillt zuzugeben, daß man von und aus sich selber träume. Ich gab beiden den wohlwollenden Rat, sich ein Stündchen Selbstbesinnung zu gönnen und fleißig und mit Andacht zu betrachten, wo und inwiefern sie beide nicht viel besser seien als der betrunkene Bruder im Straßengraben und die Schwester Prostituierte in der Gosse. Mit einem solchen Kanonenschuß beginnt oft der subtile Prozeß der Selbsterkenntnis. Der »andere«, von dem wir träumen, ist nicht unser Freund und Nachbar, sondern der andere in uns, von dem wir vorzugsweise sagen: »Herr, ich danke dir, daß ich nicht bin wie dieser da.« Gewiß hat der Traum, dieses Naturkind, keine moralisierende Absicht, er stellt bloß das allbekannte Gesetz dar, nach welchem keine Bäume in den Himmel wachsen.

Wenn wir uns dabei noch vergegenwärtigen, daß im Unbewußten all das im Übermaß vorhanden ist, was im Bewußten fehlt, daß das Unbewußte mithin eine kompensatorische Tendenz hat, dann kann man bereits Schlüsse ziehen, vorausgesetzt, daß der Traum aus nicht allzu großen seelischen Tiefen stammt. Handelt es sich aber um einen Traum letzterer Art, so enthält er in der Regel das, was man als *mythologische Motive* bezeichnet, das heißt Vorstellungsverbindungen oder Bilder, wie man sie in der Mythologie des eigenen und fremder Völker antrifft. In diesem

Falle enthält der Traum einen sogenannten *Kollektivsinn,* das heißt einen Sinn, der allgemein menschlich ist.

Dies widerspricht nicht meiner früheren Bemerkung, daß wir stets von und aus uns selber träumen. Wir sind auch als Subjekt und Individuum nicht völlig einzigartig, sondern wie alle anderen Menschen. Ein Traum mit Kollektivsinn ist daher in erster Linie für den Träumer gültig, drückt aber zu gleicher Zeit aus, daß sein momentanes Problem auch das anderer Menschen sei. Solche Feststellungen sind oft von großer praktischer Bedeutung, denn es gibt zahllose Menschen, die innerlich gegen die Menschheit isoliert und in der Meinung befangen sind, daß andere Leute solche Probleme wie sie nicht hätten. Oder es handelt sich um allzu Bescheidene, die in »ihres Nichts durchbohrendem Gefühle« ihren Anspruch auf kollektive Leistung zu tief gehalten haben. Überdies hängt jedes Einzelproblem irgendwie mit dem Zeitproblem zusammen, weshalb auch sozusagen jede subjektive Schwierigkeit unter dem Gesichtswinkel der menschlichen Gesamtlage betrachtet werden kann. Dies ist praktisch aber nur dann statthaft, wenn der Traum auch tatsächlich eine mythologische, das heißt eine kollektive Symbolik benützt.

Solche Träume werden von den Primitiven als »große« bezeichnet. Die Primitiven in Ostafrika, die ich beobachtete, nahmen an, daß »große« Träume auch nur von »großen« Menschen, nämlich von Zauberern und Häuptlingen, geträumt werden. Das mag auf primitiver Stufe wahr sein. Bei uns kommen solche Träume aber auch bei einfachen Menschen vor, nämlich dann, wenn sie in einer zu großen geistigen Enge stecken. Es ist ohne weiteres klar, daß zur Behandlung der sogenannt großen Träume ein bloß intuitives Daranherumraten nicht zum Ziele führt. Hier braucht es ausgedehnte Kenntnisse, wie sie der Spezialist haben sollte. Aber auch mit Kenntnissen allein kann man noch keinen Traum deuten. Diese Kenntnisse dürfen nämlich kein totes Gedächtnismaterial sein, sondern sie müssen die Qualität des Erlebnisses in dem, der sie handhabt, besitzen. Was bedeuten zum Beispiel philosophische Kenntnisse im Kopfe eines Menschen, der nicht auch im Herzen ein Philosoph ist? Wer einen Traum deuten will, der muß selber ungefähr auf der Höhe des Traumes sein, denn man kann schlechterdings in nichts *mehr* sehen, als was man selber ist.

Die Kunst des Träume-deuten-Könnens kann man nicht aus Büchern lernen. Methoden und Regeln sind nur gut, wenn man auch ohne sie gehen kann. Wirkliches Können hat nur der, der's kann, und wirkliches Verständnis nur der Verständige. Niemand, der sich selbst nicht kennt, kann den anderen kennen. Und in jedem von uns ist auch ein anderer, den wir nicht kennen. Er spricht zu uns durch den Traum und teilt uns mit, wie anders *er* uns sieht, als *wir* uns sehen. Wenn wir uns daher in einer unlösbar schwierigen Lage befinden, so kann der fremde Andere uns unter Umständen ein Licht aufstecken, welches wie nichts anderes geeignet ist, unsere Einstellung von Grund auf zu verändern, nämlich eben jene Einstellung, die uns in die schwierige Lage hineingeführt hat.

Je mehr ich mich im Laufe der Jahre in diese Probleme vertieft habe, desto mehr wurde in mir der Eindruck verstärkt, wie krankhaft einseitig unsere moderne Menschenerziehung ist. Gewiß ist es richtig, wenn wir der Jugend Augen und Ohren für die Weite der Welt öffnen, aber daß wir meinen, die jungen Leute seien damit fürs Leben wirklich erzogen, ist ein unerhörter Wahn. Diese Erzogenheit reicht gerade so weit, um jungen Menschen eine äußere Anpassung an die Weltwirklichkeit zu ermöglichen; aber an die Anpassung an das Selbst, an die Mächte der Seele, die doch alles, was es an Großmächten in der Welt gibt, um ein Vielfaches übersteigen, denkt kein Mensch. Wohl gibt es noch ein Erziehungssystem, aber es entstammt zum Teil der Antike, zum Teil dem frühen Mittelalter. Es nennt sich christliche Kirche. Aber die Tatsache läßt sich nicht leugnen, daß das Christentum im Laufe der zwei letzten Jahrhunderte, so gut wie der Konfuzianismus und der Buddhismus in China, einen großen Teil seiner erzieherischen Wirksamkeit eingebüßt hat. Daran ist nicht die Schlechtigkeit der Menschen schuld, sondern die allmähliche und allgemeine geistige Veränderung, deren erstes Symptom bei uns wohl die Reformation war. Damit war die erzieherische Autorität erschüttert und der Abbröckelungsprozeß des Autoritätsprinzips überhaupt eingeleitet. Die unausweichliche Folge davon war die Steigerung der Wichtigkeit des Individuums, die sich in den modernen Idealen der Humanität, der sozialen Wohlfahrt und der demokratischen Gleichberechtigung am stärksten ausdrückt. Die ausgesprochen individualistische Tendenz unserer letzten Entwicklung hat zur Folge, daß nunmehr ein *kompensatorischer Rückschlag zum Kollektivmenschen* eintritt, dessen Autorität vorderhand noch das Schwergewicht der Masse ist. Kein Wunder daher, daß heutzutage eine Art von Katastrophenstimmung vorherrscht, wie wenn eine Lawine losgetreten wäre, die niemand aufzuhalten vermag. Der Kollektivmensch droht das Individuum zu ersticken, jenen einzelnen, auf dessen Verantwortlichkeit schließlich alles Menschenwerk ruht. Masse als solche ist stets anonym und unverantwortlich. Sogenannte Führer sind unvermeidliche Symptome einer Massenbewegung. Die wahren Führer der Menschheit sind stets die, welche sich auf sich selbst besinnen und das Schwergewicht der Masse wenigstens um ihr eigenes Gewicht erleichtern, indem sie sich von der blinden Naturgesetzlichkeit der bewegten Masse bewußt ferngehalten haben.

Wer aber vermag dieser allüberwältigenden Anziehungskraft zu widerstehen, wo einer sich an den anderen klammert und einer den anderen mitreißt? Einzig der, der nicht nur in der Welt des Äußeren, sondern auch in der des Inneren steht.

Klein und verborgen ist die Pforte, die sich ins Innere öffnet, unzählig sind die Vorurteile, Voraussetzungen, Meinungen und Ängste, welche den Zugang verwehren. Man will von großen politischen und Wirtschaftsprogrammen hören, ausgerechnet von jenen Dingen, welche die Völker stets in den Sumpf hineingeführt haben. Darum klingt es grotesk, wenn einer von verborgenen Pforten, vom Traum und von einer Welt des Inneren spricht. Was will solcher dunstiger Idealismus neben einem gigantischen Wirtschaftsprogramm, neben den sogenannten Realitätsproblemen?

Ich spreche aber nicht zu Nationen, sondern bloß zu einzelnen, wenigen Menschen, unter denen es als ausgemachte Sache gilt, daß unsere Kulturwirklichkeiten nicht vom Himmel herunter fallen, sondern in letzter Linie von uns einzelnen Menschen gemacht werden. Geht die *große* Sache schief, so geschieht dies bloß darum, weil die einzelnen schief sind, weil ich schief bin. Also werde ich vernünftigerweise zuerst einmal mich selber geraderichten. Dazu bedarf ich, weil Autorität mir nichts mehr sagt, eines Wissens und Erkennens der eigensten, innersten Grundlagen meines subjektiven Wesens, um auf die ewigen Tatsachen der menschlichen Seele mein Fundament zu gründen.

Wenn ich vorhin hauptsächlich vom Traume sprach, so wollte ich damit bloß einen der nächsten und bekanntesten Ausgangspunkte innerer Erfahrung erwähnen. Über den Traum hinaus gibt es aber noch manches, was ich hier nicht erwähnen kann. Die Erforschung der Tiefen der Seele fördert eben vieles zutage, von dem man sich an der Oberfläche höchstens träumen läßt. Kein Wunder daher, daß bisweilen auch die stärkste und ursprünglichste aller geistigen Tätigkeiten, nämlich die religiöse, entdeckt wird! Sie ist es ja, die im modernen Menschen mehr als die Sexualität oder die soziale Anpassung verschüttet ist. Darum kenne ich Leute, denen die innere Begegnung mit der fremden Gewalt ein Erlebnis bedeutet, dem sie den Namen Gott beilegen. Auch »Gott« in diesem Sinne ist eine *Theorie*, eine Anschauung, ein Bild, das der menschliche Geist in seiner Beschränktheit sich erschafft, um ein unausdenkbares, unaussprechbares Erlebnis auszudrücken. Das Erlebnis ist das einzige Wirkliche, das nicht Wegzudisputierende. Bilder aber können beschmutzt und zerrissen werden.

Namen und Worte sind zwar armselige Hüllen, aber sie deuten doch auf die Art des Erlebnisses. Wenn man den Teufel Neurose nennt, so zeigt sich damit, daß man dieses dämonische Erlebnis heutzutage als *Krankheit* empfindet, was für unsere Zeit bezeichnend ist. Nennt man's Verdrängung der Sexualität oder Geltungsdrang, so zeigt dies, daß es sogar diese fundamentalen Triebe ernstlich stört. Nennt man es Gott, so zeigt das, daß man seine allumfassende, weltentiefe Bedeutung bezeichnen möchte, weil man solches darin erlebt hat. Nüchtern betrachtet, ist letztere Bezeichnung mit Rücksicht auf den ganz unerkennbaren Hintergrund die vorsichtigste und zugleich die bescheidenste, denn sie läßt dem Erlebnis den weitesten Spielraum und zwängt es nirgends in ein Duodezformat von Begriffsschema. Es sei denn, daß jemand auf die ausgefallene Idee käme, er wisse ganz genau, was Gott sei.

Wie man immer den Seelenhintergrund bezeichnen mag, Tatsache bleibt, daß Dasein und Wesen des Bewußtseins in unerhörtem Maße davon beeinflußt werden, und zwar in um so höherem Maße, je weniger man sich dessen bewußt ist. Der Laie kann sich allerdings schlecht einen Begriff davon machen, wie sehr er in allen seinen Neigungen, Stimmungen und Entschlüssen von den dunkeln Tatsachen seiner Seele beeinflußt ist und wie gefährlich oder wie hilfreich deren schicksalschaffende Mächte sind. Unser Kopfbewußtsein ist ein Schauspieler, der vergessen hat, daß er eine Rolle spielt. Wenn aber die Vorstellung zu Ende ist, so muß er sich seiner subjektiven Wirklichkeit wieder erinnern können, denn er vermag weder als Julius Cäsar noch als Othello weiterzuleben, sondern nur mit seinem ihm eigenen Wesen, welchem eine momentane Bewußtseinstäuschung ihn entfremdet hat. Er muß wieder wissen, daß er eine bloße Figur auf der Bühne war, daß ein Stück von Shakespeare gespielt wurde und daß es einen Regisseur sowohl wie einen Theaterdirektor gibt, die vorher sowohl wie nachher ganz Wesentliches über sein Spiel zu sagen haben.

Erich Fromm
Überfluß und Überdruß in unserer Gesellschaft

Der passive Mensch

Wenn ich über das Thema »Überfluß und Überdruß« sprechen soll, dann, so scheint mir, ist zunächst eine Bemerkung über den Sinn dieser beiden Wörter angebracht. Das ist nicht nur in diesem Fall, sondern überhaupt so. Wenn man die Bedeutung, den eigentlichen Sinn eines Wortes versteht, dann versteht man häufig schon gewisse Probleme besser, die mit diesem Wort beim Namen genannt werden – eben aus dem Wortsinn und seiner Geschichte heraus.

Sehen wir uns die beiden Wörter an. Das eine hat eine doppelte Bedeutung. Eine positive – dann bezeichnet »Überfluß« das, was über das unbedingt Notwendige hinausgeht: das Über-Fließende. Sie denken vielleicht an die biblische Vorstellung von dem »Land, darin Milch und Honig fließt«. Oder Sie denken daran, wenn Sie ein schönes Zusammensein beschreiben wollen, ein Fest, bei dem es Wein und was Sie sonst mögen im Überfluß gab. Sie meinen dann etwas sehr Erfreuliches, nämlich keine Kargheit, keinen Mangel, kein Vorsichtigsein, daß man ja nicht etwas zuviel nimmt. Das ist der angenehme Überfluß, also das Über-Fließende.

Aber »Überfluß« kann auch eine negative Bedeutung haben, und die drückt sich aus in dem Wort »überflüssig« im Sinn von zwecklos und verschwendet. Wenn Sie einem Menschen sagen: »Du bist hier ganz überflüssig«, dann meinen Sie: »Du verschwindest besser«, Sie meinen nicht: »Wie schön, daß du hier bist« – wie Sie es etwa meinen, wenn Sie vom Wein im Überfluß reden. Also Überfluß kann überfließend und Überfluß kann überflüssig sein, und man muß sich fragen, in welchem Sinn hier von Überfluß die Rede ist.

Nun ein Wort zum »Überdruß« beziehungsweise »Verdruß«. »Verdruß« kommt von »verdrießen«, und »verdrießen« heißt im

Mittelhochdeutschen: »Langeweile erregen«, im Gotischen zum Beispiel heißt es sogar: »Ekel erregen«. Verdruß ist also das, was Langeweile, Ekel und Ärger erzeugt. Im Französischen haben Sie noch eine andere Bedeutung von Langeweile: Das Wort »ennui« stammt vom lateinischen »innodiare« und bedeutet »im Haß-Sein, Haß erregen«.

Wir können uns schon jetzt fragen, ob hier nicht bereits die Sprache andeutet, daß der überflüssige Überfluß zur Langeweile führt, zum Ekel und zum Haß. Dann hätten wir zu prüfen: Leben wir im Überfluß? Wir – damit meine ich die moderne Industriegesellschaft, wie sie sich in den Vereinigten Staaten, in Kanada, in Westeuropa entwickelt hat. Leben wir im Überfluß? Wer lebt im Überfluß in unserer Gesellschaft, und was ist das für ein Überfluß: überflüssiger Überfluß oder überfließender Überfluß – sagen wir's ganz einfach, guter Überfluß oder schlechter Überfluß? Führt unser Überfluß zum Überdruß? Muß Überfluß zum Überdruß führen? Und wie sieht denn der gute, überfließende, überschäumende Überfluß aus, der nicht zum Überdruß führt?

Lassen Sie mich zunächst eine Vorbemerkung machen, die psychologischer Natur ist. Ich will, da ich Psychoanalytiker bin, in diesen Ausführungen immer wieder von psychologischen Fragen sprechen, und da möchte ich Sie darauf vorbereiten, daß ich von einem bestimmten Gesichtspunkt aus spreche, nämlich von dem der Tiefenpsychologie oder der analytischen Psychologie – was ungefähr dasselbe meint. Und ich möchte kurz erwähnen, was vielen von Ihnen bekannt ist: Es gibt zwei Wege, zwei Möglichkeiten, das Problem des Menschen psychologisch zu studieren. Die akademische Psychologie studiert den Menschen zur Zeit meistens vom Standpunkt der Verhaltensforschung oder – wie man das auch nennt – des Behaviorismus aus. Das heißt, man studiert nur das, was man unmittelbar sehen und beobachten kann, was direkt sichtbar, also auch meßbar und wiegbar ist. Denn was man nicht unmittelbar sehen und beobachten kann, das kann man natürlich auch nicht messen und nicht wiegen, jedenfalls nicht exakt genug.

Die tiefenpsychologische, psychoanalytische Methode geht anders vor. Sie hat ein anderes Ziel. Sie untersucht eine Handlung, ein Verhalten nicht einfach von dem Standpunkt her, was man sehen kann. Sie fragt vielmehr nach der Qualität dieses Verhaltens,

nach der dem Verhalten zugrunde liegenden Motivation. Lassen
Sie mich ein paar kleine Beispiele geben. Sie können beschreiben:
ein Mensch lächelt. Das ist eine Verhaltensweise, die man fotografieren, die man muskulär beschreiben kann und so weiter. Aber Sie
wissen doch, daß es einen Unterschied gibt zwischen dem Lächeln
einer Verkäuferin im Laden, dem Lächeln eines Menschen, der Ihr
Feind ist, der jedoch seine Feindseligkeit verbergen will, oder dem
Lächeln eines Freundes, der sich freut, Sie anzusehen. Sie kennen
den Unterschied von vielen hundert Arten von Lächeln, die aus
verschiedenen seelischen Motiven kommen: Das ist zwar alles Lächeln, was es aber ausdrückt, kann etwas ganz Entgegengesetztes
sein, das kein Apparat messen oder auch nur wahrnehmen kann,
denn das kann nur einer, der kein Apparat ist, und das sind Sie
selbst. Sie beobachten nicht nur mit dem Gehirn, sondern ebenso –
wenn ich das so altmodisch ausdrücken darf – mit dem Herzen.
Ihre ganze Person erfaßt das, was da vorgeht, und hat ein Gespür
dafür, was für ein Lächeln das ist. Und wenn Sie kein Gespür dafür
haben, dann erleben Sie natürlich viele Enttäuschungen in Ihrem
Leben.

Oder nehmen Sie eine ganz andere Beschreibung eines Verhaltens: ein Mensch ißt. Ja klar, er ißt. Aber wie ißt er? Einer schlingt.
Ein anderer ißt so, daß man erkennen kann, daß er sehr pedantisch
ist und Wert darauf legt, daß alles ganz ordentlich zugeht und der
Teller leer gegessen wird. Und der nächste ißt, ohne zu schlingen,
ohne gierig zu sein; es schmeckt ihm; er ißt einfach nur, und es tut
ihm wohl.

Oder nehmen Sie ein weiteres Beispiel: Ein Mensch schreit und
bekommt einen roten Kopf. Da sagen Sie: Er ist wütend. Sicher ist
er wütend. Dann sehen Sie ihn sich etwas genauer an und fragen
sich, was in diesem Menschen (vielleicht kennen Sie ihn) vorgeht,
und plötzlich merken Sie: Er ist ja ängstlich, er ist erschreckt und
fürchtet sich, und die Wut ist nur eine Reaktion auf seine Angst.
Und dann schauen Sie vielleicht noch etwas tiefer und stellen fest:
Das ist ein Mensch, der sich eigentlich hilflos und impotent vorkommt, der vor allem, vor dem ganzen Leben, Angst hat. Nun
haben Sie drei Beobachtungen gemacht, die Beobachtungen, daß er
wütend ist, daß er Angst hat und daß er ein tiefes Gefühl der
Hilflosigkeit verspürt. Alle drei Beobachtungen sind richtig. Aber

sie beziehen sich auf verschiedene Schichten seiner Struktur. Die Beobachtung, die sich auf das Gefühl der Ohnmacht bezieht, ist diejenige, die am tiefsten beschreibt, was in dem Menschen vorgeht, und diejenige, die nur die Wut registriert, ist die oberflächlichste. Das heißt, wenn Sie nun auch wütend werden und in Ihrem Gegenüber nichts anderes als einen wütenden Menschen sehen, dann treffen Sie vorbei. Wenn Sie aber hinter der Fassade des wütenden den ängstlichen Menschen sehen, den sich ohnmächtig fühlenden, dann werden Sie sich ihm anders nähern, und es kann passieren, daß seine Wut sich legt, weil er sich nicht mehr bedroht fühlt.

Vom Standpunkt der Psychoanalyse aus sind wir in alledem, was wir hier besprechen, nicht in erster Linie und schon gar nicht ausschließlich daran interessiert zu erfahren, wie sich ein Mensch, ganz von außen betrachtet, *verhält*, sondern welche *Motive*, welche Intentionen er hat, ob sie nun unbewußt sind oder bewußt. Wir fragen nach der Qualität seines Verhaltens. Ein Kollege von mir – Theodor Reik – hat einmal das Wort geprägt: »Der Analytiker hört mit dem dritten Ohr.« Das ist ganz richtig. Oder man kann auch sagen – und das ist eine ältere Redewendung: Er liest zwischen den Zeilen. Er sieht nicht nur das, was ihm direkt dargeboten wird, sondern er sieht in dem Dargebotenen und Beobachtbaren etwas mehr, nämlich etwas vom Kern der Persönlichkeit, die da handelt und von der jede Handlung nur ein Ausdruck ist, eine Manifestation, die jedoch stets eingefärbt wird von der gesamten Persönlichkeit.

Es gibt keinen Akt des Verhaltens, der nicht eine Geste des ganz spezifischen Menschen wäre, und deshalb gibt es auch letztlich nie zwei Verhaltensakte, die identisch sind, sowenig es zwei Menschen gibt, die identisch sind. Sie mögen sich ähnlich, sie mögen einander verwandt sein – dasselbe sind sie nie. Es gibt keine zwei Menschen, die die Hand in genau derselben Weise heben, die in derselben Weise gehen, die in derselben Weise ihren Kopf neigen. Aus diesem Grunde können Sie manchmal einen Menschen schon an seinem Gang erkennen, obwohl Sie sein Gesicht nicht sehen. Der Gang ist für einen Menschen so charakteristisch wie sein Gesicht, gelegentlich sogar mehr: denn das Gesicht kann er verstellen, den Gang viel schwerer. Mit dem Gesicht kann man lügen, das ist die

Eigenart des Menschen, die er dem Tier voraus hat. Mit dem Gang
zu lügen ist schon schwieriger, obwohl man auch dies lernen kann.

Nach diesen einleitenden Bemerkungen möchte ich mich nun
dem *Konsumieren* als einem psychologischen, oder richtiger, einem psychopathologischen Problem zuwenden. Sie werden fragen: Was soll das? Konsumieren – das muß doch jeder. Jeder
Mensch muß essen und trinken, er hat Kleider, eine Wohnung,
kurz, er braucht und verbraucht vieles, und das nennt man »konsumieren«. Was gibt es da also für ein psychologisches Problem?
Das ist einfach die Natur – um zu leben, muß man konsumieren.
Aber hier bin ich schon beim springenden Punkt: konsumieren
und konsumieren ist nicht dasselbe. Es gibt ein Konsumieren, das
zwanghaft ist und auf Gier zurückgeht. Es ist ein Drang, immer
mehr zu essen, immer mehr zu kaufen, immer mehr zu besitzen,
immer mehr zu benutzen.

Nun werden Sie vielleicht sagen: Ist das nicht normal? Schließlich wollen wir das, was wir haben, alle gern erweitern und ver-
mehren. Das Problem ist höchstens, daß man nicht genug Geld
hat, aber nicht, daß an dem Wunsch nach Erweiterung und Vermehrung etwas falsch sei... Ich verstehe sehr wohl, daß viele von
Ihnen so denken. Doch ich möchte Ihnen mit einem Beispiel zeigen, daß die Sache nicht so einfach ist. Ich meine ein Beispiel, von
dem Sie gewiß schon gehört haben, und ich hoffe, nur wenige sind
davon selbst betroffen. Nehmen Sie einen Menschen, der an Fett-
sucht leidet, der ganz einfach zu viel wiegt. Das kann endokrine
Gründe haben – davon wollen wir hier nicht reden. Oft hat es aber
nur den einen Grund, daß jemand einfach zuviel ißt. Er nascht mal
hier, mal da, am liebsten Süßigkeiten, immerzu wendet er sich
etwas zu. Und wenn Sie aufmerksamer hinschauen, dann stellen
Sie fest, daß er nicht einfach nur ununterbrochen ißt, sondern daß
eine Gier ihn dazu treibt. Er *muß* essen, er kann's nicht lassen, so
wie viele Leute es nicht lassen können zu rauchen. Und Sie wissen
ja, daß Menschen, die zu rauchen aufhören, plötzlich anfangen,
mehr zu essen. Sie entschuldigen sich dann mit der Erklärung, daß
man eben dicker wird, wenn man das Rauchen einstellt. Und das
ist eine der schönen Rationalisierungen, um das Rauchen nicht
aufgeben zu müssen. Warum? Weil dieselbe Gier, etwas in den
Mund zu nehmen, etwas zu verschlingen, im Essen oder im Rau-

chen oder im Trinken oder auch im Kaufen zum Ausdruck
kommt.

Folgt ein Mensch, der gierig und zwanghaft ißt, trinkt und
raucht, der Warnung seines Arztes, nicht so weiterzumachen, weil
er sonst an einem Herzschlag sterben wird, so kann man immer
wieder beobachten, daß ein solcher Mensch plötzlich ängstlich
wird, unsicher, nervös, deprimiert. Hier zeigt sich dann ein merk-
würdiger Zusammenhang: Das Nichtessen, das Nichttrinken, das
Nichtrauchen kann Angst machen. Es gibt Menschen, die essen
oder kaufen, nicht um zu essen oder zu kaufen, sondern um ihre
ängstliche oder deprimierte Stimmung zu unterdrücken. Sie konsumieren gesteigert, um aus ihrer Verstimmung herauszufinden.
Der Konsum verspricht ihnen Heilung, und tatsächlich läßt die
depressive oder ängstliche Grundgestimmtheit ein wenig nach,
wenn die Gier befriedigt worden ist. Die meisten von uns werden
bestätigen können, daß sie, wenn sie sich ängstlich oder deprimiert
fühlen, leichter an den Eisschrank gehen, auch ohne sonderlichen
Appetit etwas essen oder trinken und sich damit scheinbar be-
schwichtigen. Mit anderen Worten: Essen und Trinken können in
Wirklichkeit häufig die Funktion einer Droge übernehmen, einer
Beruhigungspille. Diese ist sogar angenehmer, denn sie schmeckt
auch noch gut.

Der deprimierte Mensch fühlt in sich so etwas wie eine Leere, als
ob er gelähmt sei, als ob ihm etwas fehle zur Aktivität, als ob er
sich nicht recht bewegen könne in Ermangelung von etwas, das ihn
bewegen würde. Wenn er dann etwas in sich aufnimmt, so mag das
Gefühl der Leere, der Lähmung, der Schwächung für eine Weile
von ihm weichen, und er spürt: Ich bin doch wer, ich habe ja
etwas, ich bin nicht nichts. Man füllt sich mit Dingen, um innere
Leere zu verdrängen. Das ist der *passive* Mensch, der ahnt, daß er
wenig ist, und der diese Ahnung vergessen macht, indem er konsu-
miert und zum homo consumens wird.

Jetzt habe ich den Begriff »passiver Mensch« gebraucht, und Sie
werden mich fragen, was ich darunter verstehe. Was ist denn Passivität, was Aktivität? Da muß ich zunächst einmal auf das moderne
Verständnis von Passivität und Aktivität eingehen, das Ihnen ja
allen recht gut bekannt ist. Die populäre Auffassung nimmt an,
daß Aktivität jedes auf einen Zweck gerichtete, Energie erfordern-

de Tun ist, also sowohl körperliche wie auch geistige Arbeit oder
zum Beispiel Sport, der ja meistens auch so verstanden wird, daß
er entweder der Gesundheit dient oder dem Ansehen des Vaterlan-
des zugute kommt oder einen berühmt macht und Geld einbringt.
Es ist gewöhnlich nicht die Freude an der Übung selbst, sondern
ein bestimmter Effekt, um dessentwillen man Sport treibt. Aktiv
ist einer, der sich anstrengt. In Amerika sagt man dann: er ist
»busy«. Und »busy« und »business« sind dasselbe Wort.

Und wann ist man nach dieser Auffassung passiv? Nun, wenn
der sichtbare Nutzen ausbleibt, wenn keine Leistung zu entdecken
ist. Lassen Sie mich ein absichtlich einfaches Beispiel geben: Da ist
ein Mensch, der sieht in die Landschaft, nur so, fünf Minuten, eine
halbe Stunde oder gar eine Stunde, er tut nichts, er schaut bloß. Da
er nicht einmal fotografiert, sondern sich still versenkt in das, was
seine Augen wahrnehmen, wird man ihn vielleicht für merkwürdig
halten und jedenfalls seine »Beschaulichkeit« nicht gerade als Aktivität bezeichnen. Oder nehmen Sie (obwohl es diesen Anblick in
unserer westlichen Kultur nicht oft gibt) einen Menschen, der meditiert, der versucht, sich seiner selbst bewußt zu werden, seiner
eigenen Gefühle, seiner Stimmungen, seiner inneren Verfassung.
Wenn er systematisch meditiert, so kann das Stunden dauern. Die
Umgebung, die davon nichts versteht, wird ihn für einen passiven
Menschen halten. Er tut nichts. Vielleicht vertreibt er nur alle
Gedanken aus seinem Kopf, konzentriert sich darauf, an nichts zu
denken, sondern nur zu sein. Das klingt Ihnen vielleicht seltsam.
Probieren Sie's mal, zwei Minuten nur, und Sie werden merken,
wie schwer das ist, wie Ihnen ständig etwas durch den Kopf geht,
wie Sie an alles mögliche denken, meistens unwichtige Sachen,
derer Sie sich aber nicht erwehren können, weil es kaum auszuhalten ist, dazusitzen und das Denken zu unterlassen.

Für große Kulturen in Indien und China ist diese Art der Meditation lebenswichtig. Bei uns ist das leider nicht so, weil wir ehr-
geizig glauben, immer etwas tun zu müssen, was einen Zweck hat,
womit man etwas erreicht, wobei etwas herauskommt. Aber lassen
Sie einmal den Zweck außer acht, versuchen Sie sich zu konzentrieren und haben Sie Geduld mit dieser Übung, so werden Sie
womöglich feststellen, daß dieses Nichtstun Sie sehr erfrischt.

Nun also, ich wollte nur andeuten, daß wir in unserem modernen Sprachgebrauch unter Aktivität ein Tun mit sichtbarem Effekt verstehen, während Passivität zwecklos erscheint, sie ist eine Haltung, der man keinen Energieverbrauch anmerkt. Daß wir Aktivität und Passivität so einschätzen, hängt mit der Frage des Konsumierens zusammen: Wenn wir »schlechten Überfluß« konsumieren, so ist unsere scheinbare Aktivität letztlich Passivität. Welche Form von schöpferischer Aktivität, von »gutem Überfluß«, von Fülle, von Widerstand wäre denkbar, um uns mehr sein zu lassen als bloße Konsumenten?

Die moderne Langeweile

Lassen Sie uns jetzt ein wenig über die klassische Auffassung von Aktivität und Passivität nachdenken, wie wir sie bei Aristoteles, bei Spinoza, bei Goethe, bei Marx oder bei vielen andern Denkern in der westlichen Welt der letzten zweitausend Jahre finden. Da wird *Aktivität* als etwas verstanden, was die dem Menschen innewohnenden Kräfte zum Ausdruck bringt, was Leben gibt, was zur Geburt verhilft – sowohl den körperlichen wie den affektiven, den intellektuellen wie den künstlerischen Fähigkeiten. Wenn ich von den dem Menschen innewohnenden Kräften spreche, dann werden das vielleicht manche von Ihnen nicht ganz verstehen. Denn für gewöhnlich nehmen wir an, daß Kräfte, Energien in Maschinen vorhanden sind, nicht dagegen im Menschen. Und sofern der Mensch über Kräfte verfügt, so haben sie vornehmlich den Zweck, Maschinen zu erfinden und zu bedienen. Unsere Bewunderung der Kräfte in der Maschine nimmt zu; aber die Einsicht in die wunderbaren Kräfte im Menschen nimmt ab. Der Satz des griechischen Dichters in der ›Antigone‹: »Es gibt viel Wunderbares in der Welt, aber nichts ist wunderbarer als der Mensch«, hat für uns keine rechte Bedeutung mehr. Die Mondrakete erscheint uns oft weit wunderbarer als der kleine Mensch. Und in gewisser Weise glauben wir, daß wir mit unseren modernen Erfindungen viel wunderbarere Dinge erschaffen haben als Gott, als er den Menschen schuf.
Wir müssen umdenken, wenn wir unser Interesse dem Bewußt-

sein und der Entfaltung jener mannigfachen Kräfte, die als Potenz
im Menschen sind, zuwenden. Nicht nur die Kraft, zu sprechen
und zu denken, sondern eine immer größere Einsicht zu erhalten,
eine immer größere Reife zu entwickeln, die Kraft der Liebe oder
des künstlerischen Ausdrucks – alles das ist im Menschen gegeben
und wartet darauf, verwirklicht zu werden. Aktivität, Tätigsein im
Sinn der Autoren, die ich genannt habe, ist genau dies, die Ausge-
staltung, die Manifestation dieser dem Menschen eigenen, aber
zumeist verborgenen oder unterdrückten Kräfte.

Lassen Sie mich hier ein Zitat vorlesen, eines von Karl Marx.
Allerdings werden Sie sehr rasch merken, das ist ein Marx, der
ganz anders ist als der, den man Ihnen an der Universität oder in
der Presse oder in der Propaganda, von links und von rechts,
darstellt: »Setze den Menschen als Menschen und sein Verhältnis
zur Welt als ein menschliches voraus, so kannst du Liebe nur
gegen Liebe austauschen, Vertrauen nur gegen Vertrauen et cetera.
Wenn du Einfluß auf andere Menschen ausüben willst, mußt du
ein wirklich anregend und fördernd auf andre Menschen wirken-
der Mensch sein. Jedes deiner Verhältnisse zum Menschen – und
zu der Natur – muß eine bestimmte, dem Gegenstand deines Wil-
lens entsprechende Äußerung deines wirklichen individuellen Lebens sein. Wenn du liebst, ohne Gegenliebe hervorzurufen, das
heißt wenn dein Lieben als Lieben nicht die Gegenliebe produziert, wenn du durch deine Lebensäußerung als liebender Mensch
dich nicht zum geliebten Menschen machst, so ist deine Liebe
ohnmächtig, ein Unglück.«

Sie sehen hier, daß Marx vom Lieben als von einer Aktivität
spricht. Der moderne Mensch denkt eigentlich nicht daran, daß er
mit Liebe etwas schafft. Er ist meistens und fast ausschließlich
darum bekümmert, geliebt zu werden, nicht darum, selber lieben
zu können, also mit Liebe Gegenliebe zu erzeugen und damit
etwas Neues, Nichtdagewesenes in die Welt zu setzen. Deswegen
meint er auch, daß Geliebtwerden entweder ein großer Zufall ist
oder daß man es dadurch erwirkt, daß man sich alles mögliche
kauft, was angeblich dazu führt, geliebt zu werden – vom richtigen
Mundwasser bis zum eleganten Anzug oder zum teuersten Auto.
Nun, wie das mit dem Mundwasser und dem Anzug ist, das weiß
ich nicht so genau. Doch es ist leider eine Tatsache, daß viele

Männer ihres schneidigen Automobils wegen geliebt werden. Man muß allerdings hinzufügen, daß sich viele Männer auch mehr für den Wagen als für die Frau interessieren. Und dann ist ja scheinbar alles wieder in Ordnung – außer daß sich die beiden nach kurzer Zeit langweilen und vielleicht sogar hassen werden, weil sie sich gegenseitig betrogen haben oder betrogen fühlen. Sie glaubten, geliebt zu werden, während sie in Wirklichkeit etwas vorgetäuscht, aber keine aktive Liebe praktiziert haben.

Gleichermaßen versteht man im klassischen Sinne unter *Passivität* nicht, daß jemand dasitzt, nachdenkt, meditiert oder sich die Natur anschaut, sondern man meint damit das bloße Reagieren oder das bloße Getriebenwerden.

Das bloße Reagieren: Wir wollen nicht vergessen, daß wir meistens in der Weise aktiv sind, daß wir auf Stimuli, auf Reize, auf Situationen reagieren, die, weil wir es gewöhnt sind, von uns erfordern, daß wir etwas tun, wenn ein entsprechendes Signal einsetzt. Der Pawlowsche Hund reagiert mit Appetit, sobald er die Glocke hört, die er einmal mit dem Futter assoziiert hat. Wenn er dann zum Futternapf saust, ist er natürlich sehr »aktiv«. Diese Aktivität ist jedoch nichts anderes als eine Reaktion auf einen Reiz. Er funktioniert wie eine Maschine. Unsere heutige Verhaltenspsychologie beschäftigt sich mit genau diesem Vorgang: Der Mensch ist ein reagierendes Wesen, man produziert einen Reiz, und prompt erfolgt eine Reaktion. Das kann man mit Ratten machen, mit Mäusen, mit Affen, mit Menschen, sogar mit Katzen, obwohl es da etwas schwieriger wird. Mit Menschen geht es leider am einfachsten. Man glaubt, daß alles menschliche Verhalten im großen und ganzen auf dem Prinzip von Lohn und Strafe beruht. Belohnung und Strafe sind die zwei großen Anreize, und es wird erwartet, daß sich der Mensch dazu verhält wie jedes Tier, indem er sich darauf einstellt, das zu tun, wofür er belohnt wird, und das zu unterlassen, wofür ihm eine Strafe angedroht wird. Er muß nicht einmal tatsächlich bestraft werden, die Drohung allein genügt schon. Allerdings ist es nötig, daß hier und da ein paar Menschen exemplarisch bestraft werden, damit die Drohung nicht zu einer leeren Drohung wird.

Und nun das Getriebensein: Sehen Sie sich einmal einen Betrunkenen an. Er ist oft sehr »aktiv«, er schreit und gestikuliert. Oder denken Sie an einen Menschen in jenem psychotischen Zustand, den man Manie nennt. Ein solcher Mensch ist überaktiv, er traut sich zu, der Welt zu helfen, er redet, er telegraphiert, er sorgt für Umtrieb. Er bietet das Bild einer ungeheuren Aktivität. Aber wir wissen, der Motor solcher Aktivität ist beim einen der Alkohol und beim andern, bei dem manisch Kranken, irgendeine elektro-chemische Unordnung in seinem Gehirn. Ihre Äußerungen jedoch sind die einer extremen Aktivität.

»Aktivität« als bloße Reaktion auf einen Reiz oder als Getrie-bensein in der Form einer Leidenschaft ist im Grunde eine Passivi-tät, auch wenn sie noch soviel Aufhebens von sich macht. Das Wort Leidenschaft hängt ja zusammen mit Leiden. Wenn man von einem sehr leidenschaftlichen Menschen spricht, dann verwendet man einen recht zwiespältigen Ausdruck. Schleiermacher hat ein-mal gesagt: »Eifersucht ist eine Leidenschaft, die mit Eifer sucht, was Leiden schafft.« Das gilt nicht nur für die Eifersucht, sondern für jede Leidenschaft, in der der Mensch getrieben wird: die Ehr-sucht, die Geldsucht, die Machtsucht, die Eßsucht. Alle Süchte sind Leidenschaften, die Leiden schaffen. Sie sind Passivitäten. Das lateinische Wort »passio« ist ja identisch mit unserem Wort Lei-den. Unser heutiger Sprachgebrauch ist an dieser Stelle etwas ver-wirrt, weil man unter Leidenschaft ganz Verschiedenes versteht. Darauf aber will ich jetzt nicht eingehen.

Wenn Sie sich nun einmal die Aktivität des bloß reagierenden oder des getriebenen Menschen anschauen, also eben des passiven Menschen im klassischen Sinn, so merken Sie, daß seine Reaktion nie etwas Neues bewirkt. Sie ist Routine. Die Reaktion vollzieht immer wieder dasselbe: auf denselben Reiz folgt dieselbe Reak-tion. Sie wissen genau, was passieren wird. Alles ist berechenbar. Hier ist keine Individualität, Kräfte entfalten sich nicht, alles er-scheint programmiert: derselbe Reiz, derselbe Effekt. Es findet das statt, was man bei Ratten im Tierlaboratorium beobachtet. Genau-so gilt in der Verhaltenspsychologie, die den Menschen primär für einen Mechanismus hält, daß er mit bestimmten Reaktionen auf bestimmte Reize reagiert. Diesen Vorgang zu erfassen, ihn zu er-forschen und aus ihm Rezepte abzuleiten – das nennt man dann Wissenschaft. Vielleicht ist das Wissenschaft. Aber menschlich ist es nicht! Denn der lebendige Mensch reagiert eigentlich niemals in

immer derselben Weise. Er ist in jedem Augenblick ein anderer
Mensch. Wenn er auch niemals total anders ist, so ist er jedenfalls
niemals derselbe. Heraklit hat das so ausgedrückt: »Es ist unmöglich, zweimal in denselben Fluß zu steigen.« Denn es gilt: »Alles
fließt.« Ich würde sagen: Die Verhaltenspsychologie mag eine
Wissenschaft sein, aber sie ist keine Wissenschaft vom Menschen,
sondern eine vom entfremdeten Menschen mit entfremdeten Methoden, unternommen von entfremdeten Forschern. Sie ist zwar
imstande, gewisse Aspekte des Menschen hervorzuheben. Doch
gerade an das Lebendige, an das spezifisch Menschliche rührt sie
nicht.

Ich möchte ein Beispiel geben für den Unterschied zwischen
Aktivität und Passivität. Es hat eine große Rolle in der amerikanischen Industrie-Psychologie gespielt. Professor Elton Mayo hat
folgendes Experiment angestellt, als er von der Western Electric
Company beauftragt wurde, zu prüfen, wie man die Produktivität
von Arbeiterinnen, ungelernten übrigens, in den Hawthorne-Wer-
ken in Chicago steigern könne. Man war damals der Meinung,
vielleicht arbeiten sie besser, wenn man ihnen am Morgen zehn
Minuten frei gibt und vielleicht zehn weitere Minuten als Kaffeepause et cetera. Diese ungelernten Arbeiterinnen mußten etwas
tun, was sehr monoton ist, nämlich Spulen aufwickeln. Dazu gehört keine Kunst, keine Anstrengung, es ist das Passivste und
Eintönigste, was man sich vorstellen kann. Da hat Elton Mayo
ihnen sein Experiment erklärt und zunächst einmal die Kaffeepause am Nachmittag eingeschaltet. Sofort stellte sich heraus, daß die
Produktivität stieg. Nun, das war ja wunderbar, weil sich zeigte,
wie gut diese Methode wirkt. Dann hat er zusätzlich die Pause am
Vormittag installiert, und wieder stieg die Produktivität. Weitere
Vergünstigungen hatten weitere Produktivität zur Folge, so daß
die Rechnung voll aufging.

Ein gewöhnlicher Professor hätte an dieser Stelle das Experiment beendet und den Direktoren der Western Electric Company
empfohlen, durch einen Zeitverlust von zwanzig Minuten eine
höhere Produktivität zu erzielen. Anders Elton Mayo, der ein
einfallsreicher Mann war. Er hat sich nämlich gefragt, was geschehen würde, wenn er die Vorteile wieder streichen würde. So hat er
zunächst die Kaffeepause rückgängig gemacht – und die Produk-

tionssteigerung ging weiter. Dann hat er die Vormittagspause
rückgängig gemacht – und die Produktionssteigerung ging weiter.
Und so fort. Womöglich hätten an dieser Stelle einige Professoren
achselzuckend festgestellt: Na ja, man sieht eben, das Experiment
ist nicht aussagekräftig ... Aber in unserem Falle tauchte plötzlich
der Gedanke auf: Womöglich haben die ungelernten Arbeiterinnen zum ersten Mal in ihrem Leben Interesse gewonnen an dem,
was sie in der Fabrik taten. Das Spulenaufrollen blieb langweilig
und eintönig wie eh und je; aber man hatte sie in das Experiment
eingeweiht, und so fühlten sie, daß sie in einem Zusammenhang
wirkten, daß sie etwas beitrugen, das nicht nur für den Profit des
anonymen Unternehmers, sondern für die ganze Belegschaft von
Bedeutung war. Mayo konnte nachweisen, daß es dieses unerwar-
tete Interesse, dieses Dabeiseinkönnen war, was die Produktivität
der Arbeit gesteigert hatte, und nicht etwa die Pausen am Vor-
oder Nachmittag. Das war Anlaß und Anstoß zu einer neuen
Denkweise: daß das Motiv für die Produktivität mehr im *Interesse*
an der Arbeit selbst, als in Pausen, Gehaltserhöhungen und weiteren Bequemlichkeiten zu suchen ist ... Solange die Arbeiterinnen
kein Interesse hatten, waren sie passiv. In dem Augenblick, als
ihnen Anteil an dem Experiment gegeben wurde, erwachte in ihnen ein Gefühl für Mitarbeit, sie wurden aktiv und änderten ihre
Haltung grundlegend.

Nehmen wir nun einen anderen, viel einfacheren Fall. Denken
Sie an einen Touristen, der – natürlich mit einer Kamera in der
Hand – irgendwohin kommt und vor sich einen Berg, den See, das
Schloß, eine Ausstellung sieht. Doch er sieht es eigentlich nicht
direkt, sondern von vornherein im Blick auf das zu knipsende
Bild. Die für ihn relevante Wirklichkeit ist die festgehaltene und
die in Besitz genommene, nicht die vor ihm liegende. Der zweite
Schritt, das Bild, kommt vor dem ersten, dem Sehen selbst. Hat er
das Bild in der Tasche, kann er es seinen Freunden zeigen, als habe
er dieses aufgenommene Stück Welt selber erschaffen, oder er
kann sich zehn Jahre später erinnern, wo er damals war, et cetera.
Wie auch immer – es ist das Foto, die künstliche Wahrnehmung,
an die Stelle der ursprünglichen getreten. Viele Touristen gucken
gar nicht erst; sie greifen sofort zum Apparat, während der gute
Fotograf zunächst in sich aufnimmt, was er dann mit der Kamera

aufnimmt, also sich erst in Beziehung setzt zu dem, was er dann fotografiert. Dieses vorausgehende Sehen ist etwas Aktives.

Experimentell messen kann man diesen Unterschied nicht. Sie sehen ihn aber vielleicht am Gesichtsausdruck: Da freut sich einer, etwas Schönes gesehen zu haben. Dann mag er es fotografieren oder auch nicht. Es gibt auch (freilich wenige) Menschen, die von Fotos absehen, weil das Bild die Erinnerung verdirbt. Mit Hilfe des Bildes sehen Sie nichts als eine Erinnerung. Versuchen Sie aber, sich ohne ein Bild an die Landschaft zu erinnern, dann wird diese wiedergeboren in Ihnen. Die Landschaft kommt wieder, bis Sie sie so lebendig vor sich haben, wie sie ist. Es ist nicht einfach eine Erinnerung, die wieder zurückkommt, wie man sich an Worte erinnert. Sie selbst erschaffen die Landschaft neu, Sie selbst produzieren diesen Eindruck. Diese Art von Aktivität erfrischt, erheitert und verstärkt die Lebensenergie, während alle Passivität lustlos und deprimiert macht, ja manchmal sogar haßerfüllt.

Denken Sie an eine Gesellschaft, zu der Sie eingeladen worden sind. Sie wissen schon genau, was dieser oder jener sagen wird, was Sie sagen werden und was dann wieder er sagt. Es ist, wie in der Maschinenwelt, klar und geregelt, was jeder sagt. Jeder hat seine Meinung, seine Ansicht. Nichts passiert – und wenn Sie dann heimgehen, sind Sie, tief drinnen, todmüde. Dabei wirkten Sie, während Sie dabei waren, wahrscheinlich ganz munter und aktiv: Sie haben ebenso geredet wie Ihr Gegenüber, vielleicht haben Sie sich sogar aufgeregt; aber es war trotzdem eine Unterhaltung voller Passivität, indem beide immer wieder nur sich selber vorgetragen haben, wie Reiz und Reaktion, dieselbe abgespielte, abgelegte Platte, nichts Neues ist dabei herausgekommen, pure Langeweile.

Nun ist es eine merkwürdige Tatsache in unserer Kultur, daß die Menschen gar nicht genügend einschätzen oder - sagen wir einmal – sich nicht genügend bewußt sind, was für ein Leiden die Langeweile ist. Wenn jemand in Einzelhaft sitzt, aber auch schon, wenn irgendeiner aus was weiß ich für einem Grunde nichts mit sich anzufangen weiß, dann spürt er, falls er in sich nicht die Quellen hat, etwas Lebendiges zu tun, etwas zu produzieren oder sich zur Besinnung zu rufen – dann spürt er die Langeweile als eine Last, als eine Belastung, als eine Lähmung, die er aus sich allein nicht zu erklären vermag. Langeweile ist eine der schlimmsten Foltern. Sie ist sehr modern und greift um sich. Der Mensch, der der Langeweile ausgeliefert ist, ohne sich gegen sie wehren zu können, fühlt sich wie ein schwer deprimierter Mensch. Dann möchten Sie wohl fragen: Warum merken das die meisten Menschen nicht, was für ein Übel die Langeweile ist, was für ein Schmerz? Ich glaube, die Antwort auf diese Frage ist einfach: Wir produzieren heute viele Dinge, die man einnehmen kann und mit deren Hilfe man über die Langeweile hinwegkommt. Entweder nimmt man Beruhigungspillen oder man trinkt oder man geht von einer Cocktail-Party zur anderen oder man streitet sich mit seiner Frau oder man läßt sich durch die Medien ablenken oder man gibt sich sexuellen Aktivitäten hin, um die Langeweile zu verbergen. Viele unserer Aktivitäten sind Versuche, die Langeweile nicht zum Bewußtsein kommen zu lassen. Aber vergessen Sie nicht das schlechte Gefühl, das Sie häufig haben, wenn Sie einen blöden Film gesehen oder sonstwie Ihre Langeweile verdrängt haben, den Katzenjammer, den Sie an sich feststellen, wenn Sie merken, es war eigentlich todlangweilig, und Sie haben Ihre Zeit nicht genutzt, sondern totgeschlagen. Es ist merkwürdig in unserer Kultur: Wir tun alles, um Zeit zu retten, zu sparen, und haben wir sie gerettet oder gespart, schlagen wir sie tot, weil wir nicht wissen, was mit ihr anzufangen ist.

Frederick S. Perls
Was ist Gestaltpsychologie?

Vor einer Generation erregte die Gestaltpsychologie, aus Deutschland importiert nach Amerika, einiges wissenschaftliches Aufsehen. Mit Hilfe genialer Experimente machte sie viele vorher übersehene Seiten »visueller Wahrnehmung« sichtbar. Sie verachtete die Lehrmeinung, daß während des Sehvorgangs visuelle Fragmente gesammelt und zu dem gesehenen Objekt zusammengefügt würden, und betonte nachdrücklich, daß das Sehen von vornherein gestaltet – das heißt Gestalt oder Figur – sei. Der visuelle Raum einer Person sei strukturiert in »Figur« und »Hintergrund«. (Hintergrund wurde verkürzt zu »Grund«, und im folgenden werden wir uns meist des kürzeren Ausdrucks bedienen.)

Mit »Figur« ist der Brennpunkt des Interesses gemeint – ein Gegenstand, eine Form und so weiter –, während »Grund« die Umgebung oder den Kontext bedeutet. Das Wechselspiel zwischen Figur und Grund ist dynamisch, denn der gleiche Grund kann, bei sich wandelndem Interesse und sich verschiebender Aufmerksamkeit, andere Figuren hervorbringen; oder eine vorhandene Figur, die vielleicht Details enthält, kann, wenn eines der Details als Figur erscheint, selber zum Grund werden.

Solche Phänomene sind natürlich »subjektiv«, und dieser Aspekt der Gestaltpsychologie hat dann auch nach ihrer Einführung in die amerikanische Psychologie ihre Entwicklung dort eingeschränkt. Diese verwarf zu der Zeit gerade den »Subjektivismus« Titcheners zugunsten einer unkritischen Mischung von Watsons »objektivem« Behaviorismus mit der Pawlowschen Lehre von den Reflexen. Im Zusammenhang mit den vorangegangenen Gedankengängen ist es bezeichnend, daß die Gestaltpsychologie heute, während sie in den psychologischen Fachbereichen von nur einer Handvoll amerikanischer Universitäten gelehrt wird, über das ganze Land hinweg in der Kunsterziehung, im kreativen Schreiben – ganz allgemein in den Geisteswissenschaften – wirksam zur Geltung kommt.

Die Gestaltbewegung übte einen bleibenden Einfluß auf die Psychologie aus, da sie die Tendenz zu »atomistischen« Bausteinkonstruktionen tödlich traf und da sie in die Sprache der Psychologie den Gedanken vom »Organismus als einer Ganzheit« einführte. Daß ihr Einfluß nicht größer war, ist zum Teil auf die Gestaltpsychologen selbst zurückzuführen, die vor dem ansteckenden Zwang zur »Objektivität« kapitulierten und das Neue und Verheißungsvolle ihres Ansatzes durch übereilte oder unkluge Einschaltung quantitativer Messungen und übermäßiger experimenteller Restriktionen verfälschten.

Da wir weitreichenden Gebrauch von dem Figur/Grund-Konzept der Gestaltpsychologen machen werden, wollen wir einige anschauliche Bildbeispiele geben. Figur 1 ist ein wohlbekanntes Lehrbuchbeispiel des Figur/Grund-Phänomens. Man kann auf dieser Zeichnung einen weißen Kelch auf schwarzem Grund sehen; wenn aber die weiße Fläche als Grund genommen wird, dann werden zwei Profilsilhouetten zur Figur. Man kann über der fortgesetzten Betrachtung dieses doppeldeutigen Bildes zum Meister im Umstellen werden, aber man kann nie beide Möglichkeiten gleichzeitig sehen. Vergiß bitte nicht, daß die Veränderung dessen, was du siehst, nicht etwa die Folge einer Änderung des »objektiv« Vorhandenen und Gedruckten ist – das wurde ein für allemal festgelegt, als das Buch in Druck ging –, sondern daß es vielmehr durch die Aktivität des sehenden Organismus hervorgebracht wird. Beachte bitte auch die dreidimensionale Qualität des zweidimensionalen Bildes. Sieht man die weiße Figur, dann ist der schwarze Grund *dahinter*. Und der gleiche Tiefeneffekt stellt sich ein, wenn man die beiden Köpfe etwa wie vor einem erleuchteten Fenster sieht.

Figur 2 zeigt ebenfalls ein doppeldeutiges Bild, diesmal eines mit mehreren Details. Beim ersten Hinschauen wirst du wahrscheinlich gleich eine junge Frau im linken Viertelprofil sehen. Oder du bist die eine von etwa fünf Personen, die sofort eine alte Hexe im linken Dreiviertelprofil sieht? Falls du eine Zeitlang nicht von selbst umgestaltest, was du zunächst gesehen hast – das heißt das Bild als solches zerstörst und die Teile benutzt, um ein neues herzustellen –, dann gibt es Wege, dir zu helfen. Im wesentlichen sind es dieselben Wege, die in den folgenden Experimenten beschritten werden.

Zunächst jedoch gibt es einige wichtige Punkte, die wir für die jetzige Situation feststellen können. Wenn wir dir nicht gesagt hätten, daß es ein zweites Bild gibt, dann hättest du es gewiß weder vermutet noch nach einem gesucht. Die Richtigkeit und Vollständigkeit dessen, was du zunächst sahst, hätte dich vollauf befriedigt. Was du jetzt siehst, welches Bild es auch sei, es *ist* richtig. Es beantwortet dir, der Art und Weise entsprechend, wie du im Augenblick »siehst«, die Frage: »Was ist auf dem Bild zu sehen?« Im Zusammenhang des gegenwärtigen Themas von Figur und Grund bist du wahrscheinlich bereit zuzugeben, daß wir dich nicht zum Narren halten wollen, daß die andere Gestalt dir, auch wenn du sie jetzt noch nicht erfaßt hast, bald vertraut sein wird und daß du das andere Bild so deutlich sehen wirst, wie du jetzt das erste siehst. In einem anderen Zusammenhang würdest du vielleicht von jemandem, der etwas zu sehen behauptet, was du nicht siehst, denken, er müsse sich irren, er sei »blöd«, und ihn nicht weiter beachten.

Wenn du eine junge Frau siehst, während wir behaupten, da sei eine alte Frau, könntest du, als gefälliger Mensch, dich entschließen, nachzugeben, und dasselbe sagen wie wir. Wenn wir zahlenmäßig eine größere Gruppe sind als du – sagen wir, wir sind die »Gesellschaft«, und du bist ein »Individuum« –, dann werden wir dich belohnen, wenn du nachgibst und uns zustimmst, indem wir dir bescheinigen, daß du dich »normal« verhältst. Bedenke aber, daß dir das willkommene Benehmen in einem solchen Fall übergestülpt ist und daß du es nicht *selber* lebst. Du wirst nur verbal mit uns in Einklang sein, nicht im *Sehen,* das *nichtverbal* ist.

Dieses Bild ist so konstruiert worden, daß mehrere Details doppelte Funktion haben. Der lange Hügel, der die Nase der Alten ist, ist die gesamte Wangen- und Kieferlinie der jungen Frau. Das linke Auge der Alten ist das linke Ohr der jungen Frau, ihr Mund das Samthalsband oder die Halsbinde der jungen Frau, ihr rechtes Auge ein kleines Stück der Nase der jungen Frau und so weiter. Wenn wir es für dich nachzeichnen könnten, wäre es noch hilfreicher, aber inzwischen wirst du wahrscheinlich das andere Bild gesehen haben. Es wird plötzlich gekommen sein, vielleicht sogar einen kleinen Überraschungsausruf ausgelöst haben. Das ist es, was die Gestaltpsychologen das »Aha-Erlebnis« nennen. Ihr Fachausdruck dafür ist Einsicht.

Um noch genauer zu zeigen, was mit Einsicht oder plötzlicher Umgestaltung des Verhaltens gemeint ist, präsentieren wir Figur 3, 4 und 5. Die erste Figur ist, für die meisten Personen, »leicht«, die zweite »schwerer« und die dritte »sehr schwer«, wenn diese Reihenfolge auch keinesfalls immer stimmt. Es sind diesmal keine doppeldeutigen Figuren. Sie sind unvollständig, viele Details, die gemeinhin da waren, sind ausgelassen. Indes stimmen die vorhandenen Teile in der Proportion, und die Arbeit, die hier geleistet werden muß, um das Bild zu sehen und zu erkennen, schließt eine Art von »subjektiver« Auffüllung der leeren Räume ein, um, wie die Gestaltpsychologen es nennen, »Geschlossenheit« zu bewirken. Ein starres Fixieren der vorhandenen Teile oder mühevolle Anstrengungen, die einen Sinn in das Durcheinander der Teile zwingen sollen, blockieren gewöhnlich den spontanen Prozeß der Neugestaltung. Daß er spontan sein muß, das heißt nicht Sache wohlbedachter Entschlossenheit ist, zeigte sich bei den vergeblichen Versuchen, die häßliche Alte oder die junge Frau sehen zu »wollen«. Laß deine Augen frei von einem Teil zum andern schweifen und nimm, wenn du kannst, die Haltung gespannter Neugier ein, nicht die verärgerter Ungeduld – das ist der günstigste Ansatz. Wenn die Bilder dann immer noch nicht kommen, werden sie irgendwann später erscheinen, wenn du sie von neuem betrachtest.

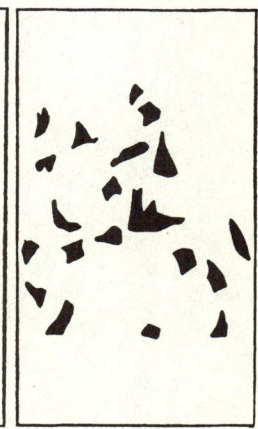

In den Experimenten wird es, wenn wir von Figur und Grund reden, manchmal um ein Bild gehen und manchmal nicht. Wir haben jetzt Bildbeispiele gewählt, weil sie die einzige Art der Darstellung sind, die wir in einem Buch präsentieren können, aber später werden wir dich bitten, zum Beispiel geringfügige Muskelspannungen, die du in deinem Körper hier oder dort entdecken magst, Prickeln, Jucken, oder fühllose Stellen zu untersuchen und zu sehen, ob sie vielleicht plötzlich zur Gestalt zusammentreten – in diesem Fall zur Gestalt einer Bewegung mit dem beginnenden Aktionsmuster einer Handlung, die du ausführen möchtest. Das wird schwierig sein, zeitraubend und erschöpfend. Wenn du keine schnellen Ergebnisse erlangst, wirst du vielleicht das ganze Programm aufgeben und es als eine stumpfsinnige Verschwendung kostbarer Zeit verfluchen oder dich zumindest beklagen, daß die Anweisungen die Arbeit verständlicher, schneller und leichter hätten machen müssen. Das ist möglich und deiner Phantasie sind keine Grenzen gesetzt, selbst Verbesserungen einzufügen. Aber auch dann bleibt die Arbeit mühsam, und wir können sie dir nicht ganz ersparen. So wie du das andere Bild im letzten Experiment sehen mußtest, mußt du sie, wenn sie überhaupt geschehen soll, selber tun.

Arno Gruen
Der ganz normale Wahnsinn und der Wahnsinn als Protest

Zerstörung ist der unmittelbare Ausdruck des Wahnsinns derer, die sich ganz ausschließlich der »Realität« widmen. Ideologische Verkleidungen verschleiern gewöhnlich diesen Zusammenhang. Der Wahnsinn der sogenannten »Realisten« ist ihre Leugnung des Menschlichen unter dem Deckmantel der Sorge für den Menschen. Sie verstehen, sich ein menschliches Antlitz zu geben, haben aber keinerlei entsprechende Gefühle. Ihr Inneres ist ein Hexenkessel von Rache und Mordlust; anstelle eines lebendigen Selbst fühlen sie nur Leere. Um dieser Leere und dem inneren Chaos zu entkommen, müssen sie Leben um sich her zerstören, nur dadurch fühlen sie sich lebendig.

Der Erfolg der »Realisten« beruht nicht nur auf ihrer Kunst, sich als Führer unentbehrlich zu machen, sondern auch auf der Natur des Gehorsams jener, die solche Führer benötigen, um ihr Selbst abgeben zu können. Deren Bedürfnis nach Anpassung richtet ihr gesamtes Sein danach aus, daß sie Regeln erfüllen. Sie hängen an den Buchstaben des Gesetzes und der Verordnungen und zerstören so die Realität unserer Gefühlswelt. Auf diese Weise brauchen sie ihre eigenen zerstörerischen Impulse nicht zu erkennen. Sie finden oft ihren Ort in der Bürokratie, wo sie im Namen von Gesetz und Ordnung Gefühle niederwalzen und sich selbst dabei völlig im Recht fühlen können.

Diese Konformisten sind die Fußsoldaten der psychopathischen Führernaturen und helfen ihnen, die Welt in den Abgrund zu treiben. Diese Kollaboration erst macht die Lage so bedrohlich. 1940 schrieb ein Beamter des deutschen Justizministeriums an seinen Minister im Hinblick auf die Euthanasie, daß dieser doch seinen ganzen Einfluß geltend machen solle, um endlich dem gesetzlosen Töten von Geisteskranken und Behinderten eine gesetzliche Basis zu geben. Die Ehre der gesamten Justiz stehe auf dem Spiel.

Das Gewissen bedeutet hier nichts, einzig die Gewissenhaftig-
keit, wie Roland Kirbach diese Haltung bitter kommentierte. Die
Bereitschaft, die Regeln höher zu achten als das Leben, macht die
unheilige Allianz von Konformist und Psychopath möglich. Dieses Zusammenspiel geschieht auf verschiedenen Wegen. Drei davon möchte ich darzustellen versuchen.

Die Vereinfachung: Die Reduktion von Ereignissen auf nur eine
bestimmte Dimension, um die angemessenen Gefühlsreaktionen
zu verhindern, gehörte in Amerika zu den täglichen Übungen
während des Vietnamkriegs. Die Zeitschrift ›The New Yorker‹
beschrieb in ihrer Ausgabe vom 29. Mai 1971 eine neue Art von
Listen, die den Fortschritt in der »Befriedung« südvietnamesischer
Dörfer nachwiesen. Ich zitiere aus dem ›New Yorker‹: »Die Liste
verzeichnete die folgenden Leistungen: 5269 medizinisch versorg-
te Patienten, 2200 Liter Chemikalien zur Entlaubung, 1000 umge-
pflügte Quadratkilometer, 20860 Dachplatten für 1956 Familien,
524 Stunden Lautsprecherdurchsagen der psychologischen Kriegs-
führung und 4 Konzerte ... Eine solche Liste eignete sich natürlich
vorzüglich zur schnellen Beurteilung einer komplizierten Materie.
Sie ist einfach, präzis und objektiv. Diffizilere Fragen, die sich
nicht so einfach beantworten lassen, werden vermieden. Zum Beispiel Fragen wie: Freuten sich die Dorfbewohner über die 524
Stunden Lautsprecherdurchsage? Half das, sie für uns zu gewinnen? Sind 4 Konzerte und 2200 Liter Chemikalien zur Entlaubung
ein ausgeglichenes Verhältnis, oder sollten es nicht besser 4 Liter
Chemikalien und 2200 Konzerte sein? Sollten in Vietnam überhaupt Chemikalien versprüht oder Konzerte gegeben werden?«
Der Artikel setzt dann die Beispiele fort, wie Ereignisse büro-
kratisiert werden und die lebendige Realität in eine ganz neue
Dimension übertragen wird, eine bürokratische Realität, die nichts
mehr zu tun hat mit den Schmerzen oder Freuden des Lebens.
Eine weitere Aufstellung verfeinerte dies noch: »Sie verzeichnet
die notwendigen Aufgaben zur Befriedung der Dörfer und vergibt
Punkte für die bestmögliche Ausführung der Aufgaben ... Fünfzehn Punkte für die völlige Zerschlagung einer Vietcong-Einheit;
zwei Punkte für die Fragebogenaktion der Dorfbevölkerung; acht
Punkte für die Entdeckung, Zerstörung oder Unschädlichma-
chung von Einrichtungen des Vietcong; zwei Punkte für das Aus-

füllen der Beschwerdefragebogen bei jeder Familie … Wenn allem die entsprechenden Punkte gegeben worden sind, werden sie für ein Dorf zusammengezählt und mit den Ergebnissen der anderen Dörfer in den Computer eingegeben, der dann den aktuellen Stand im Fortschritt der Befriedung der vietnamesischen Dörfer zeigt.«

Doch damit nicht genug. Es wurden auch Aufstellungen gemacht, die zum Beispiel Präsident Nixons persönlichen Kontakt zur amerikanischen Bevölkerung jeden Alters und verschiedener Überzeugungen statistisch erfaßten. Noch einmal aus dem Kommentar des ›New Yorker‹: »Die Listen wurden ein neues, unschätzbares Instrument, die Welt in den Griff zu bekommen. Hier werden Dinge so verblüffend miteinander in Beziehung gesetzt, daß Probleme auf einen Schlag gelöst erscheinen, und die Phänomene ordnen sich plötzlich in sauberen Zahlenkolonnen. Die störenden Zusammenhänge zwischen den Dingen und Phänomenen sind beseitigt. Und die lästige Verpflichtung, sich bei einer Sache für gut oder schlecht zu entscheiden, entfällt auch.« Ich habe dies so ausführlich zitiert, weil hier in aller Deutlichkeit zu sehen ist, wie die Realität im Namen ihrer »realistischen« Bewältigung auf Äußerlichkeiten reduziert wird. Die Menschen, die dafür verantwortlich sind, haben keinerlei Beziehungen zu wirklichen Bedürfnissen und wirklichen Gefühlen. Doch sie bestimmen darüber, wie die Realitäten um uns her beschaffen sein und wie wir sie wahrnehmen sollen. Und die meisten von uns sind völlig zufrieden mit dieser reduzierten Realität, weil sie ihnen erlaubt, die unbequeme innere Beunruhigung zu ignorieren.

Die Banalisierung: Wenn man Ereignisse bagatellisiert und banalisiert, kann man sie ebenfalls von den Gefühlen trennen, die möglicherweise entstehen könnten. Man kann das Leben auf nichtssagende Statistik reduzieren, man kann es aber auch den technischen Neuerungen unterwerfen – der sicherste Weg, sich keine Rechenschaft mehr über das ablegen zu müssen, was man tut.

Das verheerendste Beispiel dafür sind fraglos die technischen Errungenschaften der modernen Kriegführung. Sie haben Krieg zu einer beiläufigen und erträglichen Sache gemacht. Früher mußten jene, die töteten, auch damit rechnen, selbst getötet zu werden. Heute dagegen bedienen sie eine hochkomplexe Apparatur, durch die sie kaum mehr bemerken, daß sie töten, und nur ein geringes persönliches Risiko eingehen. Heute kann man Kriege führen, ohne daß es ins Bewußtsein zu dringen braucht, daß es sich um Töten handelt. Diese Banalisierung des Tötens macht es möglich, daß ein amerikanischer Geheimdienstoffizier sagen konnte: »Es ist kinderleicht für die Amerikaner, in Nicaragua einzumarschieren.« Diesem Mann kam es gar nicht in den Sinn, daß dieser Vorgang auch mit Töten zu tun hat. Ich zitiere ihn, weil er zu den Männern gehört, die großen Einfluß auf den Nationalen Sicherheitsrat der USA haben.

Die Spaltungsstrategie: Präsident Ronald Reagan schloß seine Rede auf der Generalversammlung der Vereinten Nationen 1985 zum vierzigsten Jahrestag mit bewegenden Worten und einer eigenartig bezuglosen Metapher. Er rief eine herzerweichende Szene in Erinnerung, die sich einige Tage nach dem furchtbaren mexikanischen Erdbeben ereignet hatte. Auf der Suche nach Verschütteten unter den Trümmern des Juàrez-Krankenhauses hatten Arbeiter ein schwaches Wimmern gehört und drei noch lebende Babys geborgen. »In all dieser Hoffnungslosigkeit«, schloß Reagan seine Rede, »erhielten wir zur rechten Zeit eine zeitlose Lektion: Wir erlebten das Wunder des Lebens.«

Der ›New Yorker‹ ließ auch dies nicht unkommentiert: »Uns scheint diese Schlußfanfare in der Präsidentenrede nicht so recht zur Rede selbst zu passen ... Im Auditorium saßen die Diplomaten aus aller Welt und erwarteten etwas Hoffnungsvolles über Amerikas Haltung zu den grundlegenden Krisen auf unserer Erde ..., über die nukleare Aufrüstung und die zunehmende Bedrohung einer nuklearen Vernichtung ... In diesem Zusammenhang wirkte Reagans Schlußwort über die Rettung von drei Babys etwas zusammenhanglos.«

Natürlich ist eine solche Szene wie die im Juàrez-Krankenhaus, für sich genommen, sehr anrührend. Aber sie wurde hier mißbraucht, um uns davon abzulenken, daß die nukleare Bedrohung uns alle betrifft. Solche Ablenkungsmanöver gehören zum Grundinstrumentarium des Psychopathen. Er zerstört die Verbindung zwischen den Ereignissen und den Gefühlen, die sie in uns auslösen. Oder aber er lenkt die Aufmerksamkeit auf ein stark gefühlsbesetztes Detail um. Damit macht er uns an unserer Wahrnehmung der Situation irre und weckt Zweifel, ob wir nicht »falsch« fühlen, wenn uns die nukleare Bedrohung wichtiger ist als die wunderbare Rettung der drei Babys. Wer da noch auf der Diskrepanz zwischen diesem rührenden Ereignis und dem eigentlichen Problem beharrt, riskiert, als gefühllos exkommuniziert zu werden.

Es überrascht daher nicht im geringsten, daß die Abspaltung von Gefühlen vorherrscht, solange die politische Autorität eine Atmosphäre schafft, die die menschliche Fähigkeit zur Integration untergräbt. Eines der bevorzugten Mittel ist die Manipulation unserer Erinnerung. »Der Kampf des Menschen gegen die Macht ist der Kampf des Gedächtnisses gegen das Vergessen«, schrieb Milan Kundera in seinem ›Buch vom Lachen und Vergessen‹.

Wenn ein solcher Kampf freilich gar nicht geführt werden kann, weil die offiziellen Informationen bereits entsprechend präsentiert werden, ist Erinnerung von vornherein nicht möglich. Joseph Lelyveld hatte mit vielen Jugendlichen in Amerika über den Vietnamkrieg gesprochen und festgestellt, wie das ›Times Magazine‹ berichtete, »daß deren Vorstellungen sehr nebelhaft waren. Er erkundigte sich bei den Schülern einer kirchlichen Sonntagsschule in Missouri nach einer Reihe von Namen: Ho Chi Minh, McNamara..., Thieu und Ky. Die Schüler, alles Gymnasiasten, konnten mit keinem Namen etwas anfangen. Eine junge Frau in Fort Benning in Georgia, die sich auf ein militärisches Lufttraining vorbereitete, glaubte, daß die USA den Vietnamkrieg gewonnen hätten, und war sehr überrascht, von Lelyveld das Gegenteil zu hören.

Das Paradoxe daran ist, daß wir in einer Welt leben, in der die Informationsdichte und Informationsgeschwindigkeit so hoch ist wie nie zuvor. Information ist verfügbarer denn je. Doch sie wird immer nur in Bruchstücken geboten, ohne Verknüpfung mit dem Ganzen des Lebens. Also ist sie auch zu einer schnell verderblichen Ware geworden. Diese Schüler waren nicht deshalb ahnungslos, weil es ihnen an Informationsmöglichkeiten fehlte, sondern weil die verfügbare Information zusammenhanglos war und das Leiden ausklammerte. Darum konnten die Schüler nicht erkennen, daß die Ereignisse etwas mit ihnen selbst zu tun hatten. Menschen unter einem totalitären Regime sind weitaus wachsamer, weil sie sich die spärlich fließende Information mit großer Mühe beschaffen müssen. Jene unter uns, die unsere ganzheitliche Wahrnehmung aus dem

Gleichgewicht bringen, tun dies jedoch nicht nur, weil sie uns vorsätzlich betrügen wollen, sondern weil sie für sich selbst die Integration von Innen- und Außenwelt fürchten. Eine solche Integration würde ihr scheinbares Gleichgewicht gefährden, hinter dem die Psychose lauert. Und die Furcht davor ist berechtigt: Die Ablehnung ihres inneren Kerns, die Verleugnung des Gefühls der Hilflosigkeit und ihr Streben nach Macht vergrößern ihre Selbstablehnung und lassen gleichzeitig ihre innere Leere anwachsen, so daß ihnen gar nichts anderes übrigbleibt als die Intensivierung ihres Strebens nach Macht. Um das zu rationalisieren, *müssen* sie Denken und Fühlen voneinander trennen.

Öffentliche Macht ist ein Mittel, die innere Spaltung aufrechtzuerhalten. Aber die Macht sucht ein solcher Mensch nicht um ihrer selbst willen, sondern um Halt an ihr zu finden und nicht auseinanderzufallen. Darum kann er sich auch keine Kompromisse leisten. Jede Vermehrung der Herrschaft vergrößert die innere Leere und bringt zwangsläufig das verstärkte Bedürfnis nach Beherrschung hervor. Geht man mit solchen Menschen achtungsvoll um, werden sie jedes Entgegenkommen als Schwäche auslegen. Denn für sie gibt es keine Gleichwertigkeit, für sie gibt es nur Herrschaft oder Beherrscht-Werden. Die Lektionen ihrer Kindheit haben sie gut gelernt: Schmerz ist ein Herrschaftsinstrument, deshalb zählen nur Macht und Gewalt. Alles andere würde die Feigheit offenbaren, die in der ursprünglichen Unterwerfung liegt. Deshalb verstärkt jede Übereinkunft mit diesen Menschen ihr Bestreben, ihre Macht noch wirkungsvoller einzusetzen.

Nur katastrophales Scheitern bremst solche Menschen, dann mag es aber bereits für uns alle schreckliche Auswirkungen haben. Erst der völlige Zusammenbruch ihrer »Realität« führt vielleicht zum Zusammenbruch ihrer psychischen Identität, denn die Außenwelt ist der Schutzmantel ihres inneren Chaos. Ihr Zusammenbruch, wenn er überhaupt stattfindet, ist psychotisch im Sinne einer völligen Desintegration. Sie haben kein Zentrum, nur Wut, und manche können sich nur durch Selbstmord »retten«.

Der Zusammenbruch eines Psychopathen unterscheidet sich grundlegend von dem eines Schizophrenen, der versucht, seine innere Ganzheit zu bewahren, indem er sich der als heuchlerisch und bösartig erlebten Außenwelt entzieht. Dieser Versuch muß natürlich fehlschlagen, weil Integration den Austausch mit der realen Welt voraussetzen würde. Der Jammer und das Bewundernswerte am Schizophrenen ist, wie Martti Siirala es ausdrückte, daß »die Krankheit der Schizophrenie nicht nur eine bestimmte Art der Schwäche ist ..., sondern auch die besondere Fähigkeit, ganz unmittelbar auf die vergiftenden Seiten des menschlichen Zusammenlebens zu reagieren«. Seine Schwäche ist, daß er nicht in der Lage ist, sich offen und direkt gegen die Gespaltenheit unserer Zivilisation zu wehren.

Der psychotische Typus dagegen leugnet sowohl die Quellen unseres Leidens als auch die Widersprüche, die dieses Leiden verstärken. Er lebt völlig abgetrennt von seinem Inneren. Wenn er dann doch einmal zusammenbricht, wird sein überwältigender Haß hervorbrechen oder zumindest die Angst davor, da er der Ursache seines Hasses nicht ins Gesicht sehen kann. Solch ein Zusammenbruch ereignet sich oft, wenn zum erstenmal »Versagen« erlebt wird, bei Männern zum Beispiel in den sogenannten Wechseljahren, wenn sich ihr Hormonhaushalt verändert. Der Verlust ihrer sexuellen »Manneskraft« konfrontiert sie ganz konkret mit der Diskrepanz zwischen der Realität eines voll gelebten Lebens und der Reduziertheit ihrer eigenen Existenz. Das gilt ähnlich auch für Frauen. Die Manie, die diesen Zustand so oft kennzeichnet, ist ein Versuch, die halluzinierte Macht zu verewigen. Siirala nennt das einen Versuch, »die Gesetze des Lebens in der Hand zu behalten«. Ein solcher Patient versucht »mit außerordentlichem Geschick, jede Kritik zunichte zu machen, da sie für andere, aber nicht für ihn selbst Geltung habe«.

Dies ist bei Schizophrenen ganz anders. Barbara O'Brien zeigt uns in einem autobiographischen Bericht, von welcher Beschaffenheit der Kampf eines Schizophrenen um die Erhaltung seiner Integration ist. Sie schildert, wie sie in der Vergangenheit zwei ganz gegensätzliche Selbst hatte, die sich völlig beziehungslos nebeneinander entwickelten. Das eine Selbst gründete in ihren autonomen Strebungen; dieses Selbst hielt sie unter Verschluß, aber es blieb existent. Das andere lebte angepaßt in der Außenwelt. Bis zu einem gewissen Grade enthält ihre Lebensgeschichte also Elemente sowohl der »schizophrenen« als auch der »konformistischen« Entwicklung. Das »Wie« dieser Doppelgleisigkeit macht den Bericht von Barbara O'Brien so aufschlußreich.

»Ich war wie alle Kinder nicht von vornherein angepaßt, dennoch wuchs ich wie die meisten nach dem Vorbild des angepaßten Menschen auf. Der einzige Unterschied, den ich zwischen mir und den meisten Menschen sehe, liegt darin, daß ich ... sehr früh lernte, mich in verschiedene Abteilungen aufzuteilen. Ich wurde ... ein Kind mit vielen Abteilungen. Ich war ein ganz gewöhnliches Kind, nur hatte es einige Merkwürdigkeiten. Da ich auch ein geselliges und anpassungsfähiges Kind war, mich leicht anderen anschließen konnte, gewöhnte ich mir früh an, nur in sicheren Situationen meine Merkwürdigkeiten zu leben.«

So begann sie zum Beispiel in der Schule eine Methode zu entwickeln, um mathematische Aufgaben auf ungewöhnlichem Weg zu lösen. Da ihre Ergebnisse immer richtig waren, wurde sie nie für diese »Abweichung« gerügt. Manchmal betonten die Lehrer sogar, daß sie es selbst nicht so gut gekonnt hätten. »Hier war ich sehr geschützt in meinem Anderssein.« Ihre Erlebnisse im Aufsatzschreiben waren weniger erfreulich. Mit dreizehn Jahren hatte sie einmal über ihre Wiederentdeckung Gottes geschrieben. Es habe für sie keinen Gott im Sinne der religiösen Traditionen gegeben, aber sie habe ihn in den Mustern und Linien der Natur entdeckt. Das waren natürlich ungewöhnliche Gedanken, und ihr Anderssein erregte Argwohn. Aber sie bestand die Prüfung dennoch, weil ihr Aufsatz von Leuten bewertet wurde, die von außerhalb kamen.

Nach Schule und Universität geht man normalerweise in eine Firma arbeiten und »bleibt dort, bis man heiratet, schwanger wird oder stirbt. Man steigt in der Firma auf, Stufe um Stufe, bis man den höchsten Punkt für sich erreicht hat ... Es wird erwartet, daß man sich innerhalb der Firma anpaßt, so wie man sich früher in jeder Gemeinschaft angepaßt hat. Entsprechend verhielt ich mich in meiner Firma, bis ich plötzlich gegen etwas stieß.« Ihre Angepaßtheit kam plötzlich mit etwas nicht mehr zurecht. Ihr Inneres konnte ihr nicht helfen, da sie nicht darüber verfügen konnte, hatte sie es doch »zugeknöpft«, wie sie schrieb.

Sie war auf brutale Machtausübung gestoßen, die jene Werte und

Normen mißachtete, an denen sie ihre Anpassung orientiert hatte und die sie für wahr hielt. Da sie ihr inneres Selbst »zugeknöpft« hatte aus Angst vor Ablehnung, konnte es nur in der Form von Halluzinationen hervorbrechen. Damit brach ihr äußeres Selbst zunächst einmal zusammen.

Einen Tag, nachdem sie ihre Arbeit aufgegeben hatte: »Als ich erwachte, standen am Fußende meines Bettes verschwommen drei Männer. Ich fühlte nach der Bettdecke, ich spürte sie deutlich, also war ich wach und alles war wirklich. Der kleinere war ein ungefähr zwölfjähriger Junge mit einem hübschen Gesicht und lächelte freundlich. Der andere ein älterer, würdiger Mann, vertrauenerweckend, bodenständig, ein zuverlässiger Mann, der sich an die Ordnung hielt. Der dritte war ein verrückter Kerl mit viel zu langen, schwarzen und schlaffen Haaren und einem ebenso langen und schlaffen Körper. Das Gesicht schien nicht zu dieser Frisur und zu diesem Körper zu gehören: Seine Züge waren zart und gefühlvoll, der Gesichtsausdruck aber arrogant und abweisend. Der Ältere räusperte sich plötzlich: ›Es ist zum Besten aller, daß du Hinton kennenlernst.‹ Und er wandte sich zu dem eigenartigen Kerl. Ich war sicher, daß ich dieses Gesicht noch nie gesehen hatte. Der Ältere erriet offensichtlich meine Gedanken. ›Du kennst ihn sehr wohl‹, sagte er, ›und hast ihn schon einmal besser gekannt.‹«

Hinton war ganz offensichtlich Barbara O'Briens zurückgewiesenes inneres Selbst. Für Barbara begann nun eine Reise, auf der sie durch die Halluzinationen ihrer inneren und äußeren Welt schließlich den Weg zurück zu ihrer Ganzheit fand. Sie erwarb die Stärke, das Leben sowohl in seinen bösartigen als auch in seinen menschlichen Aspekten annehmen zu können. »Der größte Teil meiner Halluzinationen befaßte sich mit den Ränken der Fallensteller und wie ich sie bekämpfen kann. Die Krankheit war für mich wie ein Übungsprogramm und ermöglichte mir die Flucht aus der aktuellen Anspannung [sie gab ihre Arbeit auf und begab sich in Behandlung], bis ich psychisch wieder so weit war, diese Anspannung auch in der Wirklichkeit durchzustehen.«

Was sie lernte, war die Entwirrung der verwickelten Wege, auf denen sie ihr eigenes Selbst abgelegt und die soziale Verleugnung des Inneren übernommen hatte. Ihre allererste, oben wiedergegebene Halluzination offenbarte sowohl ihre innere Stärke als auch die Verachtung, mit der sie diese zurückwies: Hintons »Züge waren zart und gefühlvoll, der Gesichtsausdruck aber arrogant und abweisend«, er war ein »verrückter Kerl«. Hinton »repräsentierte einen Teil meines Wesens, der in meiner Kindheit hervorstach, den ich aber als Erwachsene weitgehend vergraben hatte«.

Und weiter aus Barbara O'Briens Erfahrungsbericht: »Bei rechtem Licht betrachtet, war vieles, was ich tat, als ich noch gesund war, gar nicht so dumm. Menschen, wenn sie anpassungsfähig sind, passen sich an die Art der Gemeinschaft an, von der sie ein Teil sind. Indem ich mich in Form meines Abteilungssystems anpaßte, vollzog ich eine behutsame, vielleicht feige Anpassung ... Ich hatte Erfolg damit ... Ich nutzte für meinen Wert das, was in der Gemeinschaft ankam, und verbannte das in eine andere Abteilung, was nicht akzeptiert wurde.« Diese ihre Heuchelei modifiziert sie einige Sätze später: »Ich vergrub Elemente von mir, die ich nie hätte vergraben dürfen, und verlor dadurch meine Ganzheit, nur damit man Teile von mir akzeptieren möge. Hätte ich den Mut gehabt, ich selbst zu sein, hätte man mich nie neurotisch nennen, sondern schlimmstenfalls als ›anders‹ betrachten können. ›Anders‹ zu sein bedeutete aber eine Kritik, auf die ich sehr empfindlich reagierte.«

Das ist der große Unterschied zwischen einer Person wie Barbara O'Brien und Menschen, die sich auf geradem Weg zur Schizophrenie hin entwickeln. Letztere geben nie ihr Inneres auf, weshalb ihre Krankheit ganz allmählich fortschreitet und nicht plötzlich ausbricht. In diesem Sinn gibt Barbara O'Briens Bericht einen Einblick in die psychotische Entwicklung eines außengelenkten Menschen, er zeigt aber, daß die beiden Entwicklungen – die zur Außen- und die zur Innengelenktheit – bis zu einem gewissen Grade auch nebeneinander in einem Menschen stattfinden können. Die Plötzlichkeit eines psychotischen Zusammenbruchs deutet aber darauf hin, daß der Betroffene einmal eine Grundentscheidung für das Streben nach Erfolg und Teilhabe an der Macht getroffen hat.

Hier liegt meines Erachtens der diagnostische Schlüssel für die Unterscheidung der beiden Entwicklungsrichtungen: die langsame und schleichende Entwicklung einerseits, die zum immer stärkeren Rückzug aus der sozialen Umwelt führt, und der plötzlich einsetzende Bruch mit der sozialen Realität andererseits. Im ersteren Fall kämpft ein Mensch schon von frühester Kindheit an gegen die Unterwerfung unter eine Realität, die seinem Verlangen nach echter Liebe Hohn spricht. Im zweiten Fall bemüht sich ein Mensch um die Anpassung an die soziale Realität auf Kosten seiner inneren Wahrheiten. Er bricht zusammen, wenn die äußere Realität ihn nicht mehr zusammenhält, weil ihre Widersprüche zu kraß und offensichtlich geworden sind. Sein Zusammenbruch unterscheidet sich deutlich vom sogenannten Zerfall des Schizophrenen, der im Kern ein Integrationsversuch ist. Weil der Schizophrene sich aus der Außenwelt zurückzieht, um sich ihrem Machtanspruch nicht unterwerfen zu müssen, ist der integrative Aspekt schwer zu erkennen, vor allem, wenn der Prozeß schon weit fortgeschritten ist. Da jede Interaktion mit der Gefahr der Unterwerfung verbunden ist, baut der Schizophrene Kontakte zunehmend ab und höhlt sie aus, bis er das Bild der »emotionalen Versandung« und eines lebendig Toten bietet. Dies aber ist Ausdruck seiner Wahrhaftigkeit und seines Protestes gegen eine fundamental unmenschliche Realität.

Für die anderen aber liegt die Bedrohung gerade in dem, was der Schizophrene sich bewahren will. Sie haben in unterschiedlichem Grade die Flucht vor dem Schmerz angetreten, den sie nicht als bedeutsamen Aspekt menschlicher Erfahrung annehmen wollen und verarbeiten können. Weil sie sich, um diesem Schmerz zu entgehen, ganz den Machtstrukturen der äußeren Realität unterworfen haben, werden echte Menschlichkeit und die Regungen des abgespaltenen eigenen Inneren für sie zu einer Quelle der Angst. Denn sie erinnern sie an die autonomen Impulse, die sie geopfert haben, weil sie ihrer Anpassung im Weg standen. Je tiefer die Spaltung, desto größer die Angst. Wenn bei solchen Menschen die haltgebende Fassade einstürzt, kommt es zu einem Zusammenbruch der Persönlichkeit, der sich vom Rückzug und der Selbstverarmung des Schizophrenen fundamental unterscheidet. So war es bei Barbara O'Brien. Ihr Fall zeigt aber auch, daß der Zusammenbruch zur Chance der Integration und neuen Wachstums werden kann, soweit Reste des autonomen Selbst, wenn auch abgekapselt, noch vorhanden sind.

Um dies auch terminologisch deutlich zu machen, verwende ich

den Begriff »Psychose« nur für die Störungen eines außengeleite-
ten Selbst, nicht aber für die Schizophrenie. Psychotisches Verhalten ist gekennzeichnet durch das Fehlen von Strebungen zur Synthese und Integration. Schizophrenie dagegen ist ein Kampf um
Integration, der scheitert, weil die Kraft fehlt, die innere Wahrheit
auch in einer feindseligen Umwelt zu leben. Darum haben die
Symptome des Schizophrenen auch immer einen Sinn. Die Symptome der Psychose, wie ich sie verstehe, haben einen solchen Sinn
nicht. Sie sind nur Ausdruck von Haß und Zerstörungswut.

Die Symptome des Schizophrenen sind freilich verschlüsselte
Botschaften, denn er fürchtet unser Unverständnis. Doch wenn
wir seine Botschaften enträtseln, wenn wir uns bemühen, ihn zu
verstehen, dann kann er uns helfen, den von den Psychopathen
erzeugten Nebel zu durchdringen. Diese sitzen an den Schalthe-
beln der Macht und haben uns eine reduzierte Sicht der Realität
aufgezwungen. Aber Abraham Lincoln hat gesagt: Man kann das
Volk eine Zeitlang zum Narren halten, einen Teil des Volkes auf
alle Zeit, aber nicht alle Menschen auf alle Zeit. Hören wir denen
zu, deren Wahnsinn ihr Protest ist, dann werden wir jene klarer
erkennen, deren »Realismus« uns zum Narren hält. Haben wir erst
einmal erkannt, daß ihre getarnte Zerstörungswut nichts als Flucht
vor dem Chaos und der Leere in ihrem Inneren ist, dann können
wir ihre Psychose beim Namen nennen. Damit schwindet die
Macht, die sie über uns haben.

Wir gelangen damit auch zu einem besseren Verständnis des
Problems von Gut und Böse. Wo die innere Welt des Fühlens
abgespalten ist, gibt es auch nur eine abgespaltene »Moral« ohne
wirklichen Einfluß auf unser Handeln. Weil eine solche abgespaltene »Moral« die Unterdrückung des autonomen Selbst fördert,
wird sie selber zur Quelle des Bösen, das sie vermeintlich be-
kämpft. Wirklich verantwortungsvolles Handeln und echte
Menschlichkeit aber sind nur möglich auf der Basis eines autonomen Selbst, das Innenwelt und Außenwelt integriert. Darin liegt
unsere Hoffnung.

Irene Claremont de Castillejo
Von der Kunst der Begegnung

Neulich stellte mir ein Freund eine Frage, die mich nachdenklich stimmte: »Ist dein Beruf anstrengend, den ganzen Tag lang zuhören und mit Menschen reden?« Ich antwortete leichthin: »Manchmal sehr anstrengend, manchmal gar nicht.«

Dann wurde ich neugierig, wovon Ermüdung wohl abhängt. Gewiß nicht von der Intensität meines persönlichen Einsatzes, eher schien es sich umgekehrt zu verhalten. Ich ermüde weit weniger, wenn ich viel zu einem Gespräch beitrage, und ich bin oft erschöpft, wenn ich passiv zuhöre.

Ich überdachte Gespräche mit anderen, auch außerhalb der therapeutischen Situation, und ich verstand allmählich, daß die Frage nicht lautet, Ermüdung oder keine Ermüdung, sondern Ermüdung oder Erquickung.

Und plötzlich war mir die Sache so klar und deutlich, daß ich kaum begreifen konnte, warum ich den Zusammenhang nicht längst gesehen hatte. Wir ermüden nur im Gespräch mit anderen, wenn wir ihnen nicht begegnen, wenn einer der Partner oder beide sich hinter einer Maske verstecken.

Bei seltenen Gelegenheiten, wenn wir das Glück haben, jemandem zu begegnen, ist keinerlei Ermüdung spürbar. Beide sind erfrischt und belebt, und es ist etwas geschehen. Es ist, als ob sich eine Tür öffnet und das Leben neue Bedeutung gewinnt.

Warum kommt es so selten zu Begegnungen? Seltsamerweise verbringen wir unser Leben damit, anderen Menschen nicht zu begegnen. Wir haben ständig mit anderen zu tun, im Bus, im Laden, bei der Arbeit und im Spiel; und es kann sein, daß wir tagelang, wochenlang, monatelang nicht einem Menschen so begegnen, daß es zwischen beiden zu schwingen beginnt. Nichts tut sich dann.

Nach den Geschäften des Tages gehen wir zu unseren Familien heim, oft reiben wir uns dort aneinander und begegnen uns nicht, ohne daß jemand das bemerkt.

Begegnungen finden natürlich auf verschiedenen Ebenen statt.
Es gibt körperliche Begegnungen und seelische, Begegnungen im
Bereich des Intellekts und in der Gemeinsamkeit des täglichen
Lebens und Arbeitens miteinander. Begegnungen können hin-
sichtlich ihrer Nähe, Dauer und Intensität unendlich abgestuft
sein, auf einer Ebene allein oder auf allen zugleich. Körperliche
Nähe und gedanklicher Austausch allein sind noch keine Begegnung. Ehepaare leben oft über Jahre in enger Intimität und begegnen sich doch nicht. Jeder ist in seine eigene Isolierung verstrickt.

Für das Zustandekommen einer Begegnung bedarf es offenbar
eines anderen, dritten Elements. Man kann es Liebe oder den
Heiligen Geist nennen. Die Jungianer sprechen von der »Gegenwart des Selbst«. Wenn dieses »andere« anwesend ist, kann eine
Begegnung kaum verfehlt werden.

Begegnung hat nichts mit Dauer zu tun, auch nicht mit gemeinsamen Interessen. Ich erinnere mich an Unterhaltungen mit völlig
Fremden, die nie ihren Duft verloren haben, weil auf unerklärli-
che Weise für eine kurze Weile eine Begegnung zustande kam.

Als ich zwanzig war, lächelte mir ein Busfahrer zu, während
ich von seinem Bus absprang. Das habe ich nie vergessen, es war
ein lächelndes Teilhaben. Wir sahen uns nie wieder, und das war
auch nicht nötig, denn wenige Sekunden lang waren wir uns
wirklich begegnet.

Auch in einer so kurzen Begegnung wird die Atmosphäre von
etwas Unwägbarem, Unzerstörbarem durchdrungen. Dieses Etwas ist nicht Sympathie. Sympathie kann lästig sein und sogar
schädlich, wenn sie entmutigt. Begegnung schadet nie, sie macht
allen Beteiligten Mut.

Das Etwas, das entsteht, ist mehr als ein Gedankenaustausch.
(Die Frage: »Was denkst du?« kann störend und schlimm sein.)
Mitteilung und Austausch geschehen auf einer anderen Ebene. Sie
bringen Menschen zusammen und helfen ihnen, in die gleiche
Richtung zu wachsen. Ein gewisser Austausch ist für jede dauerhafte Beziehung notwendig. Doch spreche ich hier nicht von
Austausch oder Beziehung. Ich spreche von der Fähigkeit, einem
anderen zu begegnen und Begegnung zu erfahren. Begegnungen
sind die wesentlichen Wuchsstellen in jeder lebendigen Bezie-

hung, doch sie ereignen sich auch dort, wo die Bezeichnung »Beziehung« kaum anwendbar ist.

Es ist sicherlich möglich, daß mehr als zwei Menschen zur gleichen Zeit einander begegnen, das kann zwischen dreien, vielleicht auch vieren geschehen. »Wenn zwei oder drei von euch in meinem Namen versammelt sind, so bin ich mitten unter ihnen.« Dies ist die Gegenwart, wie sie sich in Begegnungen zwischen zwei Menschen, von denen ich eben gesprochen habe, ereignet.

Die moderne Betonung der Zweierbeziehung ist manchmal sehr einseitig und führt zu einem Austausch, der zu einem Eindringen in den privaten Raum und zu einem Mißbrauch der Intimität werden kann. Betontes Sich-Mitteilen und Austauschen sind manchmal so gefährlich wie Sympathie. Neue Gedanken, die sich in der Tiefe formen, können durch zu frühe Mitteilung zerstört oder verformt werden wie ein ungeborenes Kind, das vorzeitig ans Licht gezogen wird, oder wie eine Blumenzwiebel, die ausgegraben wird, damit ein Neugieriger die Wurzeln wachsen sehen kann. Achtung vor dem inneren Raum des anderen ist ebenso wichtig wie gedanklicher Austausch. Die tiefste Kommunikation wird immer in Augenblicken des Schweigens erfolgen.

Manchmal frage ich mich, ob es klug ist, direkt auf Beziehung hin zu arbeiten. Worauf es ankommt, ist, sich auf sich selbst zu konzentrieren, immer bereit für die Augenblicke und Stunden der Begegnung, wenn sie kommen. Dann kann man der Beziehung zutrauen, aus sich selbst heraus bestehen zu können.

Man sollte immer an der eigenen Einstellung, nicht an der Beziehung arbeiten. In jeder Partnerschaft gilt: Wenn einer der Partner für sich Klarheit gewonnen hat, was die Situation erfordert, ist es oft nicht mehr notwendig, darüber zu sprechen, der andere nimmt es auf und handelt entsprechend, auch ohne Worte. Innere Klarheit scheint die Wirkung einer unsichtbar führenden Kraft zu haben, die Beziehungen und äußere Situationen zuverlässig beeinflußt. Dem Menschen, der diese Klarheit erlangt hat, werden neue Wege sichtbar, und Türen öffnen sich ohne Anklopfen.

Wir klammern aus unserem Denken oft unsere mangelnde Bereitschaft zur Begegnung aus. Besonders Frauen, denen bewußt ist, daß eine Beziehung von ihnen ausgehen muß, versuchen aber auch, alles ans Licht zu bringen, und ein Mann, der dazu nicht bereit ist, fühlt sich als Opfer. Ähnlich empfindet eine Frau, die gedrängt wird, etwas zu sagen, das sie nicht sagen kann. Solche Versuche, eine Teilhabe zu erzwingen, wirken ungeheuer ernüchternd.

In der Analyse läßt sich das Phänomen der Begegnung besonders gut beobachten. Analytiker und Patient begegnen sich nicht immer. Der nach der Stunde erschöpfte Analytiker hat seinen Patienten sicherlich verfehlt. Vielleicht war er zu aktiv und verströmte sich, ohne daß die Situation das erfordert hat. Vielleicht war er zu passiv und fühlte sich wider Willen ausgesaugt. Beide Male kam es zu keiner heilenden Begegnung.

Die Bereitschaft zur Begegnung ist sowohl von seiten des Analytikers wie von seiten des Patienten entscheidend. Manchmal ist der Analytiker nicht bereit, tief genug einzutauchen, um den überfluteten Patienten zu treffen, er verweigert sich aus einem gesunden Selbstschutz heraus. Manchmal mag er Angst haben, den dunklen, verschlungenen Pfaden zu folgen, auf die der Patient ihn lockt. In beiden Fällen gibt es keine Begegnung und keine Heilung. Nur im Augenblick einer wahren Begegnung öffnet sich die Tür zu einer Einsicht, die heilend wirkt und Patienten und Analytiker gleichermaßen erfrischt.

Die gleiche Situation besteht im täglichen Leben. Warum versäumen wir es so oft, einander zu begegnen?

Es scheint hierfür drei Gründe zu geben. Der erste ist, daß wir uns auf einer anderen Bewußtseinsebene als der andere befinden. Der zweite ist, daß mindestens einer von beiden eine Rolle spielt oder anderweitig besetzt ist. Der dritte, daß wir nicht zuhören. Ich will die genannten drei Hindernisse in der angegebenen Reihenfolge behandeln.

Wir verstehen das Problem der Begegnung leichter, wenn wir davon ausgehen, daß wir alle, Frauen und Männer, jederzeit auf mehreren unterscheidbaren Bewußtseinsebenen leben. Insbesondere gibt es eine klare Unterscheidung zwischen dem gezielten, zentrierten, fokussierten Bewußtsein und einem ahnenden, instinktiven Wahrnehmen, das noch immer nicht genug gewürdigt wird.

Das fokussierte Bewußtsein hat sich über die Jahrtausende aus dem Unbewußten entwickelt, seine Entwicklung schreitet weiter fort. Unsere Erziehung ist darauf angelegt, dieses Bewußtsein zu fördern und zu schärfen, letztlich um uns die Macht zu geben, die Dinge klar zu sehen und in ihre Bestandteile zu zerlegen, um uns die Fähigkeit zu vermitteln, Ideen zu formulieren, zu verändern, zu erschaffen und zu erfinden. Wir brauchen in unserer alltäglichen Welt ständig fokussiertes Bewußtsein. Ihm verdanken wir unsere Kultur und unsere wissenschaftlichen Entdeckungen.

Daneben gibt es eine andere Art des Bewußtseins, die ahnende Wahrnehmung. Es ist Kindern angeboren, und viele Frauen bewahren es sich; sie nehmen die Natur als Ganzes wahr, sie spüren die Verbundenheit aller Lebewesen, und sie erleben sich selbst als Teil eines größeren Ganzen. Aus dieser ungebrochenen Schicht kommen die weisen Aussprüche der Kinder, die Weisheit der Künstler und die Worte und Gleichnisse der Propheten, nur hörbar dem, der Ohren hat zu hören.

Im allgemeinen ist die männliche Grundeinstellung zum Leben (in beiden Geschlechtern) durch Zielgerichtetheit und Fokus, durch Teilung und Veränderung bestimmt; die weibliche (in beiden Geschlechtern) ist eher eine annehmende, eine ahnende Wahrnehmung[*] der Einheit allen Lebens und eine Bereitschaft für Beziehung; auf diese Weise läßt sich die Psyche in eine männliche und eine weibliche Seite teilen. Da männliche und weibliche Züge in den Menschen (beiderlei Geschlechts) miteinander verwoben sind, ist es vielleicht klarer, von fokussiertem Bewußtsein einerseits und von der ahnenden Wahrnehmung andererseits zu sprechen und unter ihnen Qualitäten zu verstehen, die, in verschiedenen Ausprägungen, sowohl zu Männern als auch zu Frauen gehören.

Es sei dennoch daran erinnert, daß ahnende Wahrnehmung eher Frauen zugehörig ist. Schon früh ist ein kleines Mädchen über alles Lebendige entzückt, während der kleine Junge leidenschaftlich daran interessiert ist, wie sich die Räder drehen oder warum der Kessel dampft, wenn es kocht. Räder und die Frage, wie Dampf

---

[*] »Ahnende Wahrnehmung« (englisch: »diffuse awareness«) meint keine Funktion des Bewußtseins im intellektuellen Sinn, sondern eine Einstellung zu sich selbst und zu anderen, die den ganzen Menschen betrifft, zur Außen- und zur Innenwelt; offen, gewährend, zugewandt, gelassen, im Einklang mit dem, was zu tun ist. (Anm. d. Ü.)

anwendbar ist, lassen kleine Mädchen gewöhnlich kalt. Ähnlich fühlen die meisten Frauen sich den Bäumen und dem fließenden Wasser verwandt, sie haben ein Gefühl der Zugehörigkeit unter einem nächtlichen Himmel und sind dem Mondrhythmus verbunden. Vielleicht tritt ein liebender Mann vorübergehend in das Reich der ahnenden Wahrnehmung ein, er wird inspiriert und drückt diese Erfahrung später in einem Gedicht aus. Eine Frau, die durch ein Teleskop schaut, richtet während dieser Zeit ihren Verstand klar auf die vor ihr liegende Aufgabe und schreibt später vielleicht eine wissenschaftliche Arbeit darüber.

Solange wir uns auf der einen Ebene befinden, erscheint die andere unsinnig, und wir neigen dazu, sie völlig abzulehnen. Das ist ein echtes Dilemma. Ich verletze meinen Kopf, oder ich verletze mein Herz. Immer hat das Herz die größeren Schwierigkeiten, weil ihm keine Stimme gegeben ist. Das Problem der differierenden Ebenen ist nicht auf die zwischenmenschliche Kommunikation begrenzt, es schafft uns allen zeitweilig erhebliche innerpsychische Spannungen. Wir geraten in einen Zwiespalt, wenn die beiden inneren Stimmen sich nicht begegnen. Ein Bettler kommt an meine Tür, was soll ich tun? »Hilf ihm«, sagt die eine Stimme. »Sei kein Narr«, mahnt die zweite. »Ich kann ihm die Tür nicht ins Gesicht schlagen.« – »Du unterstützt Rumtreiberei.« Die beiden Wahrheiten stimmen nicht überein, oft kommen sie nicht einmal miteinander in Kontakt.

Wer fest auf dem Boden der rationalen Vernunft steht, verschließt die Tür vor dem Bettler, mehr oder weniger höflich, und tut den leichten Schmerz über die mangelnde eigene Freundlichkeit als kindische Sentimentalität ab. Das ist die Haltung unserer männlichen Kultur, die Frucht unseres fokussierten Bewußtseins, aber wir bezahlen diese Frucht mit der Verhärtung unserer Herzen. Für die, die spüren, daß alles Leben eins ist und daß das, was einem geschieht, allen angetan wird, ist es unfaßlich, den Bettler abzuweisen. Viele Kinder leben auf der instinktiven Ebene, bis unsere Erziehung sie dieser Ebene entfremdet und sie vernünftig macht.

Ein Erwachsener, der allein auf der instinktiven Ebene lebte, käme dem Idioten in Dostojewskis Roman nahe. Nach jahrelanger Geisteskrankheit kehrt der Idiot als junger Mann in die Gesellschaft zurück, in der er sich nicht zurechtfinden kann. Er sieht das Leben mit der Einfachheit eines Kindes, seine offene Gläubigkeit macht das gesellschaftliche System und seine Heucheleien sichtbar. Der Idiot verkörpert die weiblich annehmende Sphäre, ihm fehlt jede männliche Unterscheidungsfähigkeit. Seine Liebe kennt keine Grenze, er versteht nicht, warum die Wahrheit verschleiert werden soll. Seine Bereitschaft für Begegnung ist bedingungslos. Er verursacht ein Chaos, seine Welt stürzt ein, ihm bleibt als einziger Ausweg nur die erneute Zuflucht in die Krankheit.

Fokussiertes Bewußtsein und ahnende Wahrnehmung sind nicht imstande, einander zu überzeugen, sie können sogar zerstörerisch aufeinander einwirken. Ein Übermaß ahnender Wahrnehmung weiblicher Werte lähmt uns und macht uns in der Welt handlungsunfähig. Und ein zu scharf fokussiertes Bewußtsein zerstört die Weisheit der weiblichen Ebene wie einen Nachtfalter, der sich an einem hellen Licht verbrennt.

In diesem Konflikt ist uns unsere Erziehung keine Hilfe. Der empfindsame Junge, der die Dinge unter der Oberfläche spürt, findet spätestens bei Schuleintritt heraus, daß seine angeborene Weisheit nicht geachtet wird. Anfänglich verbirgt er sie vor seinen Kameraden, um nicht von ihnen ausgelacht zu werden, später auch vor sich selbst.

Das Mädchen hat es schwer, sich seine angeborene Weiblichkeit zu erhalten, sie kann leicht untergehen, und die einmal verlorene Fähigkeit zu begegnen und Begegnungen zuzulassen ist im späteren Leben nur mit Mühen wiederzuerlangen. Wie kann eine Frau ihre männliche Seite leben und zugleich ihr weibliches Selbst sein?

Ich kenne eine jung verheiratete Frau mit Gespür für dieses Problem; sie entdeckte, daß die Reizbarkeit zwischen ihr und ihrem Mann am Abend nicht nur durch die Erschöpfung nach einem langen Arbeitstag im Büro bedingt war. Sie schuf Abhilfe, indem sie es einrichtete, eine Stunde vor ihrem Mann heimzukommen, um in dieser Atempause ihre männliche Seite abzustreifen und sich auf ihre Weiblichkeit zu besinnen. In der Folge gab es kaum mehr gereizte Stimmungen am Abend. Vielleicht ist diese Lösung auch für andere Paare hilfreich.

Die ganze Frage, bereit zu sein für eine Begegnung, das wirkliche Präsent-Sein, ist ungewöhnlich subtil. Die Schwierigkeit be-

ginnt, wenn zwei Menschen miteinander reden wollen und nicht
merken, daß sie von verschiedenen Ebenen ausgehen. Sie diskutie-
ren zum Beispiel über den Einsatz von nuklearen Waffen. Der
eine, auf der Ebene des fokussierten Bewußtseins, vertritt ganz
rational die Möglichkeiten für eine Übereinkunft zwischen dem
Osten und dem Westen und sieht, wie vergeblich es ist, einer
Abrüstung ohne Kontrolle zuzustimmen. Derweil ist der andere,
auf der Ebene der ahnenden Wahrnehmung, verzweifelt. »Kannst
du denn die kriminelle Dummheit der Sache nicht sehen? Was
bedeutet es schon, ob Rußland oder China uns betrügen. Es geht
um das Leben der Nachwelt, und wir müssen es einfach ablehnen,
daß atomar aufgerüstet wird, gleichgültig, was die anderen tun.
Begreifst du das nicht?«

Nein, er begreift es nicht. Er argumentiert mit der Möglichkeit,
»saubere« Bomben herzustellen, und er fügt hinzu, »in jedem Fall
ist der Prozentsatz der betroffenen Kinder verschwindend gering,
bezogen auf die Weltbevölkerung. Übergeordnet muß für uns die
Freiheit des Individuums sein, und darum dürfen wir kein Risiko
eingehen.«

Zu diesem Zeitpunkt ist die andere Partei in heller Verzweiflung.
(Ich habe mir vorgestellt, daß sie eine Frau ist, doch die Rollen
können durchaus anders verteilt sein.) Auch wenn die beiden end-
los weiterstreiten, macht keiner auch nur den geringsten Eindruck
auf den anderen. Sie gehen von verschiedenen Ebenen aus, und sie
können sich, wie parallele Linien, nicht begegnen.

Beispielhaft erlebte ich den Unterschied von Nicht-Begegnen
und Begegnen mit einem Mädchen im Verlauf einer halben Stunde.
Ich kannte sie gut.

Sie besuchte mich und sprach in aller Länge über ihre Mutter.
Ich langweilte mich in zunehmendem Maß, bis ich verstand, daß
das Thema »Mutter« wohl nicht ihr Anliegen war. Und ich fragte:
»Was wolltest du mir wirklich erzählen?« Sie ärgerte sich und
bestand darauf, daß sie eben dieser Sache wegen gekommen sei,
und schließlich sei es nicht ihre Schuld, wenn ich mich langweile.
Ich entschuldigte mich. Darauf sagte sie, sie sei nun verwirrt. Ich
entschuldigte mich dafür, sie verwirrt zu haben. Schließlich brach
sie in Tränen aus und erzählte mir die ganze Geschichte mit der
Mutter noch einmal. Diesmal begegneten wir uns, weil jetzt sie

sprach, und das war ein anderer Mensch als der, der anfangs geredet hatte.

Es stellte sich heraus, daß sie auf dem Wege zu mir innerlich
damit beschäftigt gewesen war, ein Gedicht zu gestalten; sie war
auf der Ebene der ahnenden Wahrnehmung und auf der Suche
nach Formulierungen, auch noch, als sie bei mir ankam. Da sie mit
mir über ihre Mutter sprechen wollte, übergab sie diese Angele-
genheit ihrem männlichen Sprecher, dem Animus, der auf der Ebene des fokussierten Bewußtseins zu Hause ist. Er übernahm die
Sache und erzählte mir alles, was sie mich wissen lassen wollte.
Doch weil sie nicht selbst sprach, konnte ich ihr nicht begegnen,
ich konnte ihr nicht einmal zuhören.

Um diesem Mädchen zu begegnen, brauchte ich nicht auf die
Ebene des Gedichts zu kommen, sie wollte ja nicht über das Gedicht sprechen. Sie kam auf die Ebene des fokussierten Bewußtseins und begegnete mir hier, jetzt in Kooperation mit ihrem
männlichen Sprecher, während sie zu Beginn alles ihm überlassen
und sich selbst davongestohlen hatte. Ich betone noch einmal, daß
die Begegnung erst möglich wurde, als sie und ich uns auf derselben Ebene befanden.

Die Unklarheit über den eigenen Standpunkt bringt mich zum
zweiten Punkt, dem Nichtgegenwärtigsein als Hindernis für Begegnung. Einer der Gründe, warum wir andere so oft verfehlen, ist
der, daß wir so selten wirklich da sind.

Wir sind häufig mit unseren Rollen identisch, aber niemand
kann einer Rolle begegnen. Ich kann dem Arzt, dem Beamten, der
Krankenschwester und der Verkäuferin nicht begegnen, es sei
denn, sie würden ihre Verkleidung abwerfen und mir ins Auge
schauen. Und auch ich muß natürlich ich selbst sein, wenn ich
einem anderen begegnen will.

Wir meinen oft, wenn auch fälschlich, daß wir mit der Rolle, die
wir spielen, identisch sind. Unsere Sprache weiß davon, daß wir
oft nicht wir selbst sind. Wir sagen: »Er ist heute nicht er selbst«,
oder: »Thomas war außer sich« (ein seltsamer Ort zum Verwei-
len), oder: »Er war wie besessen«. Das Besessensein durch einen
psychischen Anteil, für den wir die Verantwortung nicht übernehmen, ist eine Situation, in die wir öfter geraten, als wir wahrhaben
wollen, auch wenn wir sie bei anderen oft beobachten. Manchmal

hören wir uns selbst Dinge sagen, die wir bestimmt nicht meinen oder die wir niemals wirklich sagen wollten; und gelegentlich sind wir betroffen und entsetzt, aus dem eigenen Munde solche Sachen zu hören. Es ist dann, als ob wir jemand anderem beim Sprechen zuhörten.

Die meisten Frauen machen diese niederschmetternde, peinliche Erfahrung, die sie selbst und die Zuhörer mit der bangen Frage zurückläßt, ob diese seltsamen Worte wahr sein könnten. Manchmal sind sie es; durch Aussprechen kommen Ideen zu greifbarem Leben. Nichts kann ungesagt gemacht werden, wie oft wir es auch widerrufen mögen.

So kommen wir zu der Frage: Wer bin ich? Wer oder was ist das geheimnisvolle Ding, das sich »Ich« nennt? Es ist das »Ich«, das ja oder nein sagt und wählt. Und es wählt, unter vielem anderen, die Ebene, fokussiert oder instinktiv, auf die ich mich stellen will, jetzt und immer wieder.

Das Vertauschen der Ebenen schafft schreckliche Verwirrungen. Dabei ist es ein alltägliches Geschehen. Ich gebe ein Beispiel. Eine Frau fragt ihren Mann, was denn wichtiger für ihn sei, sie oder seine Arbeit. Sie geht von ihrer weiblichen Wahrheit aus, nach der in einer Beziehung allein Liebe zählt. Wenn der Mann ein wenig davon versteht, begegnet er ihr auf dieser Ebene und antwortet: »Natürlich du.« Wenn sie auf seine Aussage hin die Forderung stellt, dann möge er doch ihr mehr Zeit und Energie als seiner Arbeit widmen, dann hat sie die Ebenen vertauscht. Er fühlt sich in die Irre geführt und ist es, auch wenn die Vertauschung der Ebenen nicht beabsichtigt war.

Schlimme Verwirrungen, Abwesenheiten und Versteckspiele finden statt, wenn eine Frau die Szene unbewußt ihrem männlichen Sprecher auf der Ebene des fokussierten Bewußtseins überläßt, während sie selbst sich im Hintergrund verbirgt – wie im geschilderten Fall. Dann erlaubt sie dem Animus, alle möglichen kollektiven Meinungen auszusprechen, die für die Situation irrelevant sind und die nicht dem entsprechen, was sie selbst denkt und fühlt.

Das wird »Animusbesessenheit« genannt, und sie ist fast immer an ihrer Unangemessenheit zu erkennen. Doch nicht der Animus ist schuld, wenn bestimmte Aussprüche danebengehen. Eine Frau sollte sich Hilfe suchen, wenn sie solche Sprüche in ihrem eigenen Kopf hört. Die Stimme ist falsch.

Tränen vertreiben jede Animusbesessenheit. (Als das Mädchen weinte, wurde Begegnung möglich.) Frauen sollten ihre Tränen begrüßen und nicht unterdrücken. Sie waschen alle Falschheit hinweg und alle Rollenvorstellungen, und zurück bleibt sie, wirklich sie selbst, ungeschminkt, offen und bereit für Begegnung.

Auch ein Mann kann besessen sein, wenn unversehens die unbewußte Weiblichkeit, die Anima, die Kontrolle übernommen hat. Diese Besessenheit drückt sich eher durch Stimmungen als durch Worte aus, weil das Weibliche nicht wortgewaltig ist. Diese Stimmungen umfassen Launen, Unverantwortlichkeiten, Beleidigtsein, Eitelkeiten, Sentimentalitäten und Wutausbrüche. Unbemerkt ist er in eine Sphäre hineingestolpert, die er nicht versteht, und wundert sich dann über sein Unbehagen.

Manche Männer können bewußt die Ebene des weiblichen Gewahrwerdens betreten, ihre natürliche Begabung des Formulierens gebrauchen und so die Weisheit, die sie dort finden, ausdrücken.

Für diese Grenzüberschreitungen sind schaffende Künstler sehr wichtig. Sie leben unter dem Druck ihrer Erziehung und mit der Notwendigkeit, sich einer Gesellschaft anzupassen, die auf fokussiertem Bewußtsein basiert. Trotzdem verlieren sie ihren Zugang zum Reich der ahnenden Wahrnehmung nicht. Alle wachsenden Dinge sind für sie miteinander verbunden. Dieser ständige Konflikt, in dem ein Künstler lebt, macht sein oft seltsames Benehmen verständlich. Seine Kunst beruht auf seiner größeren Fähigkeit, die Ganzheit seines Menschseins zu leben, sie ist nicht das Ergebnis einer einseitigen Entwicklung, wie oft vermutet wird. Auch wenn seine Kunst nie das Licht des Tages erblickt, ist sein Grenzgängertum für ihn selbst und für die Gesellschaft von ungeheurer Bedeutung.

Aus Ungewißheit, wer wir sind und wo wir stehen, suchen wir Schutz hinter Abschirmungen, wir haben Angst, auf gefährliche Wege zu geraten, wenn wir uns auf Begegnungen mit anderen einlassen: Wir könnten ausgenutzt werden, und wir fürchten mögliche, nie beabsichtigte Verwicklungen. Ein klares Wissen, wo wir stehen, und die Fähigkeit, eine Einstellung gegebenenfalls zu ändern, verringern unsere Ängste.

Hierzu ein Beispiel: Eines Tages kam ein Bettler an meine Tür. Er war einarmig und trug einen schweren Korb. Ich wollte nichts kaufen, aber ich war in einer weiblichen Stimmung. Er setzte seinen Korb ab, sah mir in die Augen und sagte: »Ich bin so müde, gibst du mir eine Tasse Tee?« Über den Küchentisch hinweg sprachen wir miteinander, während ich ihm zu essen gab, und wir begegneten uns wirklich. Im Weggehen gab er mir die Hand, versuchte, mich an sich zu ziehen, um mir einen Kuß zu geben, und flüsterte: »Wann ist dein Mann nicht da?« Ich erlaubte den Kuß nicht, aber ich hielt seine Hand, weil ich ihn nicht verletzen wollte. Ich schüttelte den Kopf: »Komm nicht wieder, das nächste Mal bin ich nicht da.« Er kam nie wieder. Er wollte die Situation nicht für sich ausnützen. Er war nur auf der Ebene der ahnenden Wahrnehmung gefangen, auf der wir uns begegnet waren.

Die Freiheit, mit ihm so zu sprechen, gab mir freilich die Fähigkeit, von dieser Ebene auf die der Vernunft überzuwechseln.

Begegnungen sind immer wie ein Wunder, sie können nicht geplant und nicht erklärt werden. Zum Glück widerfahren uns von Zeit zu Zeit wirklich nachhallende, vibrierende Begegnungen, immer mit der Gegenwart eines geheimnisvollen Dritten verbunden, gleichgültig, ob wir uns dessen bewußt sind oder nicht. Sie geschehen als Gnade, sie lassen sich durch keinen Kunstgriff zustande bringen.

Das dritte große Hindernis für Begegnung ist das Versagen der Kommunikation: daß wir nicht sagen, was wir wirklich meinen, und daß die Empfänger ebenso oft nicht zuhören.

Kommunikation findet oft nicht statt, weil wir uns selbst nicht gut genug kennen, wir sind uns nicht klar über das, was wir sagen wollen. Das gilt für viele soziale Gruppierungen. Der Arbeiter, der einen höheren Lohn verlangt, erkennt nicht, daß Langeweile und Monotonie in unseren technischen Betrieben ihn unzufriedener machen als sein Lohn. Er fordert eine Lohnerhöhung, der wahre Grund bleibt unerwähnt.

Auch akademische Berufsgruppen, zum Beispiel Ärzte, sind nicht bewußt genug, um ihre wirkliche Not in Worte zu fassen. Praktische Ärzte in England beklagen sich heftig über die ungerechte Bezahlung und über ihren niedrigen Status in der Hierarchie der Mediziner; ich habe sie nie von dem sprechen hören, was sie wahrscheinlich viel unglücklicher macht: daß der Archetyp des Heilers sie nicht mehr trägt und nährt und daß sie nur noch kleine Räder in der großen Maschinerie des Gesundheitswesens sind. Was ihnen wirklich fehlt, ist nicht größerer Wohlstand, sondern »Mana«.

Die zusammenschrumpfenden Kirchengemeinden sind ein anderes Beispiel. Der Hunger der Menschen nach Religiosität ist ungestillt, doch die Menschen, die der Priester, Geistliche oder Rabbi anspricht, haben sich geändert, sie verstehen seine Sprache nicht mehr.

Genug der Beispiele für Kommunikationsprobleme. Ich will mich nun mit einem seltsamen Versagen befassen, der Schwierigkeit, hinzuhören und aufzunehmen.

Ich habe eine Erinnerung aus meiner Schulzeit: Ich gehörte zu einer kleinen Klasse für höhere Mathematik, und der Lehrer erklärte uns sorgfältig eine neue Theorie. Ob wir sie verstanden hätten? Ich hatte sie nicht verstanden und gab das zu. Der Lehrer wiederholte seine Erklärung. War es nun klar? Ich schüttelte den Kopf. Er ging die ganze Sache noch einmal mit unendlicher Geduld durch. Ich hatte noch immer nicht verstanden. Plötzlich dämmerte es mir: »Die Wahrheit ist«, sagte ich strahlend, entzückt über meine Entdeckung, »ich habe nicht zugehört.« Das ist der Punkt: Wir hören nicht zu. Frau Whetnall weist in ihrem Buch über taube Kinder darauf hin, daß Taubstummheit nicht immer auf einem mangelhaften Hörvermögen beruht. Manchmal reden die Eltern mit einem taub scheinenden Kind nicht mehr, und dem Kind fehlt jede Gelegenheit, Klänge und Bedeutungen miteinander in Beziehung zu bringen. Frau Whetnall erreicht in vielen Fällen erstaunliche Besserung durch intensives, persönliches, geduldiges Sprechen mit dem Kind. Sobald das Kind zu verstehen beginnt, fängt es spontan an zu sprechen.

Frau Whetnall teilt auch die Beobachtung mit, daß die Ergebnisse von Hörtests bei Kindern stärker von der Bedeutung als von der Lautstärke der Geräusche abhängen. Das Kind dreht sich nach dem Klirren eines Löffels in der Teetasse um, nicht aber nach einem lauten Knall, der ihm nichts sagt.

Ähnlich scheint es sich mit dem Zuhören im Erwachsenenalter zu verhalten: Wir schenken einer Sache Aufmerksamkeit, wenn

wir ihr Bedeutung abgewinnen können. Andernfalls wenden wir
uns ab oder denken an etwas anderes.

Im allgemeinen wird unsere Wahl der Gebiete, in denen wir tätig
sind, mit zunehmender Reife bewußter. Selektive Taubheit und
gezielte Ausblendungen erleichtern Spezialisierungen; während
ein Kind für alle Eindrücke offen ist, reagiert der spezialisierte
Erwachsene auf einige empfindlich und schirmt sich mittels Taubheit gegen die anderen ab. Er benutzt einen Filter, der nur die
relevanten Geräusche durchläßt.

Überall begegnet uns die wachsende Taubheit oder die Unfähigkeit zuzuhören, die der Erwachsene im Laufe seiner Spezialisierung erwirbt. Materiell orientierte Menschen sind unfähig, bestimmte Worte zu hören, die für sie als Kinder bedeutungsvoll
waren. Manche Kinder hören in dem Wort »Gott« Klänge, die sie
in einem späteren Alter weit von sich weisen. Und als Erwachsene
schalten sie ab, wenn über Gott gesprochen wird. Andere fahren
fort, im Wort »Gott« Klänge von zunehmender Schönheit zu hören. Schließlich ist eine Verständigung zwischen diesen beiden
Gruppen unmöglich.

Neben dem äußeren Zuhören gibt es ein inneres, das gelernt
oder vernachlässigt werden kann. Wem nur eine dieser Hörfähig-
keiten zur Verfügung steht, der wird es fast unmöglich finden,
seine Erfahrungen dem Exponenten des anderen Prozesses mitzuteilen.

Zum Glück haben die meisten Menschen mit beiden Welten
Erfahrungen. Doch manchmal wissen wir nicht, in welcher von
beiden wir stehen, und so bricht die Kommunikation zusammen.
Die vergeblichen Verständigungsversuche schaffen auf beiden Seiten Frustration und Ärger.

Die Ungeduld des einen mit dem andern, die beide davon aus-
schließt zu hören, was der andere wirklich zu sagen hat, ist weitgehend eine Abwehrreaktion. Und tatsächlich bedroht jede dieser
Haltungen ernstlich die andere. Wir unterschätzen im allgemeinen,
wie leicht und in welchem Ausmaß wir das Fundament, auf dem
ein anderer Mensch sein Leben aufgebaut hat, unterminieren können. Oft provoziert eine Frau bei ihrem Mann Emotionen, sie läßt
ihn hilflos in seiner Verwirrung zurück, während sie singend da-
vonzieht. Sie explodiert, wenn sie seine kühle Vernunft nicht mehr

ertragen kann; während der emotionale Ausbruch für sie die Situation klärt, kann er für den Mann verheerend sein, ihn am Denken hindern und ihn arbeitsunfähig machen. Ähnlich destruktiv kann für eine Frau gerade das klare Denken des Mannes sein. Ein zu starker Strahl fokussierten Bewußtseins läßt eine wertvolle Idee verdörren, die sich langsam ihren Weg durch die dunklen, tiefen Schichten einer Frau sucht. Eine Frau, die an ihrer ahnenden Wahrnehmung festhält, mag sich bis ins Mark getroffen fühlen, wenn ein Mann sie mit logischen Argumenten überfährt.

Manchmal erleben wir bereits die Darstellung des anderen Gesichtspunktes als bedrohlich. Die auftauchenden Emotionen und Gedanken erschrecken uns, wir schirmen uns durch Nicht-Zuhören gegenüber allem ab, was diesen alarmierenden, unangenehmen Zustand in uns hervorrief. Wir kennen die Abstufungen dieses Gefühls, vom Gereizt-Werden bis hin zur Panik, das immer dann auftritt, wenn die Gültigkeit der eigenen Lebensauffassung in Frage gestellt wird. Der erste Schritt zu einer Synthese der beiden Halbwahrheiten, die auf den gegensätzlichen Bewußtseinsweisen fußen, läge darin, zu lernen, einander zuzuhören.

Natürlich ist die Technik des Zuhörens für beide Gruppen eine andere. Die Vertreter der ahnenden Wahrnehmung müssen lernen zu fokussieren. Ihr schwächster Punkt besteht darin, daß ihr Erleben auf einem instinktiven, ahnenden, verschwommenen, überaus weitwinkligen Sehen beruht. Die Menschen auf der anderen Seite, die ihrer Fähigkeit vertrauen, aus bewiesenen Tatsachen logische Schlüsse zu ziehen, müssen lernen, zwischen den Zeilen zu lesen. Es hilft nicht weiter, wenn sie die Worte für bare Münze nehmen und nachweisen, daß sie keinen Sinn ergeben.

Das läßt sich sogar auf die Lektüre eines Buches anwenden: Satz für Satz herausfinden, was wörtlich gemeint ist, oder den Fokus verschwimmen und das Werk als Ganzes wirken lassen, ohne Analyse. Ich habe ›Living Time‹ von Maurice Nicoll auf die zweite Weise gelesen, und ich empfing einen überwältigenden, bleibenden Eindruck; eine genaue Inhaltsangabe ist freilich nicht möglich.

Das Wort, gesprochen und geschrieben, ist oft ein stumpfes Verständigungsmittel. Das gefühlsmäßig neutrale Wort »Gesellschaft« bezeichnet für den Gewerkschaftsfunktionär etwas ganz

Bestimmtes, etwas anderes für den Sozialarbeiter und noch etwas anderes für den Salonlöwen.

Weit schwieriger sind Wörter wie »Liebe« oder »Gott«. Die Bedeutungen, die sie verschiedenen Menschen vermitteln, sind durch Welten voneinander getrennt. Der alte Mann mit dem weißen Bart im Himmel hätte Mühe, sich selbst in dem abstrakten Gewand wiederzuerkennen, in das er heute gekleidet wird. Ähnlich läßt sich das Wort »Liebe« vom einfachen sexuellen Abenteuer bis zur mystisch sublimen Vereinigung dehnen. Wenn wir ein Wort gebrauchen, kommen wir dem, was es für den anderen bedeutet, bestenfalls nahe. Meine analytische Arbeit erinnert mich ständig daran, daß uns nur Annäherungen möglich sind und daß Worte ebenso trennende Wände zwischen den Menschen aufrichten wie Kommunikationswege zwischen ihnen öffnen können.

Wir stehen vor einem Paradox. Es ist eine kulturelle Notwendigkeit zum Schutz der eigenen Individualität, sich nicht mit Belanglosigkeiten abzugeben. Wer seinen eigenen Weg gefunden hat, muß sich an ihn halten. Wir kämen nirgends hin, wenn wir jedem Umweg in unserem Leben folgen wollten. Und würden wir jedem Ruf der inneren Welt Folge leisten, so ginge jede Orientierung verloren.

Die Fähigkeit, zu wählen, gehört zu den großen Gaben des Menschen; die Fähigkeit, einem anderen zu begegnen, ist ein anderes großes Geschenk, das von uns verlangt, die Ohren zu öffnen, die wir schließen mußten, um wählen zu können.

Wenn es uns gelänge, diese beiden Forderungen in uns zu vereinen, würden wir beginnen, eines der großen Hindernisse für Begegnungen abzutragen.

Peter Schellenbaum
Die Tragik des glücklichen Paares

Es gehört zum Wesen des Tragischen, daß es innerhalb bestimmter Bedingungen unvermeidbar ist. Das sogenannte glückliche Paar erfüllt alle Bedingungen, die eine menschliche Beziehung auf ein fatales Scheitern hin vorprogrammieren. Dazu gehören folgende Glaubenssätze:

Das glückliche Paar bekennt sich bis zum Tode zum ersten Ja der Liebe.

Im glücklichen Paar darf es kein ernsthaftes Nein geben: weder einen persönlichen Bereich, den jeder Partner beim andern zu respektieren hätte, noch Kritik und auf keinen Fall Untreue und Verrat.

Das glückliche Paar streitet nicht und leidet nicht.

Das glückliche Paar ist am geglückten Eindruck, den es in der Öffentlichkeit macht, zu erkennen. Der geglückte Eindruck, den das glückliche Paar macht, besteht darin, daß es vor anderen Menschen in allen Dingen immer einer einzigen Meinung ist: der Meinung des glücklichen Paares.

Im glücklichen Paar funktioniert die Sexualität regelmäßig und ist für beide Teile zufriedenstellend. Die Partner verwöhnen sich gegenseitig.

Das glückliche Paar ist das wirksamste Heilmittel gegen die Einsamkeit und die Beunruhigung durch persönliche Fragen und Probleme.

Das glückliche Paar kennt nur solche Paare, die auch glückliche Paare sind.

Im glücklichen Paar ergänzen sich Mann und Frau harmonisch.

Das glückliche Paar hat glückliche Kinder. Das glückliche Paar baut mit seinen glücklichen Kindern eine glückliche eigene Welt auf.

Diese Glaubenssätze des glücklichen Paares finden sich seit Jahrzehnten unverbrüchlich auf Plakatwänden, in Beziehungsannoncen, auf der Kinoleinwand und dem Bildschirm. Es ist das Idealbild der bürgerlichen Ehe. Jedes Paar, verheiratet oder unverheira-

tet, fühlt sich dessen Druck ausgesetzt. Das glückliche Paar verkörpert zugleich in mustergültiger Weise, wie das verdrängte und
versteckte Nein zweier Menschen zueinander, wie der unbewußte
Widerstand die Liebe zerstören kann. Die Tragik des glücklichen
Paares besteht darin, daß dem Teufel, diesem »Neinsager von Anbeginn«, kein Wohnrecht und kein Platz am Herd zugebilligt
wird. Daher ist nirgends der Teufel teuflischer als im glücklichen
Paar. Wenn Streit, Kritik, Aggression als unpassend aus dem Leben eines Paares verbannt werden, wachsen die negativen Gefühle
heimlich in jedem Partner an. Erst ihre Verheimlichung macht sie
richtig böse und destruktiv.

Wohl der verhängnisvollste Glaubenssatz betrifft die angebliche
harmonische Ergänzung zweier Partner. Wir finden ihn sogar in
Ehebüchern, die nicht der Populärliteratur angehören. Die Aussage, daß Mann und Frau sich eigentlich harmonisch ergänzen, daß
sie von Natur aus ineinander passen wie Schlüssel und Schlüssel-
loch, bewirkt einen Druck zum Bravsein und gutwilligen Aufein-
ander-abgestimmt-sein-Wollen. Dieser Ergänzungszwang gibt
weder der Frau noch dem Mann die Möglichkeit, die eigenen,
innersten Gedanken und Gefühle dem anderen offen mitzuteilen.

Liebe besteht in der aktiven Hingabe an das Du, das heißt auch
in der Mitteilung an das Du. Wer sich dabei vom Bedürfnis nach
harmonischer Ergänzung leiten läßt, verbirgt die interessantesten
und aufwühlendsten Seiten der eigenen Persönlichkeit. Zwei Liebende sollten davon ausgehen, daß sie sich in keinem Punkt ergänzen und trotzdem lieben. Praktisch stimmt dies auch, denn die
tatsächlichen Ergänzungen zweier Liebender befinden sich in solcher Tiefe der Persönlichkeiten, daß sie nie ganz eingesehen werden können, sicher nicht in den ersten Jahren einer Beziehung. Der
Ergänzungsdruck verhindert nicht nur die gegenseitige Mitteilung,
sondern auch die Selbstverwirklichung jedes einzelnen innerhalb
der Beziehung. Die Behauptung, Liebe sei ein Geheimnis, darf
nicht als Sentimentalität oder Romantik abgetan werden. Es bleibt
ein Geheimnis, warum gerade diese beiden Menschen sich lieben,
am meisten für die beiden Liebenden selber. Der Satz »Die Liebe
ist ein Geheimnis« hat eine praktische Bedeutung: Er verhindert,
daß wir die Liebe mit gewissen typologischen Ergänzungsvorstel-
lungen und damit mit gewissen »objektiven« Bedingungen ver-

knüpfen, zum Beispiel: »Wir lieben uns, weil du extravertiert bist und ich introvertiert bin.« Auch wenn solche typologischen Vorstellungen verfeinert werden, sind sie nichts anderes als Erklärungen des Nichterklärbaren, Rationalisierungen der Liebe, die noch von ganz anderen Faktoren abhängt, von denen wir höchstens eine Ahnung bekommen können. Die Psychologie wird zur Todsünde, wenn sie Lebensprozesse blockiert, indem sie sie »erklärt«.

Wenn eine Beziehung in die Brüche geht, werden ähnliche typologische Vorstellungen herbeigezogen, um sich und der Welt zu beweisen, daß »diese Beziehung gar nicht klappen konnte«. Doch auch beim Auseinandergehen wird das Geheimnis einer jetzt toten Liebe nicht gelüftet, jetzt am allerwenigsten.

Das Bild der zwangsläufigen Ergänzung zweier Liebender stammt nicht nur aus einer idealistischen, sondern auch aus einer materialistischen Vorstellungswelt: Jeder wird vom andern mit dem versorgt, was er selber nicht hat. Das gleiche quantitative Denken bestimmt die Frage: »Wer liebt den andern mehr?« Diese Frage hat etwas Erpresserisches und zieht unweigerlich Heuchelei und Lüge nach sich. In der Liebe gibt es keine meßbare Sicherheit, nicht einmal die der Liebe des geliebten Menschen. Aus diesem Grunde sollten es Liebende unterlassen, die gegenseitige Bedürfnisstillung zu institutionalisieren, so daß der andere schon im voraus weiß: »Heute bekomme ich Pralinen«; oder: »Heute ist Samstag, wir werden zusammen schlafen.«

Gerade in der Ehe ist es schwierig, dem Hang zur Harmonisierung und damit zur Institutionalisierung im regelmäßigen gegenseitigen Abdecken bestimmter Bedürfnisse zu widerstehen. Ich verstehe darunter weniger die Erfüllung der kleinen Pflichten des Alltags mit verteilten Rollen im gemeinsamen Haushalt als Erlebnisse, die eigentlich nur ungeplant genossen werden können, so eine sexuelle Begegnung oder das Auflegen einer bestimmten Platte oder das gegenseitige Sich-Vorlesen eines zur Situation passenden Buches. Solche gemeinsamen, nicht geplanten Erfahrungen lassen die Liebe in ihrer nicht rationalisierbaren Lebendigkeit auferstehen.

So falsch es ist, eine Partnerschaft als bequeme, oberflächliche Ergänzung einzurichten, so richtig ist es doch, sich gegenseitig auf existentielle Fragen Antworten zu geben, die der einzelne in seiner

Begrenztheit sich selber zu geben außerstande ist. Daß ich solche
erlösenden Antworten – nicht nur Worte, sondern auch konkrete
Gesten und Handlungen – geben und bekommen kann, gibt mir
das Gefühl für die Lebendigkeit dieser Liebe. Sie als bloße Ergänzung zu bezeichnen hieße sie bagatellisieren. Antworten führen
nicht immer zu Ganzheit und Harmonie, sondern ebensooft in
Konflikte, Ratlosigkeit und innere Zerrissenheit. Sogar die momentane Kälte des Partners als Antwort auf ein bestimmtes Verhalten meinerseits hat einen Anspruch auf einen Platz in der Liebe.
Sie kann unter Umständen bei mir mehr in Bewegung setzen als
ein konstruiertes »Ergänzungsverhalten«, zu dem sich der andere
entgegen seinen kalten, abweisenden Gefühlen »gutwillig« zwingt.

Auch Partner eines glücklichen Paares können sich trotz ihrer
gegenteiligen Glaubensbekenntnisse untreu werden. Sie verniedlichen dann die Abkehr voneinander zum »harmlosen Seitensprung«, auch wenn sie sich dabei zum ersten Male seit vielen
Jahren wieder lebendig fühlen. Sie wollen nicht wahrhaben, daß
der »harmlose Seitensprung« Ausdruck eines wirklichen Nein ist,
eines Nein, das insgeheim schon längst die Beziehung zum »Le-
bensgefährten« prägt. Der Verrat ist viel älter als der Seitensprung.
Deshalb bleibt auch das Leid beim »Betrogenen« – vielleicht trotz
lärmiger Inszenierung – mehr an der Oberfläche und in praktischen Überlegungen stecken.

Auch in einer lebendigen Gefühlsbeziehung kann es Untreue
und Verrat geben. Sie kommen sogar weniger unerwartet als beim
glücklichen Paar, weil das Nein seit jeher ein offenes Mitsprache-
recht in der Gestaltung dieser Partnerschaft hatte. Die Untreue des
einen kann zwar im andern schweres Leid und bittere Kränkung
verursachen, doch ist die Chance größer als beim glücklichen Paar,
auch dieses Nein miteinander innerhalb der gegenseitigen Liebe zu
begreifen und zu verarbeiten. Vielleicht zeigt sich sogar, daß eine
»außereheliche Beziehung« des einen oder beider unerläßlich für
die Lebendigkeit ihrer Partnerschaft ist. Doch dies kann nie von
vornherein gesagt und eingeplant werden. Solche Überlegungen
sollen auch nicht als Rechtfertigung dafür mißbraucht werden,
leichtfertig eine »außereheliche Beziehung« einzugehen, statt die
Auseinandersetzung mit dem Partner verantwortungsvoll weiter-
zuführen. Natürlich besteht immer das Risiko, daß das Nein einer

»außerehelichen Beziehung« schließlich zu einem »Nein *gegen* die Liebe« in der bisherigen Partnerschaft wird.

Zurück zum Problem der Ergänzung zweier Partner. Die Frage, warum ich gerade von diesem einen Menschen entscheidende Anstöße erwarte, warum ich immer wieder am Leben eben dieses Menschen leidenschaftlichen Anteil nehme und mich sogar dann für ihn einsetze, wenn ich auf ihn wütend bin, ist nicht ohne weiteres zu beantworten, so wenig wie die Frage, ob ich morgen oder übermorgen und in zwanzig Jahren immer noch in ähnlicher Weise reagieren werde. Allerdings wächst die Chance dazu in dem Maße, in dem in der Partnerschaft die eigene Aktivität beider zunimmt: Entscheidung, Verantwortung, bewußte Auseinandersetzung, Fürsorge. Die Emotion für sich allein ist passiv. Was an ihr wie Aktivität aussieht, ist bloß spontane Bewegtheit. Liebe als bloße Emotion ist nicht von Dauer. Erst das Einstimmen der Eigenaktivität in die emotionale Gestimmtheit macht diese zu einem tragenden Gefühl, das uns vielleicht bis zum Lebensende beseelt.

Die Ergänzungsideologie geht davon aus, daß mit gutem Willen und ehrlichem Einsatz das Leben zu zweit immer »positiver« wird und die »Ja-Erfahrungen« überwiegen. Sie geht dabei von einem paradiesischen Weltbild aus, in dem Zerstörung und Tod nur zufällige Betriebsunfälle sind: »Eigentlich« könnte alles in der Welt gut und harmonisch und aufbauend sein. Derlei Paradies-Wunsch-Ideologien können nur in solchen Menschen Anklang finden, die nicht um ihre eigene widersprüchliche Emotionalität wissen. Wie viele unerhört belebende, aber auch wie viele zerstörerische Emotionen werden in zwei Menschen wachgerufen, die mit Leib und Seele aufeinander bezogen sind! Auch wirre, verrückte, böse Emotionen existieren in einer Liebesbeziehung. Ein anderes Problem ist, was wir damit machen – Zerstörerisches muß ja nicht zwangsläufig ausgelebt werden. Doch wissen müssen wir darum. Im Spannungsfeld von Ja und Nein, Gut und Böse, Konstruktivem und Destruktivem, Leben und Tod strömen Energie, Kraft, Sinnhaftigkeit ins Leben zweier Menschen, die sich lieben.

Das glückliche Paar gibt solchen widersprüchlichen Erfahrungen keinen Raum. Es verkörpert das Ja zu einem ordentlich organisierten Zusammenleben. Das Nein läßt sich jedoch nicht wegwünschen. Es schafft sich heimliche Widerstandsnester. Je froher

sich die Partner eines glücklichen Paares zulächeln, desto verbisse-
ner bauen sie in ihrem Unbewußten Barrikade um Barrikade gegeneinander auf. Kälte, Verachtung, Haß wuchern in ihrem Innern. Das bürgerliche Lebensarrangement ist Schein und Tarnung.
Der Ausschluß des Nein – der Aggression, der Kritik und der
Abgrenzung – aus dem Alltag gibt dem versteckten Nein in der
eigenen Seele furchtbare Dimensionen, so daß das Ja der Liebe
schließlich erstickt.

In jedem glücklichen Paar wird die Liebe zerstört, wenn auch
auf verschiedene Art. Eine Frau zum Beispiel, die ihrem magen-
kranken Mann in gieriger Angst vorrechnet, was er alles nicht
essen darf, und mit missionarischem Eifer seine Diät in allen Details überwacht, scheint ihren Partner sehr zu mögen und an seinem Weiterleben interessiert zu sein. Merkwürdigerweise jedoch
verschlimmert sie durch ihr Verhalten sein Magenleiden, weil sie
ihn damit aufregt und bei ihm ab und zu Freßorgien provoziert.
Was heißt das anderes, als daß sie unbewußt das Leiden ihres
Mannes verschlimmern *will*, daß sie ein kräftiges, zerstörerisches
Nein zu ihrem Mann wie eine giftige Schlange in ihrem Innern
nährt! Nirgends gibt es mörderischere Feindschaften als in glücklichen Paaren.

Das glückliche Paar scheint einem edlen Ideal nachleben zu wollen: dem Ideal einer Partnerschaft, in der kein Streit die Harmonie
trübt. In Wirklichkeit aber ist es in materialistischen Anschauungen gefangen: In einer Lebensgemeinschaft sollen sich die Partner
umsorgen, bestätigen, besitzen. Liebe ist funktional. Das traurig
geläufige Wort von den »Streicheleinheiten«, die man bekommt
und gibt, veranschaulicht die funktionale Auffassung von der Liebe: »Streicheleinheiten« kann man sich auch »verpassen«, ohne
sich innerlich hinzugeben. Liebe wird in »Streichel- und Orgas-
museinheiten« meßbar.

Funktionalität jedoch hat mit der bewegenden Erfahrung der
Liebe nichts zu tun. Liebe führt zu einer inneren Veränderung der
Persönlichkeit des Liebenden. Die Ehe als Institution hat diese
uralte Wahrheit verdunkelt. Auch Ehen sollten, wie alle anderen
Liebesbeziehungen, »im Geiste« eingegangen werden, das heißt im
Bemühen um Hingabe an das Du und an die eigene Seele, und
nicht zur Ratifizierung eines funktionalen Abkommens. Daß Lie-

bende in ihrem gemeinsamen Leben auch Funktionen und Rollen übernehmen müssen, ist selbstverständlich und oft auch schwierig. Liebende verstehen es, Funktionen und Rollen von Zeit zu Zeit durcheinanderzubringen, durchzuschütteln und neu aufzuteilen. Sie haben etwas erfrischend Chaotisches an sich und beugen sich nicht lange den gleichen Rollenzwängen.

Die offene Struktur eines solchen Paares äußert sich auch in der Einstellung zu Freunden und Bekannten und zu gesellschaftlichen und politischen Problemen. Jeder von beiden hat einen Kreis von Menschen, die er mag und die ihn interessieren. Der Freundeskreis des einen und des andern decken sich nur zum Teil. Die Freunde und Bekannten eines Menschen machen ja dessen besondere Eigenart augenfällig.

Doch in dem Bereich, wo beide Freundeskreise sich decken, also im gemeinsamen Freundeskreis, findet eine Begegnung besonderer Art auch zwischen den Partnern statt. Jeder der gemeinsamen Freunde unterstreicht und verstärkt Eigenschaften in mir selber und im Partner. Mit einem bestimmten Freund zum Beispiel kann ich ausgelassener sein als mit irgend jemand anderem, und diese meine Fähigkeit zur Ausgelassenheit wird im Zusammensein mit dem Freund auch dem Partner offenbar und kann ihn anstecken. Der Freundeskreis ermöglicht Mitteilungen über mich selber an den Partner und umgekehrt, die in der Abgeschlossenheit einer Zweierbeziehung nicht möglich wären. Der Freundeskreis lockt immer wieder neue Seiten in uns beiden zum Leben, so daß die gegenseitige Mitteilung und die Leitbildspiegelung, das heißt die Selbstwahrnehmung in der Wahrnehmung des Du, weitergehen. Zum Freundeskreis sollten ruhig auch einige problematische und närrische Menschen gehören, haben wir beide doch auch problematische und närrische Seiten, durch die wir ebenfalls miteinander in Beziehung treten wollen.

Auch gesellschaftliche und politische Fragestellungen müssen dann nicht mehr als Bedrohung »unseres Glücks« abgewehrt werden. Es ist notwendig, daß die gegenseitige Hingabe der Liebenden in ihre nähere und fernere Umgebung ausstrahlt und zur Hingabe an Anliegen wird, die über das Eigeninteresse des Paares hinausgehen. Wenn zwei Menschen sich übermäßig mit ihrer Beziehung beschäftigen, schaffen sie sich gegenseitig so viele Probleme, wie

zusammengerechnet bei all jenen Menschen bestehen, denen sich
die beiden in ihrem »Egoismus zu zweit« vorenthalten. Sie vergeu-
den ihre Energie mit überflüssigen Reibereien, statt sie für diese
Menschen fruchtbar einzusetzen. Der »Egoismus zu zweit« ist ein
Merkmal des glücklichen Paares, das sich den Realitäten der Partnerschaft – hier der Notwendigkeit, sich auch mit anderen als nur
mit der eigenen Beziehung zu befassen – nicht stellen kann.

ANNE WILSON SCHAEF
Suchtbeziehungen – Nähe und gesunde Beziehungen

Der Begriff Suchtbeziehung wurde in den vergangenen Jahren entwickelt. Die Idee, eine Beziehung selber könne zur suchterzeugenden Substanz werden und suchtgeprägte Verhaltensmuster hervorbringen, hatte anfangs sogar etwas Revolutionäres. Es war nur schwer verständlich, daß ein Mensch tatsächlich nach einer Beziehung süchtig sein oder eine Suchtbeziehung aus bestimmten Suchtformen entstehen könnte. Heute wissen wir bereits soviel: Süchtige bauen Suchtbeziehungen auf.

Gewiß wurde dieses Bewußtsein durch die Veröffentlichung bestimmter Bücher gestärkt, wie etwa ›Love and Addiction‹, ›Der Cinderella-Komplex‹, ›Das Peter-Pan-Syndrom‹, ›Wenn Frauen zu sehr lieben‹ und ›Liebe als Leid‹, um nur einige zu nennen. Wir haben offenbar allmählich erkannt, daß es mit den Beziehungen in unserer Gesellschaft im argen liegt. Längst beziehen wir nicht mehr die Fürsorge und Hilfe aus ihnen, die sie eigentlich vermitteln könnten. Sie weisen uns nicht, wie wir gehofft hatten, den Weg zu Nähe und Vertrautheit, wahrscheinlicher ist, daß sie uns umbringen.

Seit nunmehr über zehn Jahren befasse ich mich mit Suchtbeziehungen, und im Verlauf dieser Zeit hat unser Wissen bezüglich der Merkmale und der Abläufe dieser Beziehungen beständig zugenommen. Daher will ich im folgenden auf einige Fakten eingehen, die in bezug auf Suchtbeziehungen bekannt sind.

Die ideale Beziehung

In meinem Buch ›Weibliche Wirklichkeit‹ bin ich ausführlich auf eine von mir als »perfekte Ehe« bezeichnete Beziehung eingegangen. Die Form der Ehe läßt sich besonders plastisch mit Hilfe einiger Begriffe aus der Transaktionsanalyse darstellen. Im Grunde genommen gibt es in jedem Menschen drei Ich-Ebenen: Eltern,

Kind und Erwachsener. In der typischen »Idealbeziehung« werden nur zwei dieser Ich-Ebenen verwendet, Eltern und Kind. Die
Erwachsenen-Ebene bleibt auf der Strecke.

Diese Art der Beziehung ist durch Stabilität und Sicherheit gekennzeichnet (beides ist einem statischen Zustand gleichzusetzen).
Wenn einer der Beteiligten beginnt, sich zu entwickeln oder sich
zu verändern, wird dies als Bedrohung für die Beziehung empfunden. Soll eine Beziehung Sicherheit vermitteln, muß sie statisch
bleiben. Findet irgendeine Art von Wachstum statt, darf dies nur
innerhalb der Beziehung geschehen. Jede nach außen orientierte
Entwicklung bedeutet Gefahr. In ihrem Wesen sind diese »idealen« Beziehungen äußerst schwach und brüchig. Sie verkraften
weder viel Streß noch Veränderungen und existieren auf der Basis
eines unausgesprochenen Vertrages: Man darf nicht lebendig sein.
Jede erlaubte Vitalität muß sich innerhalb der Beziehung ereignen.
Aus diesem Grund verläßt keiner der beiden Partner die Beziehung, schließlich ist ja alles auf die Beziehung konzentriert – und
jeder der beiden glaubt, ohne sie nicht überleben zu können.

Diese grundlegende Idealbeziehung läßt sich im Diagramm –
siehe unten – wie folgt darstellen (wobei dieses Diagramm für
heterosexuelle wie auch gleichgeschlechtliche Beziehungen gilt).

Allerdings müssen wir noch die offizielle Idealbeziehung von
der privaten unterscheiden – wobei beide unerläßliche Voraussetzung für die Stabilität dieser Beziehung sind. In der offiziellen
perfekten Ehe fungiert der Mann (oder die Person, die in einer
gleichgeschlechtlichen Beziehung die Männerrolle übernommen
hat) als Elternteil und die Frau (oder die Person in der traditionellen Frauenrolle) als Kind. Die Person in der Elternrolle kümmert
sich um die Welt draußen, verdient das Geld, trifft die Entscheidungen, beschäftigt sich mit dem Auto und handhabt im allgemeinen alles außerhalb des eigenen Heims. Die zweite Person hat
möglicherweise keine Ahnung, wie man mit Geld umgeht, wieviel
Geld überhaupt vorhanden ist, wie ein Auto zu warten oder gar zu
fahren ist; und gewiß weiß sie nicht, wie sie mit der Welt draußen
umzugehen hat oder wie sie Geld verdienen kann. Person 2 ist
völlig *abhängig* von Person 1.

In der privaten perfekten Ehe sind die Rollen vertauscht. In dieser
Beziehung besetzt Person 2 die Elternrolle, und Person 1 hat die

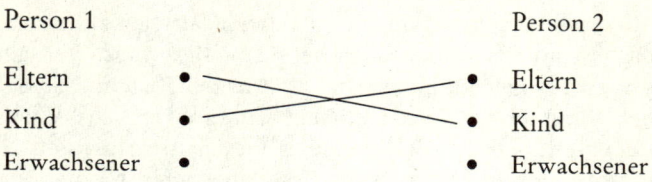

Person 1   Person 2

Eltern   •   •   Eltern
Kind   •   •   Kind
Erwachsener   •   •   Erwachsener

Kinderrolle inne. Nach innen leitet Person 2 die Beziehung. Sie kümmert sich um alle körperlichen Bedürfnisse von Person 1. Sie (oder er) kocht, putzt, kauft Kleidung und befriedigt sexuelle und soziale Bedürfnisse. Person 1 braucht Person 2, damit diese für sie (oder ihn) sorgt und alltäglichen Bedürfnissen und Notwendigkeiten Rechnung getragen wird. Person 1 ist oftmals nicht in der Lage, für ihre (oder seine) eigenen alltäglichen Bedürfnisse zu sorgen.

Ihre Stabilität erhält eine solche Beziehung durch die Tatsache, daß keiner der beiden weiß, wie er ohne den anderen überleben kann. Gelegentlich wird dies als gegenseitige Abhängigkeit bezeichnet. Meiner Ansicht nach ist jede Beziehung potentiell zerstörerisch, wenn sie auf irgendeiner Form von Abhängigkeit beruht. Tatsächlich verlieren die Partner sogar ihre Fähigkeiten in solchen Beziehungen: Sie geben ihre Kräfte, ihre persönliche Macht auf, nur um »die Beziehung« nicht zu gefährden. Was sich als Sicherheit zur Schau stellt, ist in Wirklichkeit Stagnation und mangelnde Vitalität. Der Preis für die Illusion der Sicherheit ist hoch. Damit die Beziehung funktioniert, müssen beide Halb-Menschen bleiben. Sie haben einen Vertrag geschlossen, der besagt, daß beide »leblos« sein müssen oder daß sie nur in der Beziehung »lebendig« sein dürfen.

Beginnt einer der beiden Partner, sich zu entwickeln oder zu verändern, hat er oder sie den Vertrag untergraben und ist somit böse. In solchen Beziehungen hat eine Bemerkung wie »du hast dich verändert« die Qualität eines Vorwurfs und nicht die einer Beobachtung. Wer sich entwickelt und verändert, muß sich verteidigen. Da Wachstum und Veränderung jedoch normale Zustände des menschlichen Organismus darstellen, ist nur allzuleicht verständlich, warum solche Beziehungen äußerst brüchig sind.

In diesen Beziehungen müssen sich beide Parteien zudem immer dessen bewußt sein, *wo* sie sich befinden. Bestimmte Verhaltensweisen etwa mögen zu Hause durchaus akzeptabel sein, nicht aber in der Öffentlichkeit – und umgekehrt. In ›Weibliche Wirklichkeit‹ erwähnte ich das Beispiel eines Geschäftsmanns und seiner Frau: Um es ihrem Mann zu Hause so angenehm wie möglich zu machen, schnitt sie ihm immer sein Fleisch in kleine Stückchen. Eines Abends speisten die beiden mit seinem Vorgesetzten. Die Frau griff geistesabwesend nach dem Teller ihres Mannes und begann, sein Fleisch zu zerkleinern. Diese Episode hatte verheerende Folgen für die Ehe. Sie nämlich hatte die private perfekte Ehe in die öffentliche Arena getragen, und das konnte diese zerbrechliche Verbindung nicht verkraften. Die beiden sind heute geschieden. Und dennoch: Die »Eltern-Kind-Beziehung« stellt einen wesentlichen Aspekt der Idealbeziehung – der Suchtbeziehung – dar.

Weitere Merkmale von Suchtbeziehungen

Um in einer Suchtbeziehung auszuharrren, müssen die Beteiligten in zunehmendem Maße abstumpfen und unehrlich werden (in diesem Prozeß ist die Sucht sehr hilfreich!). Sie dürfen sich nicht aufrichtig eingestehen, wer sie eigentlich sind, wer die andere Person ist, was ihnen gefällt, was ihnen nicht gefällt, was eigentlich abläuft und was nicht abläuft und so weiter. Sie bemühen sich verzweifelt, so zu werden, wie sie *glauben,* daß der andere sie haben möchte.

Die Partner in einer Suchtbeziehung entwickeln mit der Zeit ein immer stärkeres Kontrollbedürfnis, besonders sich selbst und ihren Gefühlen gegenüber. So hassen sie sich beispielsweise aufgrund ihrer gegenseitigen Abhängigkeit, und doch *brauchen* sie sich weiterhin. Es ist unausbleiblich, daß man die Person haßt, von der man abhängig ist, während sich derjenige, von dem jemand abhängt, schließlich ausgelaugt fühlt. Gleichwohl ist diese gegenseitige Abhängigkeit dermaßen notwendig für die Beziehung und so tief in ihr verwurzelt, daß diese Haßgefühle um jeden Preis unter Kontrolle bleiben müssen, soll die Beziehung fortdauern. Die Kontrolle wird zum zentralen Lebensinhalt. Auf Dauer funktionieren die in einer Suchtbeziehung lebenden Partner durch einen Dualismus, der einerseits durch Kontrolle und Verstrickung, andererseits durch Verlassenwerden gekennzeichnet ist. Entweder sie üben Kontrolle aus und sind gefangen, oder aber sie gehen. Eine andere Möglichkeit gibt es nicht. Die meisten Kinder, die von Eltern großgezogen wurden, die in einer Suchtbeziehung leben, übernehmen diesen Dualismus. Denn genau dies haben sie schließlich oft erlebt. Sobald sie sich gegen Verstrickungen und Kontrollversuche zur Wehr setzen, werden sie verlassen.

In dieser Form der Beziehung bedeutet Verbindlichkeit nichts anderes als Einkerkerung – es ist genau so, als befände man sich im Gefängnis oder in einer psychiatrischen Anstalt. Keiner der Beteiligten bleibt in der Beziehung, weil er das etwa *möchte*. Vielmehr bleibt man, weil man gebunden ist und ohne den anderen nicht überleben kann. Die beiden Beteiligten sehen sich nicht als eigenständige Menschen, sondern als die jeweilige Verlängerung des anderen. Die zwei sind eins geworden, und zwar im schlechtesten Sinne des Wortes.

Da in diesen Beziehungen so vieles auf Illusion, Phantasien und Unehrlichkeit aufgebaut ist, herrscht permanente Verwirrung vor. Die in einer Suchtbeziehung lebenden Partner fühlen sich ständig verwirrt, unklar und daneben. Keiner wagt es, Zeit für sich zu beanspruchen, denn dies auszusprechen wäre furchtbar und würde vom Partner als Angriff empfunden werden. Die Äußerung eines solchen Wunsches würde als »ich möchte von dir weggehen« interpretiert. Vorausgesetzt wird immer, daß die Beziehung sich verbessert, wenn man nur *mehr* Zeit miteinander verbringt; auf diese Weise kleben sie aneinander, wenn eigentlich beide etwas anderes tun müßten. Nimmt dieses Aneinanderkleben schließlich zu bedrückende Formen an, müssen sie einen Streit vom Zaun brechen, damit sie Zeit und Raum für sich gewinnen. Die Partner in einer Suchtbeziehung wagen nicht, sich ihrer eigenen Bedürfnisse bewußt zu werden, und infolgedessen nimmt ihre persönliche und spirituelle Entwicklung sehr großen Schaden.

Innerhalb einer Suchtbeziehung ist es für jeden äußerst schwer, Verantwortung zu übernehmen. Dies nämlich würde im Sinne von Verantwortlichsein und Tadel verstanden. Viel eher beschwört ein Partner einen Streit herauf und schiebt sodann die Verantwortung für das Weggehen dem anderen zu; auf diese Weise kommt man zu dem benötigten Frieden und der Ruhe. Allzu häufig möchten eigentlich beide ausbrechen, nur möchte keiner derjenige sein, der weggeht. Süchtige neigen dazu, ihre Aggressionen an der Beziehung auszulassen. Auf diese Weise lenken sie von sich selber und ihrer Arbeit oder unterlassenen Arbeit an ihrem eigenen Prozeß ab. Eine Möglichkeit, dem persönlichen Prozeß aus dem Weg zu gehen, ist, einen Streit mit dem Partner anzuzetteln. Eine Variation dieses Themas ist die dauernde Beschäftigung mit den Fehlern in der *Beziehung* – auf diese Weise bleibt keine Zeit, sich selbst anzuschauen.

Typischerweise neigen die Partner in einer Suchtbeziehung zu einer zunehmenden Selbstbezogenheit. Da persönliche Bedürfnisse nicht befriedigt werden, entsteht das bohrende Gefühl, es gebe nicht »genug« und würde auch niemals genug vorhanden sein (selbstverständlich ist auch wirklich nicht genug vorhanden!). Als Reaktion auf diese Mangelerfahrung werden beide zunehmend fordernder und zeigen gleichzeitig immer weniger Bereitschaft, dem anderen etwas zu geben. Infolgedessen bekommen beide tatsächlich immer weniger, was ihre Bedürfnisse und Wünsche an die Beziehung angeht, beide klammern noch fester und fordern noch mehr – und so geht es ohne Ende weiter. Verschärft wird diese nach unten führende Spirale, indem beide Parteien in ihrer Suchtbeziehung etwas suchen, was diese ihnen nicht geben kann, nämlich ihre eigene Identität. Suchtbeziehungen sollen beide Partner »heil machen« und für sie sorgen. Es geht nicht darum, wieviel die beiden sich bedeuten, sondern daß sie füreinander sorgen. Selbstverständlich vermag keine Beziehung dies zu leisten: Sie kann keinem eine Identität verleihen, und sie kann genausowenig Sorge für jemanden tragen. Diese beiden Prozesse (und es sind Prozesse) müssen von innen kommen.

Oft funktionieren Suchtbeziehungen besser, wenn beide Parteien voneinander getrennt sind. Zwar sind beide der Überzeugung, die Beziehung liefe viel besser, wenn sie andauernd zusammen wären; doch in Wirklichkeit trifft der umgekehrte Fall zu, da eine Suchtbeziehung stets auf Phantasie aufbaut. In der Phantasie funktioniert sie weitaus besser als in der Wirklichkeit. Tatsächlich sind die Partner häufig glücklicher miteinander, wenn sie *nicht* zusammen sind, vielleicht sogar auf verschiedenen Kontinenten leben. Dann können sie sich nacheinander *sehnen* und brauchen sich nicht miteinander zu befassen – und das ist viel sicherer.

Wenngleich beide Parteien einer Suchtbeziehung ständig bekunden, wie sehr sie Nähe und Vertrautheit wünschen, würden sie doch um ihr Leben rennen, wenn die Nähe in Person durchs Zimmer laufen würde. Suchtbeziehungen ermöglichen dieses Vermeiden von Nähe bei gleichzeitigem Beteuern, Nähe zu wollen und zu suchen. Genau dies sichert den Fortbestand von Illusion und Unehrlichkeit. In Wirklichkeit jedoch stellen Suchtbeziehungen eine Flucht vor Nähe dar, und infolgedessen sind Sexsucht, Romanzensucht und Beziehungssucht in Suchtbeziehungen gut aufgehoben.

Wer in einer solchen Beziehung bleiben will, muß sich von seinem inneren Informationssystem abschneiden. Süchtige beherrschen das großartig. Sie können ihr Wissen, ihre Erinnerung und ihr Informationssystem einfach ausschalten. Wären diese Systeme lebendig und in Betrieb, hielte es niemand in einer Suchtbeziehung aus. Man muß zum Zombie werden. Je unerträglicher eine solche Beziehung wird, desto stärker geraten die in sie Verstrickten unter Druck: Sie haben das Gefühl, daß sie entweder die Beziehung verlassen oder sterben müssen. Im allgemeinen werden beide Wahlmöglichkeiten von den Menschen in gleichem Ausmaß in Anspruch genommen.

Wer sich entscheidet, aus einer Suchtbeziehung auszusteigen, wird etwas Beängstigendes spüren: eine Leere oder ein Loch im Solarplexus. Wenn eine Beziehung zerbricht, kann sich dieses Gefühl des Nichts oder der unendlichen Leere dermaßen steigern, daß die betreffende Person glaubt, sie könne es nicht aushalten und könne genausogut sterben. Als übliches Heilmittel für diese schmerzhafte Leere dient nur allzuoft die nächste Beziehung.

Wenn eine Suchtbeziehung auseinandergeht, fühlt sich der Freundeskreis des Paares oft bedroht. Partner, die von ihrer Sucht genesen wollen und ihre süchtigmachende Beziehung verlassen, sehen sich dann Freunden gegenüber, die von einem zum anderen hasten, um den Status quo zu erhalten. Vielleicht werden diese Bemühungen unter dem Vorwand, besorgt zu sein, unternommen, aber die nachdrückliche Botschaft lautet letztendlich: »Bring das

Boot nicht ins Schaukeln, sonst müßte ich mich auf mich und
meine Beziehung konzentrieren, und das möchte ich nicht, also
rühr dich nicht vom Fleck.«

Die vier Pseudo-Beziehungen in Suchtbeziehungen

In Suchtbeziehungen lassen sich vier nebeneinander existierende
Pseudo-Beziehungen beobachten. Die ersten beiden spielen sich
zwischen zwei Masken ab. Da ist zunächst, erstens, meine Beziehung mit deiner Maske und, zweitens, deine Beziehung mit meiner
Maske. Die betreffenden Personen definieren sich stets von außen
und entwickeln infolgedessen eine Maske oder ein auf Schein beru-
hendes Ich, die nach außen hin zur Schau gestellt werden. Aufgrund ihres geringen Selbstwertgefühls glauben Süchtige, kein
Mensch wolle ihr wirkliches Ich genau kennen, geschweige denn
lieben. Also müssen sie ein Masken-Ich entwickeln, von dem sie
annehmen, es würde anderen gefallen und ihnen deren Zuneigung
sichern. Beide Partner bauen ein solches Masken-Ich auf; es entspricht dem Bild, das sie selbst von sich haben möchten, und
gleichzeitig jenem, von dem sie glauben, andere wollten es von
ihnen; in dieser Maske spiegelt sich die Pseudo-Person wider, die
in einer möglichen Beziehung präsentiert wird. Jeder hofft, daß
diese Maske dem anderen gefällt, und trägt sie, um Armeslänge
entfernt, vor sich her, um eine Beziehung aufzubauen. Auf diese
Weise wird effektvoll die Scharade eines Beziehungsaufbaus aufge-
zogen, während man hoffnungsvoll hinter der eigenen Maske verborgen bleibt. Man kann so tun, als ob, und riskiert nichts. Süchtige suchen nach solchen anderen Masken, mit denen sie sich »zu-
sammentun« können, ohne dabei das Risiko der angsteinflößenden
Nähe einzugehen – und auf diese Weise entstehen Suchtbeziehungen.
     Allerdings herrscht auf beiden Seiten eine große Angst vor; daß
nämlich der andere einen Blick hinter die Maske wirft und die
echte Person sieht. Beide Partner gehen von der Annahme aus, der
andere würde die Beziehung verlassen, wenn er die echte Person
erkennt. Masken sind kontrollierter und kontrollierbarer als echte
Menschen. In jedem Süchtigen sitzt die tiefe Angst, erkannt zu

werden und selbst zu erkennen. Die Masken gewährleisten Sicherheit und erhalten die Distanz. Viele Süchtige fürchten diesen Blick hinter die Maske so stark, daß sie es als Vertragsbruch empfinden und damit drohen, die Beziehung abzubrechen, sollte der andere dies versuchen. Wie bereits erwähnt, stellt diese Beziehung zwischen den zwei Masken im Grunde genommen zwei Beziehungen dar, nämlich meine Beziehung mit deiner Maske und deine mit meiner Maske. Wer die jeweilige Person eigentlich ist, spielt keine Rolle. Im allgemeinen reden die Partner in solchen Beziehungen wenig miteinander, wenn überhaupt. Sie haben kein Bedürfnis danach. Die Masken werden in der Absicht aufgesetzt, ein näheres Kennenlernen zu vermeiden, daher ist es ganz wichtig, daß jede Form der Kommunikation eine »Masken-Kommunikation« ist. Solange die Masken gut sitzen, können Nähe und Vertrautheit erfolgreich vermieden werden – und genau dies ist in Suchtbeziehungen notwendig.

Die beiden anderen Pseudo-Beziehungen, die innerhalb einer Suchtbeziehung existieren, sind wesentlich schwächer, spielen jedoch eine wichtige Rolle. Da ist, erstens, meine Projektion auf dich, wie ich dich sehe, und, zweitens, deine Projektion auf mich, wie du mich siehst. Diese beiden Projektionen oder Phantasiebeziehungen haben absolut nichts mit unserer echten Person zu tun. Sie drehen sich größtenteils darum, wen oder was der andere in dir sehen *möchte*. Süchtige können recht zäh an ihren projizierten Bildern festhalten, und sie würden es ihrem Partner sehr verübeln, wenn dieser bezüglich der von ihm projizierten Person aus dem Rahmen fiele. Tatsächlich ist jeder der beiden Partner eifrigst darum bemüht herauszufinden, wie die projizierte Person des anderen aussieht, um sich sodann dementsprechend zu verhalten. Offenbar hat die Realität in einer Suchtbeziehung keinen Platz, genausowenig wie die echte Identität des Partners. Die Masken und die Projektionen sind der Stoff, aus dem die Träume sind, nur der Stoff, aus dem das Leben besteht, sind sie nicht.

Masken und Projektionen treffen in Suchtbeziehungen aufeinander, um sodann Pseudo-Beziehungen zu bilden. Es bleibt wenig Raum für Nähe, Entwicklung oder Realität. In solchen Beziehungen ist die Wirklichkeit unbeliebt.

In unserer Gesellschaft bildet die Suchtbeziehung die Norm.

Längst haben wir wahre Liebe mit dem Klammerverhalten einer
Suchtbeziehung vertauscht. Solche Beziehungen sind immer eine
Einschränkung unseres Lebens. Sie sind keine Bereicherung für
unser Dasein. Sie bauen oft auf Schuld- und Schamgefühlen auf,
und genau dies gilt in einer süchtigen Gesellschaft als normal und
gesund.

...

Gesunde Beziehungen

In gesunden Beziehungen finden sich eigentlich fünf Beziehungen
gleichzeitig. Die grundlegende ist die Beziehung·der beiden Partner zu sich selbst. Die Beziehung mit dem *Selbst* ist gewissermaßen
der Grundstein jeder Beziehung. Beide Partner müssen bis zu einem bestimmten Grad ihr Verleugnungssystem durchbrochen, ein
Mindestmaß an Ehrlichkeit sich selbst gegenüber erreicht haben
und bereitwillig die Verantwortung für sich übernehmen. Im allgemeinen muß jeder Partner seine eigene Persönlichkeit wahren.
Fehlt diese Beziehung mit dem Selbst, wird eine lebende Pro-
zeß(gesunde)-Beziehung tatsächlich zur Unmöglichkeit; solange
man nicht in Kontakt zu sich selbst steht, ist man nicht in der
Lage, dem »anderen« gegenüber ehrlich zu sein.

Diese Beziehung mit dem Selbst ist gleichzeitig eine Quelle der
Zufriedenheit und Erweiterung, sie muß jedoch geduldig gepflegt
werden, um sich zu entwickeln. Sie erfordert auch Zeit für sich
selbst, zur Besinnung, Zeit zur Bereicherung der eigenen Spiritualität. Eine Beziehung mit dem Selbst braucht Zeit. Meiner Ansicht
nach schließt sie gleichzeitig die Beziehung zu Gott oder einer
höheren Macht ein, wie immer man diese auch begreifen mag. Eine
aufrichtige Beziehung mit unserem inneren Prozeß bindet uns
gleichzeitig an den Prozeß des Universums.

Die beiden nächsten in intakten Bindungen vorliegenden Beziehungen sind diejenigen, welche zwei Menschen in ihrer Phantasie
mit ihrem Partner haben. Jeder Mensch besitzt eine Vorstellung
von dem, was im Partner vor sich geht und wer er eigentlich ist. In
Suchtbeziehungen reichen diese Phantasien bereits aus; sie ähneln
damit den projizierten Beziehungen, unterscheiden sich aber

trotzdem von diesen. In gesunden Beziehungen müssen sich diese phantasierten Beziehungen bewußt gemacht, untersucht und dem Partner mitgeteilt werden. Nur auf diese Weise vermögen wir die Realität zu überprüfen. Diese Beziehungen können eine Quelle der Freude sein, und solange wir sie als das sehen, was sie tatsächlich sind, können sie eine Bereicherung für unsere Beziehung mit uns selbst und anderen Menschen darstellen. In Suchtbeziehungen schießen diese phantasierten Bindungen ungezielt ins Blaue, werden nicht an der Realität überprüft und können sich auf das Selbst und die Beziehung zerstörerisch auswirken.

Als fünfte wäre die aktuell existierende Beziehung zwischen zwei Menschen zu nennen. Hierunter ist der bereits eben erwähnte unendliche Energiefluß zwischen zwei oder mehreren Menschen zu verstehen. Diese aktuelle Beziehung ist von den vier soeben genannten abhängig: von deren Entwicklung, Aufrechterhaltung und – sofern notwendig – von deren »Reinigung«. Selbstverständlich heißt das nicht, daß wir für eine Beziehung perfekt sein müssen; Beziehungen stellen uns eine große Arena zur Verfügung, in der wir uns entwickeln und an Selbstbewußtsein gewinnen können; paradoxerweise jedoch müssen wir uns ihrer Existenz bewußt sein und mit ihnen arbeiten, damit sich die Beziehung zwischen unserem Selbst und dem Partner entwickeln kann. Allerdings müssen wir für diese Beziehung etwas riskieren (was natürlich auch bei den anderen vier Beziehungen der Fall ist!). Denn um diese Beziehung zu erleben, ist es erforderlich, sich selbst und den Partner zu sehen und die Prozesse beider zu respektieren. Zudem stellt diese Beziehung eine reiche Informationsquelle für das Selbst dar. Und noch mehr: Sie bietet die Gelegenheit, jemanden zu kennen und gekannt zu werden.

Diese fünfte Beziehung fehlt in allen Suchtbeziehungen. Wer in einer Suchtbeziehung lebt, redet zwar unentwegt davon, daß er an »der« Beziehung arbeitet, die doch in Wirklichkeit gar nicht vorhanden ist. Dagegen erübrigt sich meines Erachtens in gesunden Beziehungen dieses An-der-Beziehung-Arbeiten. Sind die übrigen vier vorhanden, wird sich die fünfte recht einfach gestalten.

In gesunden Beziehungen steht das Respektieren des eigenen
Prozesses im Zentrum. Ist dies der Fall, wird jeder der beiden
Partner – nahezu unwillkürlich – den Weg des anderen respektie-
ren und ihn im selben Maße unterstützen wie seinen eigenen.

Zu jeder intakten Beziehung gehört die Unterstützung des Partners, aber das bedeutet nicht, daß man sich darauf konzentriert,
den anderen »heil zu machen«. Vielmehr respektieren beide Partner den Prozeß ihres Gefährten und wissen, daß jeder das tun
muß, was für ihn ansteht. Es ist eine Selbstverständlichkeit, daß
man auf die Handlungsweise des Partners mit Gefühlen reagiert,
aber es sind die *eigenen* Gefühle, mit denen jeder einzelne so gut es
geht zurechtkommen muß. Bindung ist nicht gleichbedeutend mit
Einkerkerung. Bindung heißt vielmehr, sich dem eigenen Prozeß
verpflichtet zu fühlen, den Partner daran teilhaben zu lassen sowie
auch seinen Prozeß zu respektieren. Dies schließt auch das Verständnis ein, daß der Partner Zeit für seine Spiritualität benötigt.

Eine gesunde Beziehung ist einem offenen System vergleichbar,
in dem Informationen gesammelt, erörtert und verarbeitet werden,
die sowohl aus dem Inneren der Partner und der Beziehung stammen als auch von außen einfließen. Beide erkennen, daß diese
Beziehung nicht isoliert dasteht und etwas »Besonderes« ist (zum
Beispiel »unteilbar einzigartig«), daß sie innerhalb eines größeren
Kontextes steht und dennoch, für sich genommen, sehr wichtig ist.
Aus diesem Grund braucht jede gesunde Beziehung die Wahlfrei-
heit des einzelnen, wobei die Entwicklung von Alternativen
Wachstum und Kreativität fördert. Wahlmöglichkeiten stellen kei-
ne Bedrohung dar.

Wie sähe eine Liste von Fähigkeiten aus, mit deren Hilfe wir
gesunde Beziehungen aufbauen können? Selbstverständlich wissen
wir, daß sich Nähe oder intakte Bindungen nicht herbeimanipulie-
ren lassen; doch gerade, weil wir so wenig in dieser Hinsicht wissen, könnte es interessant sein, mit einigen Ideen zu spielen.

– Fähig zu sein, mit der Entwicklung einer Beziehung zu »warten«.
– Ehrlich sagen zu können, wenn uns eine Sache nicht interessiert
  oder wir nicht zuhören können.
– Unsere eigenen Bedürfnisse zu erkennen und zu akzeptieren
  und ihnen zu folgen.

- Den Partner wichtig zu nehmen, aber ihn nicht zu umsorgen.
- Zu wissen, daß Abhängigkeit in jeglicher Form Beziehungen tötet; die Integrität unseres Selbst und des anderen zu respektieren.
- Sich klar darüber zu sein, daß spirituelle und moralische Wertvorstellungen nicht aufs Spiel gesetzt werden können, ohne daß dadurch gleichzeitig die Beziehung untergraben wird.
- Sich der Existenz des eigenen Selbst und des Selbst des anderen immer bewußt zu sein und Nähe und Vertrautheit dann zu teilen, wenn es angemessen ist.
- Zu wissen, daß sich körperliche Liebe mit wachsender Nähe entwickelt.
- Zu wissen, daß die Beziehung nur einen Aspekt in unserem gesamten Leben darstellt.
- Nicht bereit zu sein, das eigene Leben in die Hände irgendeines anderen Menschen zu legen.
- Die Verantwortung für das eigene Leben zu akzeptieren und die Verantwortung des Partners für sein Leben anzuerkennen.
- Sich nichts über den Partner vorzumachen und sich ehrlich einzugestehen, in welchen Wertvorstellungen, Hoffnungen und Ängsten man nicht übereinstimmt.
- Den Partner und uns selbst vollkommen klar und ohne Werturteil zu sehen.
- Zu wissen, daß Nähe keinen Raum für eine Vorwurfshaltung läßt, und sich bereitwillig und ohne Wertung zu seinen Fehlern zu bekennen.
- Nicht bereit zu sein, körperliche, emotionale oder spirituelle Mißhandlungen zu ertragen.
- In der Lage zu sein, an verschiedenen »Welten« teilzuhaben und dennoch die eigene aufrechtzuerhalten.
- Immer »anwesend« zu sein.
- Risiken auf sich zu nehmen und mit dem Partner verwundbar zu sein.
- Gefühle dann mitzuteilen, wenn man sie empfindet.
- Grenzen zu haben und sie zu respektieren.
- Zu wissen, daß Liebe nicht gleichbedeutend mit Leiden ist – auch wenn Schmerz vorkommt; wer leidet, entschließt sich dazu.

– Dem eigenen Prozeß zu folgen und den des Partners zu respek-
tieren, wie auch immer dieser aussehen mag.
– Fähig zu sein, dem anderen etwas mitzuteilen, ohne hinterher
Kontrolle auf dessen Reaktionen auszuüben.
– Zu wissen, daß Liebe nicht geschaffen oder manipuliert werden
kann. Liebe ist ein Geschenk.

Wir alle sind im Grunde Pioniere, wenn es darum geht, das Potential innerhalb einer Beziehung zu erforschen. Wir lernen gemeinsam. In gesunden Beziehungen befinden wir uns immer auf einem
Schleudersitz. Sobald wir darauf verzichten, eine Atmosphäre zu
schaffen, die durch Stagnation und Sicherheit charakterisiert ist,
und sobald wir Kontrollversuche unterlassen, werden wir uns stets
mit der Beziehung entwickeln.

In einer solchen Beziehung leben wir in dem Bewußtsein, daß
wir ein Teil eines holographischen, sich entfaltenden Universums
sind, in dem uns eine bestimmte Rolle zukommt. Sobald wir jedoch unserem Suchtprozeß erliegen, werden wir glauben, daß wir
diesen Entwicklungen und Veränderungen nicht standhalten können. Doch genau dies können und müssen wir, wenn wir selbst
und unsere Beziehungen lebendig bleiben sollen.

Eigentlich verfügen wir über alles, um in einem Prozeß zu leben.
Wir verfügen auch über alles, um in einer prozeßhaften Weise zu
leben. Und doch gibt es, wie Diane Fassel einmal bemerkte, *keine
Umwandlung ohne Genesung*. Wir können uns nicht einfach eine
neue Therapieform oder einen neuen spirituellen Weg suchen.
Darüber hinaus wird es ohne Umwandlung zu keiner Genesung
kommen. Beide Prozesse müssen gleichzeitig vor sich gehen und
sich gegenseitig unterstützen. Von außen wird es keine Antwort
geben. Damit wir uns einem gesunden Zustand nähern und intakte
Beziehungen aufbauen können, müssen wir uns darüber im klaren
sein, wie wir uns den Suchtprozeß zu eigen gemacht und ihn gelebt
haben.

Verena Kast
Die Krise als Chance

Wir wissen, daß Krisen auch Chancen sind, Chancen zur größeren Entfaltung der Persönlichkeit, wenn wir uns innerhalb der vielen möglichen Krisen der Menschen hier auf die Krise im persönlichen Bereich beschränken wollen. Mit dieser Ansicht, daß Krisen auch Chancen sind, kann man dem, der gerade in einer Krise steckt, diese auch schmackhaft zu machen versuchen. Zugleich aber können wir uns mit diesem Ausdruck auch darüber hinwegtäuschen, daß viele Krisen solche Chancen sind, die nicht genutzt werden und nicht genutzt werden können.

Ob eine Krise zu einer Chance für ein neues Erleben unserer Identität werden kann, ob wir aus einer Krise mit neuen Verhaltensmöglichkeiten, neuen Dimensionen des Selbst- und Welterlebens hervorgehen, vielleicht sogar mit neuen Sinnerfahrungen und mit dem Bewußtsein, kompetent geworden zu sein im Umgang mit dem Leben, diesem Leben also nicht länger einfach ausgeliefert zu sein: Das hängt wesentlich davon ab, ob wir die Krise als eine Lebenssituation zu sehen vermögen, in der für unser Leben existentiell Wichtiges sich ereignet und entscheidet, oder ob wir die Krise nur als lästiges Beiwerk des Lebens sehen, das wir so rasch als möglich vergessen wollen. Zu wissen, daß jede Krise eine von möglichen grundsätzlichen Wandlungen herbeiführen kann, ist wesentlich. Ob wir die Möglichkeiten, die uns in einer Krise sowohl an Erlebnis- wie auch an Verhaltensmöglichkeiten im persönlichen und im sozialen Bereich ergreifen können, wahrnehmen können, hängt weiter davon ab, ob wir wirklich mit unserer Krise in Kontakt kommen können. Krisenintervention meint zunächst einmal, mit der Krise in Kontakt zu kommen. Aber auch dann noch kann die Krise stärker sein als wir, auch dann noch können wir an einer Krise scheitern.

Entwicklungs-, Anforderungs-, Verlustkrisen

Jedem Menschen stellen sich immer wieder neue Lebensprobleme, die er zunächst mit den erlernten »alten« Erfahrungskategorien und den gewohnten Problemlösestrategien zu fassen und zu lösen versucht. Neue Lebensprobleme stellen sich uns auch als Folge unseres immer fortschreitenden Lebensalters. So kennen wir die Entwicklungskrisen, die mehr oder weniger dramatisch verlaufen können, von der Pubertätskrise bis hin zur Alterskrise. Wir kennen aber auch die Krisen, die uns aus Anforderungen, denen wir uns nicht gewachsen fühlen, erstehen. Meist sind wir der Ansicht, daß diese Anforderungen von außen stammen, berufliche Anforderungen, Forderungen der Familie, Arbeitslosigkeit, Umzüge, Pensionierung usw. Die Anforderungen müssen aber nicht nur von außen kommen. Die jedoch wirklich von außen kommen, können auch deshalb so dringend, so überfordernd werden, weil wir im Blick auf sie von uns selbst zu viel verlangen. Diese Anforderungskrisen stehen natürlich auch im Zusammenhang mit gesellschaftlichen Entwicklungen und Bedrohungen im großen Rahmen. Schließlich erleben wir auch Verlustkrisen in ihren mannigfaltigen Formen, Verluste durch Tod, durch Trennung, durch Veränderung des eigenen Körpers, durch Krankheit, durch Alter; schwer wiegt aber auch der Verlust der Arbeit.

Die hieraus entstehenden Krisen lassen sich nicht so leicht voneinander unterscheiden – und das ist auch nicht notwendig, wie es jetzt vielleicht den Anschein hat. So stecken etwa hinter vielen Anforderungskrisen eigentlich Reifungskrisen. Eine Anforderung wird für uns oft nur deshalb so ängstigend, weil wir einen längst fälligen Entwicklungsschritt noch nicht gemacht haben. Die Krise zwingt uns nun, diesen Schritt – so gut wie möglich – nachzuholen. Auch haben sehr viele Anforderungen, die zu Krisen führen, mit Verlust im engeren oder weiteren Sinne zu tun. Wenn wir uns zum Beispiel nicht so wohl fühlen, wie wir es üblicherweise tun, kann uns eine Anforderung, die uns normalerweise eher herausforderte, herauslockte, unser Bestes zu geben, uns sogar mit Freude erfüllte, durchaus zu einer Überforderung werden.

Wenn ich von bestimmten Kategorien von Krisen spreche, tue

ich es vor allem deshalb, um darauf hinzuweisen, daß das auslösende Moment einer Krise, eine erhöhte Anforderung etwa, ein schwerer Verlust, noch nicht das entscheidende Lebensproblem verkörpern muß, das letztlich hinter der Krise steckt. Es geht dabei aber gerade darum, sich zu fragen, welches grundlegende Lebensproblem mit dem entsprechenden Entwicklungsanreiz auch hinter einer Krise verborgen ist.

Charakteristik der Krise

Von einer Krise sprechen wir dann, wenn ein für den »Kriselnden« belastendes Ungleichgewicht zwischen der subjektiven Bedeutung des Problems und den Bewältigungsmöglichkeiten, die ihm zur Verfügung stehen, entstanden ist. Der »Kriselnde« fühlt sich in seiner Identität, in seiner Kompetenz, das Leben einigermaßen selbständig gestalten zu können, bedroht. Da die Erfahrung, das Leben gestalten zu können, für uns einen sehr hohen Wert darstellt, der nun in Gefahr ist, reagieren wir auf Krisen mit großer – ausgedrückter oder nicht ausgedrückter – Angst. Gerade diese Angst aber lähmt uns noch zusätzlich. Die Vergeblichkeit unserer Bemühungen und die wachsende Angst bringen uns dazu, all die uns vertrauten Strategien, die wir bereits angewendet haben, irgendwann fahren zu lassen und auf einen neuen Einfall zu hoffen, auf einen Anstoß, auf eine neue Idee. Das Problem kann zum Beispiel neu formuliert werden, die Ansprüche an sich selbst können innerhalb der Problembewältigung neu bestimmt werden. Damit hätte dann übrigens bereits ein schöpferischer Prozeß stattgefunden. Man hätte die alten, in dieser Situation untauglichen Verhaltens- und Bewältigungsstrategien aufgegeben und hat einen Einfall, eine Idee gefunden, die für die Bewältigung des anstehenden Problems adäquater zu sein scheint.

Wenn nun aber das Problem trotzdem bestehenbleibt oder wenn es nicht gelingt, in diese vorübergehende Ohnmacht einzuwilligen und auf einen Einfall zu warten – was bei der großen Angst, die mit einer Krise verbunden ist, durchaus passieren kann –, dann nimmt die Angst immer noch mehr überhand, und die Panik erfaßt die ganze Persönlichkeit, die ganze Existenz. Hier muß dann wohl in der einen oder anderen Weise Krisenintervention erfolgen. Vielleicht hat nun der »Kriselnde« das durchaus vorkommende Glück, daß nun der richtige Mensch am richtigen Platz das richtige Wort sagt, die richtige Geste macht oder daß ein Traum einen erlösenden neuen Weg zeigt; vielleicht aber braucht er nun auch die Hilfe eines Kriseninterventionszentrums oder eines Therapeuten.

Intervention meint also, daß ein Mensch so zwischen den »Kriselnden« und seine Krise tritt, daß der in die Krise Geratene ein wenig Abstand bekommt und daher in Kontakt mit seiner Krise treten kann, so daß die Krisensituation »aufgehalten« wird und die Möglichkeiten, die in der Krise stecken, genutzt werden können.

Grundsätzlich bedeutet »crisis«: Scheidung, Streit, Entscheidung, Urteil. Die Krise bezeichnet einen Höhepunkt, aber auch einen Wendepunkt, einen Umschlagspunkt eines Geschehens. Insofern ist der Ausdruck »Krise« ein Ausdruck für die spezielle Qualität einer Veränderung in Form einer Zuspitzung, in unserem Fall einer psychischen Veränderung. Der Ausdruck »Krise« wird für sehr viele Lebensbereiche gebraucht, so daß man annehmen darf, daß alles, was lebendig ist, in eine Krise geraten kann. Krisen werden als Dringlichkeitssituationen erlebt: Der Mensch, der so ganz und gar von der Krise ergriffen ist, fühlt sich von panischer Angst erfaßt, weiß keine Auswege mehr, ist in seinem Problem, in seinem Problemlösen außergewöhnlich eingeschränkt. Der Mensch in einer solchen Situation fühlt sich ganz und gar hilflos, hat den Eindruck, es werde sich jetzt nie mehr etwas verändern, zumindest nie mehr zum Guten hin verändern. Oft wird das Bild gebraucht: Ich fühle mich wie in einem dunklen Schlauch, ich sehe nirgends einen Ausweg. Und dieses Erleben der Krise ist von panischer Angst begleitet. Das ganze Leben gerät in die Krise, nichts bleibt davon verschont. Das ganze Leben hat sich auf den Gegenstand der Krise eingeengt, oder anders ausgedrückt: Es bleibt die Konzentration auf sich selbst.

Um uns in das Wesen der Krise einzustimmen, können wir uns selbst einmal überlegen, wie wir vielleicht in kleineren Krisen zunächst reagieren würden. Eine alltägliche Situation: Wir sollten zur richtigen Zeit an einem uns bisher unbekannten Ort sein, um

einen Vortrag zu halten. Wir fahren mit dem Auto. Obwohl wir
viel Zeit einberechnet haben, schmilzt diese Zeit während der
Fahrt zusammen, es kommt vielleicht auch noch ein Gewitter oder
ein Schneesturm dazu. Wir verfahren uns, und irgendwann läßt
sich der Gedanke nicht mehr verscheuchen: Wir werden niemals
zur vorgesehenen Zeit mehr ankommen können. Die Angst bemächtigt sich unser, wir werden vielleicht noch hektischer, vielleicht auch nur einfach gelähmt. Wir versuchen das Unmögliche zu
ertrotzen, mit dem Erfolg, daß wir noch weniger den Ort finden,
uns noch mehr verfahren. Meistens setzt dann irgendwann unsere
eigene Krisenintervention ein: Wir atmen tief, halten vielleicht sogar an und sagen uns: Wenigstens lebe ich noch. Es ist zwar außerordentlich peinlich, wenn ich da zu spät ankomme, aber es ist
besser, als wenn ich überhaupt nicht ankäme. Dann kann die Ruhe
wieder einkehren; man kann sich überlegen, was zu tun ist, wie die
Situation zu retten ist.

Die Krisenintervention in diesem Fall hat darin bestanden, daß
in unserem Inneren ein Wert durch einen anderen ersetzt wurde.
Nicht mehr das absolute Pünktlichsein und das Verläßlichsein als
Werte werden in den Vordergrund gestellt, sondern der diesem
doch wohl übergeordnete Wert des Noch-am-Leben-Seins. Gerade diese kleineren Krisen, die wir alle immer wieder haben, zeigen
uns, wie sehr die Angst in Krisen eine Rolle spielt, wie sehr also
Krisenintervention auch Anleitung zur Angstbewältigung sein
muß.

Das Ersetzen eines weniger wichtigen Wertes durch einen höheren, umfassenderen ist eine Form der Angstbewältigung: ängstigen
wir uns doch immer dann, wenn einer unserer Werte bedroht ist. –
Wenn nun allerdings jeweils der höchste Wert bedroht ist, der für
einen Menschen gilt, dann wird dieser kaum durch einen anderen
Wert ersetzt werden können. Deshalb sind Krisen, in denen es um
den Verlust des Lebens selbst geht, außerordentlich angstbetont.

Sehr viele Krisen in unserem Leben werden selbstverständlich
nicht durch die Krisenintervention eines entsprechenden Zen-
trums oder eines Therapeuten/einer Therapeutin gelöst, sondern
im Gespräch mit anderen Menschen. Taxichauffeure können davon ein Lied singen, Kellner usw. Wenn wir fühlen, daß sich eine
Krise zuspitzt, sprechen wir oft mit einem anderen Menschen, der

noch mehr Möglichkeiten sieht als wir selber, können uns dabei entspannen und uns wieder auf neue Perspektiven einstellen; dabei geschieht es oft, daß wir gar nicht erst auf den Höhepunkt der Krise geraten. Hier wird allerdings ein weiterer, wesentlicher Aspekt der Krise sichtbar: daß es nämlich manchen Menschen nicht mehr möglich ist, in ihrer Krise andere anzusprechen. Menschen in Krisen haben sehr oft auch eine Beziehungskrise, sei es, daß sie einem anderen Menschen nicht zumuten wollen, ihnen in ihren Problemen zumindest einmal zuzuhören, sei es, daß sie das Vertrauen verloren haben – oder es überhaupt nie hatten –, daß durch die emotionelle Öffnung zu einem Menschen hin auch die Öffnung der eigenen schwierigen Lebenssituation erfolgen kann.

Damit man von einer Krise sprechen kann, muß die schon genannte Gleichgewichtsstörung:
– schwer,
– zeitlich begrenzt,
– durch die übrigen Gegenregulationsmittel nicht zu bewältigen sein.
Eine solche Krise kann Menschen treffen, die üblicherweise gut mit sich und der Umwelt zurechtkommen; sie kann auch Menschen treffen, die es mit sich und der Welt schwieriger haben.

Krisenzeiten sind Zeiten im Leben eines Menschen, die von größter beengender Intensität gekennzeichnet sind, Geburtssituationen eigentlich. Es versteht sich von selbst, daß sich solche Situationen der Intensität der Angst, des Druckes nicht über lange Zeit halten können. Eine Krise kann spontan abklingen, sich aber auch chronifizieren, Krankheiten auslösen, chronische psychische Probleme einleiten, ohne daß diese Dringlichkeitssituation, die der Krise einerseits ihren unangenehmen Charakter gibt, andererseits eine besondere Durchbruchsmöglichkeit enthält, länger bestehen würde. Es handelt sich um eine echte Grenzsituation, ohne die keine Wandlung möglich ist.

Krise als Umschlagspunkt

»Im Gang der Entwicklung heißt Krisis der Augenblick, in dem das Ganze einem Umschlag unterliegt, aus dem der Mensch als ein Verwandelter hervorgeht, sei es mit neuem Ursprung eines Entschlusses, sei es im Verfallensein.

Die Lebensgeschichte geht nicht zeitlich ihren gleichmäßigen Gang, sondern gliedert ihre Zeit qualitativ, treibt die Entwicklung des Erlebens auf die Spitze, an der entschieden werden muß. Nur im Sträuben gegen die Entwicklung kann der Mensch den vergeblichen Versuch machen, sich auf der Spitze der Entscheidung zu halten, ohne zu entscheiden. Dann wird über ihn entschieden durch den faktischen Fortgang des Lebens.

Die Krisis hat ihre Zeit. Man kann sie nicht vorwegnehmen und sie nicht überspringen. Sie muß wie alles im Leben reif werden. Sie braucht nicht als Katastrophe zu erscheinen, sondern kann im stillen Gange äußerlich unauffällig, sich für immer entscheidend vollziehen.«

In dieser Definition von Jaspers wird noch einmal sehr deutlich, daß eine Krise der letzte Durchgang zu einer Wandlung ist, das letzte Hemmnis vor der Veränderung, daß etwas im Leben des Menschen jetzt »umschlagen« kann, daß also neues Selbsterleben möglich ist, die Chance, neues Identitätserleben zu bekommen, die Möglichkeit, Probleme neu zu lösen, neue Problemlösungsstrategien zu erlernen, schöpferische Möglichkeiten; es ist aber ebenso gut möglich, daß ein Rückfall eintritt, daß der Mensch in die Ausweglosigkeit fällt, daß allenfalls eine Krise durch einen Suizidversuch »gelöst« wird. In Jaspers Definition wird deutlich, daß Krisen notwendig sind, daß sie Chancen zur Wandlung bedeuten, Chancen zur Entwicklung. Jaspers ist ein Vertreter der Existentialphilosophie. Deshalb wird bei ihm das Moment des Entscheidens so sehr wichtig. In der Existentialphilosophie wird Krisen ein hoher Wert zugeschrieben; sie werden geradezu gesucht, weil Krisen die Möglichkeit bieten, das Leben in die Hand zu nehmen und zu verändern. Auf der Spitze der Krise muß entschieden werden, da kann man sich nicht mehr aus der Entscheidung heraushalten. Gerade das aber kann der Mensch, der eine Krisenintervention

sucht, nicht. Er ist von der Angst gebannt. Erst das Lösen der
Angstspannung macht es möglich, daß Energien frei werden, um
die notwendigen Entscheidungen zu treffen. Entscheidung heißt
aber immer auch, das Risiko auf sich zu nehmen, einen Fehler zu
machen. Und wenn Jaspers so sehr das Entscheiden betont, dann
möchte ich dem gegenüberstellen, daß man sich mit guten Gründen zum Beispiel auch dazu entscheiden kann, erst einmal abzu-
warten.

Auch haben nicht alle Krisen primär etwas mit einer Entschei-
dung zu tun; sie bauen sich auch nicht alle kontinuierlich auf.
Typische Krisen sind doch beispielsweise auch Trauerkrisen. Da
gerät ein Mensch durch den oft plötzlichen Verlust eines geliebten
Menschen in eine tiefe Identitätskrise, sein Leben nimmt auch als
Ganzes einen Umschwung. Daß er nicht so schnell mit diesem
Umschwung fertigwerden kann, bringt ihn in eine Krise.

Es gibt Krisen, die aus einer verhinderten schöpferischen Anpassung an das Leben und dessen Erfordernisse erwachsen; es gibt
aber auch Krisen, die mit einer plötzlichen bedeutsamen Veränderung zu tun haben, die wir zunächst gar nicht bewältigen können,
die wir erst zu bewältigen lernen müssen.

Angst und Krise

Jede Desintegration des Gewohnten und jede Neuorganisation ist
aber mit Angst verbunden.

Angst erleben wir leiblich – unser Leib bekommt Angst, ist von
der Angst ergriffen. Das mag auch der Grund dafür sein, daß viele
Menschen im Prozeß einer Krise krank werden; sie leiden dann an
ihrer körperlichen Krankheit, nicht mehr an der eigentlichen Krise, die durch diese Krankheit zugleich auch »maskiert« wird – die
auslösenden Faktoren der Krise, die Krise als solche, der Sinn und
die Entwicklungsmöglichkeiten darin sind dann nur noch schwer
angehbar. Eine gewisse psychische Entlastung tritt ein, aber die
Einengung, die zur Krisensituation gehört, bleibt bestehen. Die
Angst und die Einengung (Konzentration) auf ein Problem gibt

der Krise ihre Eigengesetzlichkeit: Die Krise erfaßt den Menschen total. Das akute Problem wird zudem in Zusammenhang mit allen Problemen gebracht, die es je gab, frühere Konflikte werden wieder belebt, verbunden mit der Emotion, die diese Situation schon immer auszeichnete, und das ist im wesentlichen Panik. Deshalb will jede Krisenintervention den Menschen, der von der Krise erfaßt ist, zunächst in wirklichen inneren Kontakt bringen mit seiner Krise, ihn mit ihr in Beziehung bringen, indem in der Intervention versucht wird, den Betroffenen die verschiedenen Emotionen, die mit seiner Krise verbunden sind, wahrnehmen und akzeptieren zu lassen und ihm überhaupt wieder einen Überblick zu verschaffen. In einer Krisenintervention versucht man, eine Distanz zwischen den »Kriselnden« und seine Krise zu bringen, so daß er eine bewußte Beziehung zu seiner Krise aufnehmen kann. Dadurch wird die Panik geringer und die Lösungsmöglichkeiten für das zugrundeliegende Problem können gefunden werden, denn letztlich ist es das Ziel einer Krisenintervention, ein sehr reales Problem, das sich stellt, auch praktisch zu lösen.

Zunächst aber muß in diese Angststimmung hinein Erleichterung, Entspannung gebracht werden, und in einem zweiten Schritt geht es darum, das Hauptproblem, das sich in der Krise verbirgt und in dem auch der Sinn der Krise zu sehen ist, zu formulieren. Die eigentliche Krisenintervention besteht in diesem Öffnen der Einengung, in der der Mensch in der Krise sich befindet, in diesem Entspannen der Situation. Ein Aspekt der Entspannung besteht darin, daß sich der »Kriselnde« überhaupt einem anderen Menschen zu öffnen vermag, einem anderen Menschen sich anvertraut, auf einen anderen Menschen baut. Dieser eigentlichen Krisenintervention folgen dann meistens noch einige Gespräche, in denen das Hauptproblem noch deutlicher formuliert wird, in denen der Sinn der Krise herausgeschält wird, in denen aber auch praktische Bewältigungsstrategien geprobt werden. Eine Krisenintervention kann für sich stehen. Die »Kriselnden« haben dann das Gefühl gewonnen, die Krise sei überwunden, sie brauchten keine Hilfe mehr. Sie kann auch von einer Kurztherapie gefolgt sein oder auch von einer längeren Therapie, auch von einer Analyse. Bei einer Krisenintervention geht es einerseits um dieses Entspannen der jeweiligen Situation, andererseits aber auch darum, die psychodynamischen Zusammenhänge, die hinter typischen Krisen stehen, zu erkennen, so daß wir dem Menschen in der Krise auch Information geben können und daß vor allem wir als Therapeuten auch wissen, worum es geht. Denn ob wir bereit sind, eine Krisenintervention zu machen oder ob wir statt dessen sehr schnell den Eindruck bekommen, daß dieser Mensch weiterverwiesen werden muß, allenfalls in eine psychiatrische Klinik, hängt – abgesehen jetzt von Krisen mit psychotischem Hintergrund – auch davon ab, ob wir verstehen, welches Problem dieser Krise zugrunde liegt und welche Psychodynamik damit verbunden ist.

Letztlich ist die Frage, ob wir eine Krisenintervention beginnen oder nicht, von unserer Angst als Therapeuten/Therapeutinnen abhängig. Je mehr Angst eine Krise in uns auslöst, um so weniger werden wir für eine Krisenintervention bereit sein. Das ist auch richtig so, denn unsere Angst zeigt uns an, wie bedroht wir uns selbst durch eine therapeutische Situation fühlen. Wenn wir verstehen, welche Probleme mit einer Krise verbunden sind, welche psychodynamischen Zusammenhänge hinter einer Krise stecken, dann fühlen wir uns sicherer. Ich meine damit aber nicht, daß der Mut zur Angst in jedem Fall in einer Krisenintervention zu empfehlen wäre, ich meine vielmehr, daß wir empathisch unsere eigenen Ängste wahrzunehmen und uns dann zu entscheiden haben, ob der Mut zur Angst uns ein überwindbares Hindernis überwinden lassen kann oder ob wir uns einfach zuviel zumuten.

Bei Kriseninterventionen erleben wir ein grundsätzliches Problem. Die Panik, die den Menschen, der von der Krise erfaßt ist, ergriffen hat, wird in die Situation, in der Krisenintervention erfolgen soll, hineingetragen, sie steckt an. Das gibt uns dann das Gefühl, es müsse alles sehr schnell gehen, alles müßte sofort geschehen, alles müßte man eigentlich verstanden und auch schon gelöst haben, bevor der »Kriselnde« überhaupt zu reden beginnt, und die Folge davon ist, daß eben gerade »nichts geht«. Die Angst hemmt, kann alle an der Krisenintervention Beteiligten hemmen. Die eigene Angst des Therapeuten setzt ein, ein Ohnmachtsgefühl, das durch das Gefühl, es müsse eine großartige Lösung gefunden werden, kompensiert wird. Dieser große Anspruch des Therapeuten an sich selbst führt oft dazu, daß er als der, der die Krisenintervention versucht, zu schnell selber Vorschläge bringt, zu viele Probleme gleichzeitig angehen will, denn obwohl man das Gefühl hat, daß eigentlich alles festgefahren ist, weiß man als Therapeut, der öfter Kriseninterventionen macht, daß die Krise letztlich eine Situation ist, die auch sehr vieles möglich macht; man weiß darum, daß Krisensituationen Wandlungssituationen sind.

Grundsätzlich erscheint aber der, der in der Krise ist, zunächst in der Haltung eines Kindes, das jetzt bei einem Helfer angelangt ist, der die ganze Sache übernehmen kann und auch übernehmen soll. Darin besteht aber gerade die erste Klippe bei der Krisenintervention. Jede Krisenintervention soll ja letztlich Hilfe zur Selbsthilfe sein: Es gilt also durchaus zu akzeptieren, daß da jemand jetzt in der Haltung eines Kindes kommt, der hofft, einen Erwachsenen zu finden, der ihm helfen kann. Ziel der Krisenintervention ist es aber, die Erwachsenenanteile in diesem Menschen während der Krisenintervention wieder freizulegen, zum Beispiel durch ein gezieltes Gespräch diesem Menschen zur Erinnerung bringen, wie viele schwierige Situationen er schon überlebt oder gar gemeistert hat. Für den Therapeuten heißt es wie in allen Paniksituationen, daß er zunächst einmal tief durchatmen muß, selber mit seiner Angst in Kontakt kommen, sie wahrnehmen und sich zugleich von ihr distanzieren muß. Ist zuviel Angst vorhanden, wird man Helfer beiziehen oder den »Kriselnden« weiterverweisen.

Der Therapeut oder die Therapeutin müssen sich gerade in Kriseninterventionssituationen sehr deutlich abgrenzen, das heißt sich abgrenzen von einem panischen Alles-machen-Wollen, sie müssen sehr deutlich deklarieren, was sie zu tun bereit sind und was nicht, sie müssen sehr deutlich sagen, wieviel Zeit sie auf diese Krisenintervention verwenden wollen, wann sie angerufen werden können und wann nicht. Wenn der Fall sehr heikel ist, sollen sie sich auch klar darüber werden, wen sie sonst für die Klärung noch mit einspannen könnten. Wir müssen uns als Therapeuten/Therapeutinnen auch darüber klar sein, daß jede Krise ein besonderes Lebensthema in einer äußerst zugespitzten, sehr emotionell betonten Weise auch in uns anklingen läßt, und sollten uns bewußt machen, wie wir selbst auf dieses Lebensthema reagieren.

Wenn wir in Panik sind, haben wir wesentlich weniger gut funktionierende Abwehrmechanismen als sonst. Abwehrmechanismen

haben die Aufgabe, unsere unlustvollen Gefühle, Affekte, Wahr-
nehmungen vom Bewußtsein fernzuhalten und uns vor Konflikten
zu verschonen. Unsere Abwehrmechanismen sind eigentlich Bewältigungsmechanismen – sie helfen uns, mit der Angst umzugehen, sie dienen der Aufrechterhaltung des emotionellen Gleichge-
wichts. Wenn nun diese Bewältigungsmechanismen nicht mehr so
gut funktionieren, wie sie es normalerweise tun, wenn wir nicht
mehr wie sonst viele verschiedene Abwehrmechanismen einsetzen
können, etwa projizieren, rationalisieren, delegieren, verleugnen
usw., wenn wir nicht mehr über modulierte Abwehrmechanismen
verfügen, sondern vielleicht nur noch einige wenige Abwehrmechanismen sich einstellen, wie es in der Krise zu sein pflegt, dann
treten unsere Konflikte viel offener zutage, dann werden wir viel
direkter mit unseren Komplexen, besonders aber mit dem Konflikt, der hinter der Krise steht, konfrontiert. Gerade darin liegt
eine Chance der Krise: Unsere Konflikte, unsere Komplexe, aber
auch die damit verbundenen Kräfte, die schöpferischen Möglichkeiten, die darin gebunden sind, treten viel offener – durch wesentlich weniger Abwehr verschleiert – zutage, als während der Zeit
davor und der Zeit danach. Konflikthafte Beziehungsmuster zeigen sich oft zu Beginn eines ersten Kontaktes zwischen einem
Therapeuten und einem »Kriselnden«, Konflikte im Bereich des
Selbstwerts werden erfaßt: tiefe Enttäuschungen, Verärgerungen,
aber auch Einstellungen, die sonst nicht so leicht zugänglich sind.
Und all diese Konflikte sind in der Beziehung zwischen Thera-
peut/Therapeutin und dem Krisenbetroffenen spürbar, erlebbar,
bearbeitbar – und sie sind oft der tiefere Grund der Krise.

Ziele der Krisenintervention

Es wird deutlich: Bei der Krisenintervention wird es zum einen
wichtig sein, den Auslöser der Krise und aber auch tiefere Zusammenhänge der Krise und damit auch den tieferen Sinn der Krise
herauszuarbeiten. Krisenintervention soll aber zum anderen auch
einen neuen Umgang mit der Angst möglich machen. Und dann,

zum dritten, hat natürlich jede Krisenintervention auch Hilfe bei äußeren Problemen zu sein. Krisenintervention besteht nicht nur aus psychotherapeutischer Hilfe, sondern auch aus instrumenteller Hilfe; da muß etwa überlegt werden, ob ein Teil des Problems nicht von irgendeiner sozialen Einrichtung bewältigt werden könnte. Ich denke da zum Beispiel an einen Mann, der unendlich viele Schulden gemacht hatte und der im Grunde von Krise zu Krise taumelte, unter anderem deshalb, weil er aus seinem Schuldenberg nie herauskam. Eine soziale Einrichtung übernahm dann die Schuldenregulierung, ordnete das für ihn, ohne ihm die Verantwortung dafür ganz abzunehmen, und von diesem Moment an konnten wir uns auf seine Arbeitskrise konzentrieren.

Es geht bei der Krisenintervention aber auch darum, daß man sich grundsätzlich fragt, wo in diesem Falle noch Ressourcen sein könnten, wo es noch Hilfsquellen für diesen Menschen gibt. Da stellen sich Fragen, ob eventuell gewisse Lebensbereiche doch nicht zu sehr von der Krise betroffen sind; man wird sich fragen, ob es Beziehungen gibt, die tragfähig sind, aber auch, ob es Hilfen aus dem Unbewußten gibt, etwa hilfreiche Träume, die gerade in Krisensituationen sehr oft vorhanden sind und die mir außergewöhnlich wichtig erscheinen.

Eine Befürchtung, die in diesem Zusammenhang oft geäußert wird, ist die, daß Menschen in Kriseninterventionen durch das Einbeziehen der Träume viel zu sehr mit dem Unbewußten konfrontiert werden könnten. Ich teile diese Befürchtung überhaupt nicht, meine vielmehr, daß es dabei wesentlich davon abhängt, wie wir in der Krisensituation mit den Träumen umgehen, ob wir sie als Hilfe aus dem Unbewußten annehmen und auf die reale Situation beziehen können oder nicht.

Die eigentliche Krisenintervention ist dann getan, wenn wir zu diesem Menschen einen Kontakt herstellen können und dabei die Bedrohung, die er spürt, verstehen. Dann ist schon sehr viel erreicht. Sehr oft sind die Menschen, die zu einer Krisenintervention kommen, solche, die es bisher nicht gewohnt waren, von dem zu sprechen, was sie belastet, und die vielleicht auch ein erstes Mal erleben, daß das Miteinander-Sprechen sehr viel Druck wegnehmen kann. Bei dieser Kontaktaufnahme geht es auch darum, die Krise als Chance zu zeigen. Es ist dabei aber doch zu bedenken, daß wir den Betroffenen dort abholen, wo er ist, daß wir seine regressiven Tendenzen ernst nehmen, das Ausmaß der Regression beachten, ihn trösten und auch auffangen. Es ist ebenso wichtig, die praktischen Hilfen nicht außer acht zu lassen, sich gegebenenfalls auch durchaus darum zu kümmern, wo dieser Mensch die nächste Nacht verbringen kann, ihn allenfalls auch minuziös einen Plan ausarbeiten zu lassen, wie es jetzt weitergehen soll.

Es geht also darum, den Betroffenen zum Sprechen zu bringen, ihn auch dazu zu bringen, seine verschiedenen Emotionen auszudrücken. Die Funktion des Therapeuten ist dann die des Strukturierens, des Ordnens und des Verstehens einerseits, aber auch des Abklärens der Ressourcen. Vor allem aber geht es darum, daß der Therapeut/die Therapeutin empathisch auf den »Kriselnden« eingehen kann – und trotzdem auch mit der notwendigen »Hemdsärmligkeit« –, damit das Wagnis der Öffnung zu einem andern Menschen hin auch zum Tragen kommt.

Krise und schöpferischer Prozeß

Grundsätzlich bin ich der Ansicht, daß sich Krisenintervention am Modell des schöpferischen Prozesses orientieren kann. Mit Krise beschreiben wir im Grunde genommen ein sehr entscheidendes Moment im kreativen Prozeß. Der kreative Prozeß selbst kommt unter bestimmten Bedingungen zustande: Wir werden dann kreativ, wenn wir mit den uns bekannten Mitteln und Ideen ein Problem nicht mehr lösen können und wenn uns zugleich sehr daran liegt, dieses Problem zu lösen. (Ich spreche hier von der Kreativität auf der Persönlichkeitsebene, nicht von der Kreativität auf der Ebene der Kunst.)

Wenn wir uns das Problem, das uns umtreibt, bewußtgemacht haben, erfolgt die sogenannte *Vorbereitungsphase,* eine Phase, in der wir Material zum Problem sammeln, das Problem aus vielen Perspektiven zu sehen versuchen, Ideen sammeln, wie andere mit dem Problem schon umgegangen sind, ohne daß wir uns hier schon ein eigenes Konzept machen würden. Mit der Zeit haben wir auf diese Weise so viele Ideen, Vermutungen usw. zusammengetragen, daß wir verwirrt werden. Manchmal haben wir das Gefühl, etwas gefunden zu haben, dann wieder das Gefühl, überhaupt nichts zu verstehen. Diese Phase ist von der Emotion der Spannung begleitet.

Der Vorbereitungsphase folgt die *Phase der Inkubation,* während der das Problem im Unbewußten bearbeitet wird. Das ist eine unruhige, frustrierende Zeit. Problemlösungen scheinen auf, werden wieder verworfen; man gerät durch das Problem in immer größeren Druck, hat auch das Gefühl, man brüte etwas aus, fühlt sich aber ineffektiv, inkompetent und leidet an der Vergeblichkeit der Bemühungen, zweifelt letztlich an seinem Selbstwert. Das Problem beginnt einen fast völlig mit Beschlag zu belegen. Und trotz aller Vergeblichkeit hat man den Eindruck, daß sich etwas tut, daß es nur noch nicht faßbar ist. In dieser Phase muß man aufgeben, bewußt die Sache in den Griff bekommen zu wollen: In der Vorbereitungsphase hat man versucht, mit größter Bewußtheit das Problem von allen Seiten zu beleuchten. In der Phase der Inkubation geht es darum, geschehen zu lassen, darauf zu vertrauen, daß ein Einfall das Chaos ordnen wird. Diese Phase des schöpferischen Prozesses, in der im Grunde auch die schöpferische Krise anzusiedeln ist, entspricht der Krisensituation, in der ein Mensch sich befinden kann; und wenn der »Kriselnde« darauf vertraut, daß er etwas ausbrütet, daß er nur aktiv darauf warten muß, welche Zeichen ihm von seinem Körper, von seiner Seele gegeben werden, dann bleibt die Krise erträglich. In der Krisensituation aber meinen wir, getrieben von unserer Angst, wir müßten alles schnell ordnen, alles in die Hand bekommen, alles selber gestalten können, möglichst ganz allein und selbständig. Hier setzt denn auch die Krisenintervention ein.

Der Therapeut bringt dadurch, daß er eine Intervention versucht, die Überzeugung von der Lösbarkeit des Problems in die Situation hinein, und der »Kriselnde« übernimmt sie gerne als die Hoffnung, daß das Stadium der Krise das Vorstadium einer Wandlung sein könnte. Der Intervenierende nimmt die Gefühle wahr, die mit der Krise verbunden sind, und hilft so, diese zu ordnen, anzunehmen und sie zu ertragen. Er wird aber auch helfen, sowohl das der Krise zugrundeliegende Problem zu erfassen und es mit seinem Wissen zu beleuchten wie auch neue Erkenntnisse, die sich bereits abzeichnen, wahrzunehmen.

Das Aufleuchten neuer Erkenntnisse gehört zur nächsten Phase
des schöpferischen Prozesses, zur *Phase der Einsicht*. In ihr wird
eine deutliche sinnvolle Erkenntnis gefunden. Man atmet auf, das
Chaos hat sich geordnet. Diese neuen Erkenntnisse, verbunden
mit neuen Einsichten, neuen Erlebnis- und Verhaltensweisen auf
der Ebene der eigenen Person, das ist das eigentlich Kreative, das
aus der Krise herausgeboren wird.

Im schöpferischen Prozeß schließt sich der Einsichtsphase, die
mit dem Gefühl der Freude und Erleichterung verbunden ist, noch
die *Phase der Verifikation* an. In dieser Phase wird das Eingesehene so lange in großer Konzentration geformt, bis es mitteilbar
wird, bis es genau und prägnant ausgedrückt werden kann, bis
evidentes Erlebnis und mitteilbares Ergebnis kongruent sind. Die
schöpferische Einsicht kann nun anderen Menschen mitgeteilt
werden.

Auf die Krise übertragen heißt es, daß wir versuchen, uns darüber klarzuwerden, was sich in uns durch das Bewältigen der Krise
verändert hat. Dazu gehört auch das Bedürfnis, diese Veränderungen festzuhalten und mitzuteilen. In der Krisenintervention – zumindest in der Krisenintervention, wie man sie im Rahmen einer
psychotherapeutischen Praxis durchführt – ist diese Phase eine
sehr wesentliche Zeit der Aufarbeitung dessen, was im Umschlagspunkt der Krisensituation erfahrbar geworden ist. Jetzt zeigt sich,
wie weit die Krisenintervention nur Spannung lindern konnte –
auch das wäre schon ein sehr wesentliches, nicht zu verachtendes
Moment – oder wie weit neue Erlebnisweisen, Verhaltensweisen,
Beziehungsmöglichkeiten gefunden worden sind und nun gelebt
werden können.

Da die ganze Existenz des Menschen in die einmal vorhandene
Krise hineingezogen wird, können umfassende Wandlungen stattfinden, und das ist ja wohl auch der Grund für die Krisenbegeisterung, die es auch gibt. So unangenehm Krisen sind, so riskant auch
– es sind eben doch Situationen, in denen sich in einem schöpferischen Sprung vieles ändern kann, das sich dann allerdings in der
Auseinandersetzung mit der Umwelt bewähren muß. Schon mancher Fluß hat neue Flußbette gefunden und wurde dann durch die

Phasen kreativer Prozesse

Phasen	Begleitende Emotion
1. Vorbereitungsphase • ansammeln von Wissen • viel aufnehmen – wenig katalogisieren	Spannung
2. Inkubationsphase • Problem gärt in uns – spitzt sich zu	Unruhe Frustration Zweifel an Selbstwert und Kompetenz
Krisensituation Blockierung, Angst, »Stau«	
3. Einsichtsphase • deutliche Erkenntnis, »Aha«	Freude Erleichterung
4. Verifikationsphase • Einsicht wird geformt, geprüft, getestet	Konzentration

Macht der Umstände doch wieder in die alten Läufe zurückgezwungen.

Krisenintervention verstehe ich also als ein therapeutisches Verfahren, das den betroffenen Menschen – durch Kontakt zu einem andern Menschen, durch Sich-Öffnen – in Kontakt zu seiner Krise bringt, so daß es möglich ist, den schöpferischen Umschwung wahrzunehmen und wahr zu machen, der potentiell in ihr angelegt ist. Um schöpferisch sein zu können, brauchen wir Wissen und Können, eine gewisse innere Freiheit und ein Gefühl der Geborgenheit. Das alles aber hat der Mensch, der in eine Krise geraten ist, nicht, und das ist vielleicht auch der Grund, daß er selber nicht schöpferisch mit seiner Krise umgehen kann, die ihn dann so ganz und gar erfaßt.

Besonders das Erfaßtsein von Angst unterscheidet den in die Krise Geratenen wesentlich von dem Schöpferischen. Deshalb ist auch bei der Krisenintervention dem Umgehen mit der Angst größte Sorgfalt zu widmen. Erst wenn er mit seiner Angst umzugehen lernt, gelingt es dem Menschen, schöpferischer zu werden. Ganz allgemein gesprochen, kann sich Krisenintervention am Modell des schöpferischen Prozesses orientieren. Es geht darum, das auslösende Problem so scharf wie möglich zu erfassen, zu wissen, wie mit diesem Problem umgegangen werden kann, auch Möglichkeiten zu finden, wie etwa von der Umwelt her Entlastungsmöglichkeiten eingesetzt werden könnten. Dann aber ist wesentlich, dem Betroffenen zu vermitteln, daß die Krise wirklich Übergang zur schöpferischen Lösung sein kann. Am wichtigsten erscheint mir dabei, daß der Therapeut/die Therapeutin selbst in der Überzeugung handelt, daß Reifung sprunghaft über Krisen hinweg geschehen kann: Das heißt aber auch, daß außer dem Vertrauen auf diesen schöpferischen Umbruch – das der Therapeut stellvertretend zur Übernahme anbietet – die Wahrnehmung der Emotion, die Bannung der Angst und die Aufmerksamkeit auf die Äußerung des Unbewußten, die in Krisen besonders präzise sind, im Mittelpunkt stehen. Das ist zum Beispiel bei Träumen in Trauerprozessen zu sehen, die den Trauernden geradezu zu einer Krisenbewältigung anregen und die jeweils die fälligen Schritte der Krisenbewältigung intendieren. Es zeigt sich aber auch daran, daß in der Krisenberatungssituation deutlicher als sonst in Beratungssituationen zum Beispiel der der Krise zugrundeliegende Grundkonflikt sich konstelliert und sich schon in den ersten Minuten der Beratung in der Beziehung abzeichnet.

Irène Kummer
Wendepunkt: Schwangerschaft

Mit der Befruchtung beginnt ein ungeheurer Gestaltungsprozeß im Leib der Frau. In den ersten drei Monaten findet von der Verschmelzung des Eis mit dem Samen an ein Gestaltungsprozeß statt, in dem das Lebewesen seine Form über siebenhundertmal wandelt. Dies geschieht zugleich in einem intensiven Austausch zwischen Mutter und Kind. In enger Verbindung mit dem mütterlichen Organismus erlebt es dessen Selbstausdruck als den seinen, zunächst über den Stoffwechsel und den Hormonspiegel, später auch über Berührung des Bauches, über Vibrationen, Geräusche und Bewegungen. Die radikalste Formulierung stammt von R. D. Laing: »Die Umwelt wird vom ersten Moment meines Lebens registriert: von meiner ersten Zelle. Was sich mit meinen paar ersten Zellen ereignet, kann durch die Generationen nachhallen, die auf unsere ersten zellularen Eltern folgen. Die erste Zelle enthält alle meine genetischen Erinnerungen. Unsere erste Erfahrung mit diesem Universum machen wir in einem Eileiter in einem weiblichen Körper.«

Verfolgen wir nun kurz das Kontinuum des leibhaften, organismischen Austausches während der Schwangerschaft: Viele Frauen, die eine gute, liebevolle Beziehung zu ihrer eigenen Leiblichkeit und auch zu ihrem Monatszyklus haben, spüren die beginnende Veränderung sehr früh, nehmen manchmal bereits die Nidation, die Einnistung der befruchteten Eizelle in die Gebärmutterschleimhaut, als einen bohrenden Schmerz wahr und wissen um ihre Schwangerschaft, schon bevor sie medizinisch feststellbar ist. Andere Frauen wiederum, vor allem auch solche, die zu ihrem eigenen Schutz nicht um die Schwangerschaft wissen dürfen, nehmen sie manchmal erst erstaunlich spät wahr.

In der Schwangerschaft gerät der ganze Organismus in Bewegung, verändert seine bisherige Form. Die Atmung vertieft sich, das Gewebe lockert sich, und mit diesem Öffnen und Schwellen ist eine erhöhte Sensibilität und Verletzlichkeit verbunden. Wie in

jeder Wandlung muß auch hier die Frau ihre vertraute Gestalt –
nicht nur die körperliche – loslassen, Risiko und Unsicherheit auf
sich nehmen, das Ungestaltete zulassen und schließlich Unvertrau-
tem, Neuem begegnen, das erst langsam wieder vertraut wird.

Übersteigertes Sicherungsbedürfnis, die Tendenz, das Leben
durch Macht und Kontrolle zu bewältigen, stellen sich dieser Aufgabe entgegen, denn ein Kind zu bekommen bedeutet, sich einem
Geschehen und einem Rhythmus zu überlassen, die größer sind als
die eigene Person. Das gilt für Frau *und* Mann!

In den ersten drei Monaten ist die körperliche Umstellung für
die meisten Frauen deutlich und zum Teil unangenehm als Müdig-
keit, Übelkeit und erhöhte Empfindlichkeit spürbar. In dieser ersten Zeit gestaltet sich die befruchtete Zelle zum menschlichen
Embryo um – ein atemberaubender Prozeß –, doch ist seine Prä-
senz für die Mutter nur aus den Reaktionen des eigenen Körpers
erfahrbar und bleibt deshalb oft beinahe etwas Abstraktes. Ein
Abort in der allerersten Zeit, das heißt im zweiten Monat, wird
deshalb oft nicht als Verlust eines Kindes empfunden. Das Ultra-
schallbild ist heute oft die erste visuelle Konfrontation, die das
Lebendigsein des Embryos so aufregend zeigt. – Ich erinnere mich
an den Anblick meiner winzigen Tochter, die am Daumen lutsch-
te, sich überschlug, mit den kleinen Füßen in die Gebärmutter-
wand trat.

Um die zwanzigste Woche herum beginnen die Kindsbewegun-
gen, die die Eigendynamik des neuen Kindes fühlbar werden lassen. Auch für den Vater wird jetzt das Ungeborene auf eine neue
Weise präsent.

In den folgenden Monaten genießen viele Frauen ihre Schwangerschaft. Sie fühlen sich getragen von einer neuen Energie, sind
sensibel und empfindungsfähig. Die Beeindruckbarkeit wird oft
als Launenhaftigkeit denunziert, stellt jedoch eine Qualität größerer Durchlässigkeit und Verletzbarkeit dar, die die Frau auf die
Begegnung mit ihrem Kind vorbereitet. In der japanischen Kultur
wird die neue Energie während der Schwangerschaft als »Anant
vayu« bezeichnet. Es ist für das Selbstbewußtsein einer Frau wichtig, sich der stärkenden, öffnenden und durchlässig machenden
Kraft bewußt zu sein, die auch einen spirituellen Aspekt hat, der
sich beispielsweise in kosmischen Träumen manifestiert. Gleich-

zeitig tauchen aber auch oft archaische Ängste auf. Sie kennzeichnen die Übergangzeit und haben die Funktion, die Frau – und den Mann – durch das Aufsprengen der alten Sicherheiten auf das Neue vorzubereiten, ganz in der Art jedes Gestaltwandels.

Es gibt Grundthemen, die für die Frau in der Schwangerschaft wichtig werden und Krisen und Wandel bestimmen: die Beziehung zu sich selbst im Spannungsfeld zwischen kindlichen Tendenzen und erwachsener Verantwortlichkeit, zwischen Loyalität zur Herkunftsfamilie und zur werdenden eigenen Familie, die Beziehung zur eigenen Leibhaftigkeit, die Auseinandersetzung mit dem Selbstbild, mit den eigenen Begrenzungen und mit der eigenen Hilfsbedürftigkeit und Autonomie, mit den gesellschaftlich angebotenen Rollen und Bildern, mit der Bedeutung der Partnerschaft. Diese Themen betreffen die persönliche Geschichte und das Verflochtensein in den kulturellen Kontext. Auf einer existentiellen Ebene geht es also um Gestaltwandel, um Loslassen und um das Aufgehen in einem größeren, überpersönlichen Rhythmus und den Kontakt mit archaischen, instinkthaften Ebenen, aber auch mit der geistigen, spirituellen Dimension.

Die Auseinandersetzung mit dem Kind, das im eigenen Leib langsam Gestalt annimmt, führt auch an die schmerzhaften Stellen der persönlichen Geschichte und Existenz und in die Konfrontation mit den Verhärtungen des eigenen Lebensstils. Phyllis Chesler schreibt in ihrem Buch ›Mutter werden‹ über ihre eigene Erfahrung: »Heute nacht habe ich geträumt, ich hätte ein Ungeheuer geboren. Bist du dieses bedrohliche Wesen, das ich im Traum gesehen habe? Wie in einem Spiegel: das Ungeheuer bin ich.«

Die Schwangerschaft bedeutet deshalb auch eine Chance und Herausforderung für die Gestaltung des eigenen Lebensstils. Sie fordert, Bilder, Vorstellungen und Normen loszulassen, um Ambivalenzen, Widersprüche und Ängste zu durchleben. In dieser Zeit machen die werdenden Eltern – vielleicht erstmals so bewußt – die Erfahrung, daß etwas auf sie zukommt, was sie nicht in den Händen haben, was eine schicksalhafte Dimension aufweist.

Das Kind, das im Mutterleib wächst, ist ein Teil der Existenz seiner Eltern, dessen Spuren nie mehr ausgelöscht werden können, was auch geschehen mag. »Es war ein Einbruch, dessen Maß ich anfangs nicht realisieren konnte, und erst langsam und mit Erschrecken begriff ich, daß mein Kind auch eine verletzbare Stelle in meiner Existenz war wie keine andere«, sagte eine Mutter zu mir. Eine andere dachte, als sie ihr Kind erstmals zu Hause hatte: »Nun kann ich es nie mehr zurückgeben« – und auch sie war erschrocken. Es ist gut, sich diesen Schrecken einzugestehen und damit die Größe der Verwandlung wahrzunehmen, ihr Raum zu geben, sonst überfällt sie die Eltern von hinten. Auch Phyllis Chesler sieht sich damit konfrontiert: »Kind, diese Aufgabe erfordert zuviel, unendlich viel Mut. Einmal habe ich mit einer Frau zusammengearbeitet, deren Tochter eine tödliche Krankheit bekam, als sie fünf Jahre alt war. Wir haben nie darüber gesprochen. Was ist, wenn die anderen auch vor unseren tragischen Geschicken fliehen?«

In unserem Alltag ist oft vieles tabu, was mit Schwangerschaft und Geburt zusammenhängt, vor allem Ängste und Zweifel. Phillis Chesler schreibt darüber: »Kind, ich gebe es zu. Ich habe Angst. Was ist, wenn die Schmerzen unerträglich sind? Was ist, wenn man mich grausam behandelt, wenn ich zu schwach bin, um mich zu verteidigen? Was ist, wenn du mißgestaltet geboren wirst: mit meiner Empörung, meiner Unmäßigkeit? Was ist, wenn du tot geboren wirst? Was ist, wenn du bei irgendeiner Prozedur in der Klinik stirbst? Soll ich lieber in einem großen Kessel Wasser kochen, die Nabelschnur mit meinen blutigen Zähnen durchbeißen? Ich habe niemanden, mit dem ich darüber sprechen kann. Das Lächeln der Frauen ist ein gefrorenes Grinsen: Grimassen von Masken, Grimassen des Schweigens. Ich weiß, daß sie meine Furcht riechen, sich an ihre eigene Furcht nicht erinnern wollen. Sie halten Distanz.«

Generationen von Frauen bis heute bleiben mit ihren Erfahrungen allein, konnten sie nicht verarbeiten und deshalb am Schicksal anderer Frauen nicht wirklich teilnehmen, weil sie sonst wieder auf ihr Eigenstes gestoßen wären. Auch die Berichte von den »schrecklichen Geburten«, die viele Frauen vor allem ihren Kindern immer wieder erzählen, haben etwas seltsam Plakathaftes, Stereotypes. Sie zeigen einen schon mumifizierten Schmerz – die einzige Form, in der er unverarbeitet überhaupt mitgeteilt werden kann. Die Botschaft geht weiter an die Töchter, die auf diese Weise die einsame Furcht lernen und die Muster ausbilden, die mitbeteiligt sind an ihrer eigenen Art zu gebären.

Auch wenn die Töchter schwanger sind, sind die eigenen Mütter oft kaum fähig, echte Begleiterinnen zu sein. Umgekehrt findet oft durch die eigene Erfahrung des Kinderhabens eine innere Versöhnung der Töchter mit ihren Müttern statt, manchmal begreifen sie erstmals deren Einsamkeit, die unterdrückte Auflehnung, das nicht ausgesprochene Gefühl, Leben verpaßt zu haben, vielleicht auch den Kampf, den die eigenen Mütter gegen ihre Töchter führen, die das Leben ergreifen, das sie sich versagt haben.

Diese Zeit ist auch die Chance einer neuen Versöhnung und Ablösung von der Mutter, die frei macht für das Annehmen des eigenen Kindes. Damit ist nochmals ein Stück Abschied vom Kindsein vollzogen.

Die innere Verbundenheit mit dem Kind ist so eng, daß die meisten Mütter es merken, wenn etwas mit dem Ungeborenen nicht stimmt, vor allem, wenn es krank ist. Ärzte sollten entsprechende Hinweise von Frauen viel ernster nehmen und die Schwangeren selbst ihren diesbezüglichen Gefühlen und Intuitionen Vertrauen schenken.

Gegen Ende der Schwangerschaft nimmt die Schwerfälligkeit der Frau zu. Viele Frauen verlieren das bisher gewohnte Interesse an den Aspekten der Außenwelt, konzentrieren sich mehr auf das, was in ihrem Innern geschieht. Eine Frau drückte es so aus: »Ich nahm immer noch an allem teil, arbeitete in meinem Beruf. Dennoch hatte ich den Eindruck, alles spiele sich in einiger Entfernung von mir ab. Es war nicht unangenehm. Es war einfach so.«

Häufig entsteht auch eine Art »Nestbautrieb«. Ballast wird fortgeworfen, Altes nochmals durchgesehen, um Abschied zu nehmen und dem Neuen auch äußerlich Gestalt zu geben. Deshalb sind Sicherheit, Stabilität und Geborgenheit in äußerer und innerer Hinsicht eine wichtige Hilfe. Der Rückhalt des Partners bekommt eine wörtliche Bedeutung, wie sie in den Worten einer Schwangeren zum Ausdruck kommt: »Ich spüre meinen Partner richtig in meinem Rücken. Wenn er weg ist, dann wird mein Rückgrat weich. Ich brauche ihn jetzt.«

Die letzte Periode vor der Geburt ist gekennzeichnet durch das Warten, bis die Zeit reif ist. Nicht äußere Tatsachen wie Arbeiten oder Zuhausebleiben sind entscheidend, sondern die Wandlung des inneren Befindens. Es ist wichtig, sich mit der eigenen Haltung

des Wartens auseinanderzusetzen, um auf die Geburt zugehen zu
können. Es gibt eine Art zu arbeiten bis zum letzten Augenblick,
die als Beweis dafür dient, daß man »es« noch in der Hand hat,
oder um das Unabänderliche nicht auf sich zukommen spüren zu
müssen. Umgekehrt kann man sich auch auf eine Art dem Warten
verschreiben, die als Wall gegen das eintretenwollende Ereignis
gestellt wird.

Auf den Geburtstermin hin nimmt die innere Erregung meist zu.
Das Unbekannte rückt näher. Warten als innere Haltung bedeutet
einen Spielraum für das, was geschehen will.

Es scheint mir sinnvoll, das Kontinuum der Schwangerschaft
in all seinen leibhaften Aspekten von der ersten Ahnung und
Erregung bis hin zum Warten auf die Geburt zu *leben,* um sich
auf die Geburt einlassen zu können. Die Leibhaftigkeit und Intensität dieses Kontinuums geht schließlich über in dasjenige der Geburt.

Wenn wir das Kontinuum der Schwangerschaft bis zur Geburt
anschauen, so ergibt sich eine Reihe von möglichen Abbrüchen,
wie sie in der folgenden Grafik dargestellt sind:

Menstruation	abgelehnt, »notwendiges Übel« usw.
Zeugung	negatives Erlebnis für einen/für beide Part- ner → eventuell Kind nicht willkommen
Beginn der Schwangerschaft	negative Gefühle Schwangerschaftsabbruch
bis 3. Monat	Erbrechen, Müdigkeit... Spontanabort
4.–7. Monat	ambivalente, negative Gefühle gegen sich, das Kind negative Gefühle des Partners Ängste vor behindertem Kind, vor der Kindsbewegung usw. Fehlgeburt

7.–9. Monat	ambivalente, negative Gefühle
	Angst vor der Geburt
	wilde Wehen
	Frühgeburt
Ende der Schwangerschaft	Frühgeburt
	Streß, Panik
Geburt	eingeleitete Geburt
	Kaiserschnitt
	Sturzgeburt
	»technologische« Geburt

Im Gegensatz dazu eine erfüllte Schwangerschaft, deren Kontinuum nicht unterbrochen ist:

Eisprung	
Zeugung	eventuell erste Ahnungen
	Spüren der Nidation
Menstruation bleibt aus	Beginn hormoneller Veränderungen
	Zeit der Umstellung
	(Müdigkeit, Übelkeit usw.)
	erhöhte Sensibilität
	Lockerung des Gewebes
3. Monat	die Präsenz des Kindes nur aus eigenen Reaktionen erfaßbar
ca. 20. Woche	Beginn der Kindsbewegungen
28. Woche	»Genießen« der Schwangerschaft
	Ausstrahlung einer intensiven, hellen Energie
	Sich-getragen-Fühlen

36. Woche   ⎫ Schwerfälligkeit nimmt zu
                     ⎪ Horchen und Konzentrieren nach innen
                     ⎬ Warten
                     ⎭ Anzeichen der Geburt
Geburt

Alle Auseinandersetzung mit sich selbst, allein oder unter Anleitung, die *vor* einer Schwangerschaft stattfindet, kann helfen, den
eigenen Körper zu bejahen und ihm und seinem Rhythmus zu
vertrauen sowie die notwendige Ablösung von der Herkunftsfamilie zu vollziehen und zu klären, ob man ein Kind haben will oder
nicht. Die neun Monate der Schwangerschaft sind für eine Therapie zu kurz, und doch kann wichtige Unterstützung gegeben werden, und zwar neben all jenen Kursen, die auf den Geburtsvorgang
selbst vorbereiten.

Viele Frauen haben in den ersten drei Monaten große Schwierigkeiten mit der Umstellung und fühlen sich entmutigt, nicht zuletzt, weil Bekannte ihnen manchmal nahelegen, die Körpersym-
ptome wie Übelkeit und Erbrechen seien auf eine geheime Ablehnung der Schwangerschaft zurückzuführen. Auflehnung und
Schuldgefühle wechseln sich ab. Latente Konflikte werden zusätzlich aktiviert, alte Gefühle wieder wach: »Ich habe es schon gedacht, daß es schwierig werden wird. Bei mir ist es nie normal
gelaufen.« – »Nun bin ich doch wie meine Mutter, die ewig krank
im Bett lag.« – »Die andern schaffen es, nur ich bin eine Versage-
rin.« Die Situation wird gemäß dem eigenen Lebensstil interpretiert. Ähnliches kann auch beim betroffenen Partner geschehen.

Viele Frauen oder auch Paare sind zu Beginn einer Schwangerschaft verunsichert. Wenn sie sich ihre Gefühle eingestehen können, besteht eine große Chance, mit ihnen umgehen zu lernen.
Eine Beratung kann hier ermutigend und schützend wirken. In
einer vertieften Auseinandersetzung kann die Arbeit mit dem Lebensstil, das heißt mit den persönlichen Interpretationsschemata,
in der Zeit der Schwangerschaft helfen, anders mit den durch den
Umbruch, durch die Wendezeit aufbrechenden Problemen umzugehen. Das ist allerdings nur dort möglich, wo die Frau – oder
beide Partner – nicht gerade den Lebensproblemen, die sich durch
Schwangerschaft und Kind ergeben, auszuweichen suchen oder

gar das Kind als Alibi für anstehende Probleme benutzen. Ich habe oft erlebt, daß Paare in einer schweren Krise »unerwartet« ein Kind bekamen und so das Angehen der Probleme zwar nicht aus der Welt schaffen, doch um Jahre verschieben konnten.

Die Schwierigkeiten und Ängste, die während der Schwangerschaft auftauchen, stehen in Verbindung mit den psychophysischen Veränderungen. Die Fähigkeit, mit ihnen umzugehen, hängt mit den kulturellen Bedingungen, aber auch mit der individuellen Geschichte und dem daraus erwachsenden Lebensstil im Sinne Alfred Adlers zusammen. Wiederum bedeutet die Schwangerschaft dort, wo sie als Schwelle wahrgenommen wird, eine Herausforderung, auf die eigenen Schwierigkeiten einzugehen, um vielleicht dadurch eine vertiefte Beziehung zum Lebendigen – zum wachsenden Leben in sich – zu gewinnen. Schwangere Frauen sowie werdende Väter, die den Bezug zum Lebendigen verloren haben, können das sich im Mutterleib Gestalt gebende Kind nicht annehmen, sondern lehnen es oft bewußt oder unbewußt ab. Eine Frau kam zu mir, weil sie »wie unter Zwang« trotz Schwangerschaft nicht aufhören konnte, übermäßig zu rauchen und Alkohol zu trinken. »Nur mit Mühe kann ich mich davor zurückhalten, schädigende Pillen einzunehmen.« Dann sagte sie verzweifelt: »Aber ich habe es doch so gewollt, das Kind!« Ihr Grundgefühl faßte sie später in die Worte: »Es darf nicht wahr sein, daß ich etwas so Lebendiges und Vollkommenes in mir erschaffen kann. Ich doch nicht. Das wirft alles, was ich von mir gehalten habe, über den Haufen. Ich bin gar nicht tot. Ich bin lebendig. Und das macht mich hilflos.« Diese Frau lernte noch im Laufe ihrer Schwangerschaft, zu ihrer eigenen Lebendigkeit – und damit auch zu derjenigen ihres Kindes – zu stehen.

Gerade in der Schwangerschaft greifen die Beziehungen zu sich selbst, zum ungeborenen Kind und zum Du des Partners dicht ineinander. Ich sehe eine der wichtigsten Aufgaben einer Beratung von schwangeren Frauen und ihren Partnern darin, ihnen die Bedeutung und Eigenart dieser Wendezeit bewußt zu machen und im Zusammenhang mit dem persönlichen Lebensstil die Fähigkeit loszulassen zu üben und das Vertrauen in die eigenen Kräfte zu stärken.

In der Schwangerschaft kommt zum Ausdruck, ob eine Frau

erwachsen und selbständig geworden ist und sich von der kindlichen Bindung an die Eltern gelöst hat oder ob sie immer noch
inmitten der infantilen Bedürfnisse und Gefühle steckt. Dann ist es
für sie – wie auch für den Mann in der gleichen seelischen Situation
– schwierig, eine Balance zwischen Abgrenzung und Hingabe an
das Kind zu finden und die auf sie zukommende Verantwortung
zu tragen. Der intensive Kontakt mit den eigenen kindhaften
Wünschen kann – ins Bewußtsein gehoben und ausgedrückt – zur
Verarbeitung von Defiziten und Ängsten führen, gerade im Augenblick, da die leibliche Organisation sich von der neurophysiologischen Ebene her zu verändern beginnt. Dies bedeutet, Kontakt
mit dem Kind aufzunehmen, das ich als Frau und als Mann selbst
einmal war und noch immer in mir trage. Es ist wichtig, sich klar
zu werden, was dieses Kind in mir gerade jetzt von mir braucht,
um mich dann dem werdenden Kind freier und ohne Neid oder
Haß zuwenden zu können.

Ein anderes wichtiges Thema ist die Beziehung zur eigenen
Leibhaftigkeit. Frauen, die ihren Körper wenig spüren oder es
schwer haben, ihn anzunehmen, verstärken häufig diese ablehnen-
den Gefühle in der Schwangerschaft; sie finden sich häßlich,
schwerfällig und bekämpfen das Wachsen des Kindes in sich, meist
ohne sich dessen bewußt zu sein. Die Vertrautheit mit dem eigenen Körper ermöglicht es hingegen, sich seinem neuen Prozeß
hinzugeben. Die Schwangerschaft ist also auch Chance, sich neu
auf den eigenen Körper einzulassen, ihn nicht länger abzuspalten,
sondern ihn auch als Ausdruck der eigenen Person und eines größeren Ganzen zu verstehen.

Eine Klientin von mir, die in ihrer Kindheit fast nur Ablehnung
und Demütigung auf seelischer und körperlicher Ebene erlebt hatte, war nicht imstande, das Wachsen des Kindes im Bauch zu
akzeptieren. Jedesmal, wenn es sich bewegte, zog sie reflexartig
den ganzen Bauch hoch, um diese Bewegung zu stoppen oder
nicht zu spüren. »Ich habe nie eine Beziehung zu meinem Bauch
gehabt«, sagte sie, »und ich ertrage nicht, daß er sich selbständig
macht.« Sie wollte nicht bemerkt werden und hoffte, die Geburt
ganz unauffällig hinter sich zu bringen, was ihr auch – auf Kosten
ihres eigenen Erlebens – gelang. Diese sehr hübsche Frau trug in
sich immer noch das Bild eines häßlichen, dicken Mädchens und

erfuhr die Schwangerschaft als eine Verstärkung dieses Bildes. Bis zum Ende der Schwangerschaft blieb sie relativ schlank, das Kind war eine Zeitlang zu klein und hatte wenig Fruchtwasser. Immer wieder kam die Angst vor dem Lebendigen in ihrem Bauch zum Vorschein.

In der kurz auf die erste folgenden zweiten Schwangerschaft atmeten wir in einer Therapiesitzung zusammen. Ich legte ihr eine Hand in den Nacken, die andere auf den Bauch. Langsam wurde die Atmung tiefer, die Anspannung in Gesicht und Händen ließ nach. Wir blieben lange still. Ich spürte, daß etwas Wichtiges geschah. Als sie dann die Augen aufschlug, sagte sie zu mir: »Es war wundervoll. Ich habe eine schmale Verbindung von meinem Kopf bis hinunter zu meinem Bauch gespürt. Es war eine dünne Verbindung, fast wie ein Draht aus Licht. Und da – da gehörte der Bauch plötzlich zu mir, war ein Teil meiner selbst. Und das Kind in mir ist mir nicht mehr fremd. Ich kann seine Bewegungen zulassen.« Die Fremdheit dem eigenen Körper gegenüber, ja ganz allgemein die Abspaltung des Leibhaften, führt zum Fremdwerden des eigenen lebendigen Kindes, zum Kampf gegen seine Lebendigkeit – oft schon im Mutterleib. Das kann sich in Verkrampfung, in einem leibhaften »Nein« oder in einem formlosen Versacken ausdrücken.

Je mehr wir Frauen jedoch die eigene Leibhaftigkeit zu leben vermögen, desto mehr Spielraum können wir dem werdenden Kind gewähren.

In der Schwangerschaft wird die grundlegende Paradoxie unseres Lebens erlebbar. Einerseits ist es der eigene Körper, der das Wunder des neuen Lebens aus seinem Organismus hervorbringt, und gleichzeitig ist es ein »über-menschliches« Geheimnis, das in mir Raum nimmt und das mit meinen Kräften nichts zu tun hat. Was in mir geschieht, das ist *mein* körperhaftes Geschehen, und zugleich wächst ein von mir verschiedenes, ein ganz anderes Du – das Kind – in mir heran. Doch nur wenn ich mich als Frau in meiner Leibhaftigkeit annehmen kann, vermag ich es auszuhalten, daß ich das Wunder hervorbringe und daß es mich gleichzeitig unendlich übersteigt.

Die Arbeit mit der leibhaften Dimension ist deshalb für mich allmählich zu etwas vom Wichtigsten im Laufe der Schwangerschaft geworden. Vor allem geht es darum, die Ganzheit des eige-

nen Leibes, den Strom der Energie erfahrbar zu machen und das
Kind als eingebettet in diesen Strom erleben zu lassen. Durch
»Grounding-Übungen« versuche ich, die Verbindung der Frau mit
der Erde und dem »Himmel« zu intensivieren und dadurch das
Selbstgefühl zu verstärken, den Zugang zur eigenen vitalen Kraft
und zur eigenen Spiritualität zu öffnen. Das bedeutet, den Kontakt
zum Boden zu intensivieren, die eigene »Stellung-Nahme« wahrzunehmen, mit der Schwerkraft zu spielen, die innere Achse zu
spüren und sich aus ihr aufzurichten. Der Kopfstand – auch noch
in den letzten Wochen vor der Geburt – lehrt beispielsweise, daß
es *eine* Position gibt, in der die Schwerkraft – wörtlich! – »aufgehoben« ist. Ähnliche Erfahrungen habe ich selbst mit Meditation
und T'ai-Chi gemacht. Im Spiel mit der Schwerkraft und deren
Aufhebung finden wir auch einen Zugang zum Erleben des Neugeborenen.

Wie immer stellt sich auch bei einer schwangeren Frau die Frage,
wo ihre unerschlossenen Kraftquellen liegen. Nicht selten sind sie
in der frühen Kindheit bei jenem vergnügten, von oben bis unten
verschmutzten, lebenslustigen Mädchen zu suchen, in seiner Lust
zu leben, sich zu bewegen, in Schlamm und Dreck zu wühlen. Ich
ermuntere die Frauen, diese Dimensionen in sich zu entdecken,
Kinderfotos von sich anzuschauen, sich als lebendiges Kind zu
zeichnen und zu malen, zu bewegen. All diese vitalen Kräfte können als vergrabene Schätze »gehoben« und nutzbar gemacht werden. Bei Frauen hingegen, bei denen dieser Zugang verschüttet ist,
gilt es, ganz sanft die eigene Lebendigkeit zu erspüren, so, wie ich
es anhand des letzten Beispiels gezeigt habe. Deshalb spielt die
Arbeit mit dem Atmen – nicht im Sinne der Geburtsvorbereitung –
eine große Rolle. Der Atem ist das deutlich verkörperte Lebens-
stilmuster, zu dem sich ein direkter Zugang über die Atemarbeit
ergibt. Diese Chance zu nutzen ist wichtig, weil ja die Schwangerschaft eine verhältnismäßig kurze Zeitspanne darstellt und die Beratung und Therapie den Zugang zum Geschehen von Geburt und
Nachgeburtszeit vertiefen soll. Ich ermutige die Frauen, zu Hause
zu ruhiger Musik sich hinzulegen, die Hände liebevoll auf dem
Bauch, und dorthin zu atmen, Kontakt mit dem Kind aufnehm-
mend. Oder es kann auch der Partner seine Hände auf den Bauch
legen, und beide können nach einer ersten Phase des Atmens ver-

suchen, den Strom, der durch die eine Hand des Partners in den Bauch und zum Kind und wieder in die andere Hand des Partners fließt, als *einen* großen Strom zu spüren. Auf diese Weise wird das Verbindende gestärkt und die kommende Realität der neuen Familie wird ahnbar. Sind ältere Kinder da, können solche Berührungen, dem Alter der Kinder angepaßt, ebenfalls in einer meditativen Form gemacht werden. Die Auseinandersetzung mit dem Kind, das im eigenen Leib langsam Gestalt annimmt, führt nicht nur an alle schmerzhaften Stellen der persönlichen Geschichte und Existenz, sondern in die Tiefe vorpersönlicher, archaischer Schichten, wo die Frau sich wiederum auf Kräfte einläßt, die vielen bisher unbekannt waren und die unsere Gesellschaft zu binden und zu verdrängen sucht, weil sie ihr als bedrohlich erscheinen. Auf keiner Ebene ist die Frau meines Wissens so allein und deshalb so hilflos wie im Kontakt mit diesen Kräften. Gleichzeitig geht es jedoch auch um ein sehr intensives Erleben geistiger, kosmischer Kräfte, denen wir oft lange auszuweichen versuchen.

Ein weiterer Aspekt der Arbeit mit schwangeren Frauen ist die Ermutigung. Allen voran jene, die eigenen Möglichkeiten und Kräfte anzunehmen und auszuhalten – so paradox dies auch klingen mag. Eine schwangere Frau sagte in der Therapie zu mir: »Ich hatte immer das Gefühl, mein Körper sei gar nicht fähig, so etwas Wundervolles wie ein Kind zu machen. Und jetzt glaube ich, es könne gar niemals ein normales Kind werden.« Sie selbst hatte den Eindruck, ein ganz böses Kind gewesen zu sein, so, wie ihre Mutter es ihr immer gesagt hatte. »Wenn die andern wüßten, wie böse du bist, könnten sie dich nicht gern haben! Warte nur, bis es rauskommt!« Und sie glaubte nun, bei der Geburt würde sich die Prophezeiung der Mutter erfüllen. Doch sie lernte langsam, zu ihren schöpferischen Kräften ja zu sagen, und gebar ein gesundes Mädchen, dem ihre Zuneigung gehörte. Dadurch wurde wiederum ihr Selbstwertgefühl sehr gestärkt, und ihr Mut wuchs, sich selbst besser wahrzunehmen und fürsorglicher mit sich umzugehen. Während ihr Kind gedieh, wuchs auch das Kind in ihr, das sie selbst war.

Die Auseinandersetzung mit der Möglichkeit eines behinderten Kindes ist nicht zuletzt die – notwendige – Auseinandersetzung mit der eigenen inneren Behinderung beider Partner. Es ist eine

Zeit, sich mit den eigenen negierten und verdrängten Seiten auseinanderzusetzen, den Schatten wahrzunehmen und als einen Teil der eigenen Persönlichkeit zu integrieren und damit zu »erlösen«. Dann braucht nicht das wachsende Kind einen unerlösten Teil der mütterlichen oder väterlichen Identität zu verkörpern.

Die Vorbereitung auf die Geburt ist also eine paradoxe Einheit von An-die-Hand-Nehmen und Loslassen wie die Geburt selbst. Es ist deshalb wichtig, die Geburt bewußt vorzubereiten, die entsprechenden Rahmenbedingungen zu schaffen und gleichzeitig für das Geschehen offen zu bleiben, auch wenn der Prozeß in eine ganz andere Richtung führt. Sich auf eine bestimmte Vorstellung von Geburt zu versteifen kann ebenso gefährlich sein wie naive Unbekümmertheit. Vielleicht bedeuten Schwangerschaft oder Geburt sogar eine schmerzliche Berührung mit dem Tod, weil das Kind während der Schwangerschaft, unter der Geburt oder nachher stirbt. Oder es geht um eine Auseinandersetzung mit den Grenzen des Menschlichen, weil das Kind behindert zur Welt kommt. Das Erleben des Wunderbaren und der Verletzlichkeit alles Lebendigen sind sehr nahe beisammen.

Robin Skynner, John Cleese
Der elterliche Notstand

Veränderungen sind gut – und schlecht...

JOHN   Ich wüßte gern mehr über diese »wirklich gesunden Fami-
    lien«, die erforscht worden sind. Was unterscheidet sie denn von
    anderen Familien?
ROBIN   Manches. Aber der grundlegendste Unterschied ist ihr
    Umgang mit Veränderungen.
JOHN   Schlimmen Veränderungen?
ROBIN   Nein, mit allen Veränderungen.
JOHN   Was ist denn so schwierig beim Umgang mit guten Verän-
    derungen?
ROBIN   Das mag überraschen, aber die Wissenschaftler haben
    herausgefunden, daß *jede* Veränderung Streß hervorruft. Schau
    dir mal diese Tabelle an.

Ereignis	*Streßfaktor*
Tod des Ehepartners	100
Scheidung	73
Trennung in der Ehe	65
Gefängnis	63
Tod eines nahestehenden Verwandten	63
Verletzung oder Krankheit	53
Heirat	50
Entlassung	47
Versöhnung mit dem Ehepartner	45
Pensionierung	45
Veränderung der Gesundheit bei einem Familienmitglied	44
Schwangerschaft	40
Schwierigkeiten beim Sex	39
Aufnahme eines neuen Familienmitglieds	39

Geschäftliche Veränderung	39
Veränderung in persönlichen Finanzen	38
Tod eines Freundes	37
Berufliche Veränderung	36
Veränderung in der Häufigkeit von Streitigkeiten mit dem Ehepartner	35
Hypothek von mehr als DM 60 000	31
Verfallserklärung einer Hypothek oder eines Darlehens	30
Neuer Verantwortungsbereich bei der Arbeit	29
Sohn oder Tochter verlassen das Haus	29
Ärger mit den Schwiegereltern	29
Besondere persönliche Leistung	28
Ehefrau beendet oder beginnt eine Arbeit	26
Schulanfang oder -abschluß	26
Veränderung der Wohnbedingungen	25
Bewußte Veränderung persönlicher Gewohnheiten	24
Ärger mit dem Chef	23
Wechsel der Arbeitszeit und/oder -bedingungen	20
Wechsel des Wohnortes	20
Wechsel der Schule	20
Veränderung der Freizeit	19
Veränderung der kirchlichen Aktivitäten	19
Veränderung der gesellschaftlichen Aktivitäten	18
Hypothek oder Darlehen von weniger als DM 60 000	17
Veränderung der Schlafgewohnheiten	16
Wechsel der Häufigkeit von Familienbesuchen	15
Andere Eßgewohnheiten	15
Ferien	13
Weihnachten	12
Geringfügige Gesetzesüberschreitungen	11

ROBIN   Wie du siehst, wird der Tod des Ehepartners als der größte Streßfaktor angesehen – und mit hundert bewertet. Je mehr Einheiten du in einer bestimmten Periode verkraften mußt, desto größer ist die Wahrscheinlichkeit, krank zu werden.

JOHN   Es ist verständlich, daß schwanger sein oder ein Kind zu haben nicht nur schön, sondern auch stressig ist. Aber es ist erstaunlich, daß die Versöhnung mit einem getrennt lebenden Partner auch Streß verursacht, und zwar mit fünfundvierzig Punkten zu Buche schlägt! Genauso wie weniger Streit mit dem Ehepartner fünfunddreißig Punkte kostet. Vermutlich wäre ich reif für die Klapsmühle, wenn mein Leben auf einmal perfekt würde. Wie kommt das denn, Doktor?

ROBIN   Wenn unser Leben sich verändert, ob zum Guten oder Schlechten, müssen wir uns dem anpassen.

JOHN   Ja, aber was geschieht wirklich, wenn wir uns anpassen? Was geht in unseren Köpfen vor sich?

ROBIN   Um das zu erklären, muß ich einen neuen Gedanken einführen.

JOHN   Aber bitte!

ROBIN   Dieser Gedanke taucht übrigens immer wieder auf. Wir haben eine Art Landkarte in unserem Kopf, das heißt ein Bild von der Welt, wie wir sie uns vorstellen, das mit unseren äußeren Umständen übereinstimmt. Und wir benutzen diese Karte als Führer für unser Verhalten.

JOHN   Ist da alles drauf, was unser Leben betrifft? Unsere Frau, Kinder, Eltern, Freunde, Haus, Wohngegend, Büro...

ROBIN   Alles, was unser Leben irgendwie berührt und uns hilft, damit zurechtzukommen.

JOHN   Wir schauen uns jeweils nur einen Teil davon an, aber

diese Landkarte steht uns jederzeit voll und ganz zur Verfügung.

ROBIN   Genau. Daher mußt du, wenn deine Frau stirbt, von der Karte, auf der sie einen großen, ja den größten Teil einnimmt, zu einer Karte übergehen, wo sie nicht mehr drauf ist. Diesen Prozeß nennt man »Anpassung«.

JOHN   Es ist eine Art Umschaltung im geistigen Stromnetz.

ROBIN   Ja. Und diese Umschreibung, der Neuentwurf dieser Karte – das braucht *Energie*.

JOHN   Selbst wenn diese Veränderung »gut« ist, o.k., versteh ich. Aber wir machen laufend irgendwelche Veränderungen mit...

ROBIN   Ja sicher, die Welt ändert sich laufend. Und wir brauchen das auch, es stimuliert uns. Wenn wir zuwenig Veränderung haben, langweilen wir uns und es ist, als ob wir nur halb lebten. Veränderungen sind nur dann schädlich, wenn unser System sie nicht mehr fassen kann, wenn zum Beispiel eine schwerwiegende plötzliche Veränderung eintritt oder zu viele kleine auf einmal und wir unser Gleichgewicht zu verlieren drohen.

JOHN   Wie wenn ein Haus schneller in Unordnung gerät, als wir es aufräumen können. Wenn sich demnach innerhalb einer gewissen Zeit zuviel verändert, sind wir gestreßt. Was kann uns dann helfen?

ROBIN   Unsere Energie muß von einigen üblichen Anforderungen abgezogen werden, damit sie die Veränderungen bearbeiten kann.

JOHN   Die Ärzte nennen das »Ruhe«, glaube ich.

ROBIN   Obwohl du wissen solltest, daß Ärzte von »schöpferischer Pause« sprechen, wenn sie nichts tun. Aber Ruhe bedeutet normalerweise, daß jemand die üblichen Anforderungen von uns fernhält und uns beruhigenden Zuspruch gibt, da wir uns normalerweise vor Veränderungen ängstigen. Wir brauchen die Zusicherung, daß wir bestimmt die Schwierigkeit meistern werden, und wenn man uns zeigt *wie*, ist das in besonderer Weise hilfreich.

JOHN   Die Energie, die wir auf Sorgen verschwenden, könnte also zur Bewältigung der Veränderungen genutzt werden.

ROBIN   Genau.

JOHN   Aber da ist doch noch etwas anderes, oder? Manchmal

hilft uns schon das Zusammensein mit jemandem, den wir mögen und dem wir vertrauen. Und das ist doch was anderes als
Ruhe oder Ermutigung.

ROBIN   Das stimmt schon. Man denkt eher daran, für gestreßte
Menschen einkaufen zu gehen, für sie zu kochen oder mit ihnen
zu reden, und vergißt leicht, daß oft die Gegenwart, das Da-sein
viel hilft, auch wenn es so aussieht, als hinge man nur so rum.

JOHN   Ja, was erreichen wir denn dadurch?

ROBIN   Durch dieses »Einfach Da-sein«? Schwer zu sagen, obwohl wir alle schon mal erfahren haben, wie wichtig das ist.
Vielleicht könnten wir es »gefühlsmäßige Unterstützung« nennen.

JOHN   Um zusammenzufassen: Um mit Veränderungen fertigzuwerden, brauchen wir erstens: Schutz vor den gewöhnlichen
Anforderungen, damit wir uns ausruhen können. Zweitens: Zuspruch, der unsere Ängste beruhigt und uns die Sache bewältigen hilft. Und drittens: »gefühlsmäßige Unterstützung«.

ROBIN   Genau.

JOHN   Laß uns das jetzt in Beziehung zu Familien setzen. Wir
haben darüber gesprochen, warum zwei Menschen sich gegenseitig aussuchen. Jetzt heiraten sie also. Das kostet sie schon mal
fünfzig Punkte auf der Streßskala, weil sie ihre Karten im Kopf
umzeichnen müssen, um einander einen dauerhaften Platz einzuräumen. Während der Flitterwochen bewundern sie sozusagen noch die »Auslagen« in ihren Schaufenstern. Aber wenn sie
zusammenleben, zeigt sich nach und nach etwas von dem Zeug
hinter der Jalousie.

ROBIN   Ihre Beziehung wird realistischer, und das bedeutet natürlich Veränderung.

JOHN   Hier und da wird einiges umgezeichnet, neu entworfen.

ROBIN   Dabei hilft, daß sie sich meist viel Liebe und Unterstützung geben, vielleicht mehr als jeder von ihnen zuvor erfahren
hat.

JOHN   Und was ist die nächste große Veränderung?

ROBIN   Der Moment, in dem sie eine Familie werden, wenn das
erste Baby ankommt.

JOHN   Neununddreißig Punkte weg, Leute!

ROBIN   Immerhin elf weniger als bei der Heirat!

JOHN   Deshalb ist es also wohl ratsam, die beiden Ereignisse getrennt zu veranstalten.

ROBIN   Besonders, wenn auch noch Weihnachtszeit ist.

JOHN   Schlauberger! Aber auf einmal klingt das alles furchtbar
negativ, weißt du.

ROBIN   Nur in dem Sinn, daß es schon eine große Veränderung
ist, die sie erfahren, ein enormer Sprung in größere Verantwortung, sie müssen jetzt viel erwachsener werden. Daher ist das
viel Streß für eine Weile. Aber wenn sie diese Umstellung hinter
sich haben, dann werden sie sich an dem Kind freuen und glücklich sein.

JOHN   Aber in dem Moment haben sie mehr als nur ihre Freiheit
verloren, oder?

ROBIN   Ja, das Baby braucht so viel Liebe und Zuwendung, daß
sie weniger für sich übrig haben – sehr viel weniger. Und das
kann für beide recht schmerzhaft sein.

JOHN   Dann ist also dieses erste Baby nur ein relativ glückliches
Ereignis.

ROBIN   Ja, es muß eine Verschwörung geben in unserer Gesellschaft, die dieses Ereignis über alles romantisiert. Es ist natürlich

ein großartiger Moment und wirklich eine wunderbare Erfahrung, aber man sollte auch nicht vergessen, wie hart es am Anfang sein kann. Ganz besonders, wenn sich das Paar nicht ganz klar war, was es erwartete. Und vergiß nicht, der Streß von »keinem Baby« zu »einem« Baby ist gewöhnlich sehr viel größer als von »einem« zu »zwei« oder mehr.

Der elterliche Notstand

JOHN   O. k. Das Baby ist also da. Worauf sollte sich das Paar einstellen?

ROBIN   Laß uns zuerst mal schauen, wie drastisch sich das Gleichgewicht in der Familie verändert. Bevor das Baby kommt, können sich die beiden alle emotionale Zuwendung geben, die sie brauchen, aber jetzt beansprucht das Baby einen enormen Teil dieser Unterstützung von der Mutter. Daher ist sie sehr beansprucht und braucht noch mehr Beistand als üblich von ihrem Mann. Andererseits gibt sie an das Baby so viel ab, daß sie oft nicht genug übrig hat für ihren Mann. Ihm wird seine übliche Zuwendung gekürzt, und doch braucht die Mutter mehr gefühlsmäßige Unterstützung von ihm als je zuvor.

ROBIN   Wenn er mit weniger Unterstützung als üblich nicht auskommen kann, kann sie sich bald sehr isoliert und vergessen vorkommen.

JOHN   Und das so kurz nach dem Glücksgefühl der Geburt – das muß ein arger Schock sein.

ROBIN   Bis dahin war die werdende Mutter der Mittelpunkt des Geschehens. Sie wurde verwöhnt, alle kümmerten sich um sie wie nie zuvor. Dann plötzlich kommt dieses winzige, unglaublich verletzbare Baby, für das sie sich absolut verantwortlich fühlt, vierundzwanzig Stunden, Tag und Nacht.

JOHN   Die Kleinen sind so hilflos, man meint, sie könnten jede Minute den letzten Atemzug tun.

ROBIN   Ich erinnere mich noch daran, daß ich dachte, unseres

könnte wirklich nicht atmen ohne unsere Hilfe. Und ich hatte
doch auf der Mütterstation gearbeitet! Es ist also gar nicht ver-
wunderlich, wie viele Ängste frischgebackene Mütter ausstehen.
Meine Frau Prue arbeitet mit einer Gruppe ganz »normaler«
Mütter von Erstgeborenen, und sie klagen alle, daß niemand sie
auf diese enorme Veränderung vorbereitet hatte.

JOHN   Die Mutter meint, es sei allein ihre Verantwortung, das
Baby am Leben zu erhalten – und sie hat das ja noch nie vorher
gemacht!

ROBIN   Und da sie oft auch körperlich erschöpft ist, meint sie,
wirklich nicht damit fertigwerden zu können. Vielleicht fühlt sie
sich auch schuldig, weil sie keine »gute Mutter« zu sein scheint.
Diese Unzulänglichkeitsgefühle wird sie vor den anderen verstecken – und das verursacht Streß. Natürlich muß sie heute, im
Zeitalter der Kleinfamilie, tatsächlich oft mit recht wenig Beistand auskommen. Manchmal geht das ganz gut in den ersten
Wochen. Vielleicht kommt ihre oder seine Mutter zu ihr, und
der Mann nimmt sich mal eine Woche frei. Aber danach fühlt sie
sich oft schrecklich allein gelassen mit ihrer Unerfahrenheit.

JOHN   Tja, sie hat ganz bestimmt nicht viel Unterstützung durch
ihre früheren Freunde, aber der Vater ist doch da und hilft ein
bißchen, oder?

ROBIN   Zu Beginn ja, aber mit der Zeit fühlt er sich oft vernachlässigt, wie ausgestoßen.

JOHN   Ja, das stimmt. Mir schien es fast, als hätte ich mit der
ganzen Sache nichts zu tun.

ROBIN   Das ist so üblich. Prue bemitleidet die Väter sogar
manchmal, denn die Mutter hat doch zumindest enorme Befriedigung aus dieser intimen Beziehung mit ihrem Baby. Sie erfährt
dadurch ganz neue, sehr tiefe und wunderbare Gefühle, auch
wenn es recht erschöpfend für sie ist. Aber der Vater soll nur
immerzu der Frau Hilfe sein.

JOHN   Das könnte zu Spannungen führen.

ROBIN   Na ja, er kommt müde von der Arbeit zurück, zu der er
wahrscheinlich wegen »nächtlicher Ruhestörung« schon sehr
müde hinging. Die Mutter hatte den ganzen Tag nur das Baby
um sich, das nun gerade Bauchschmerzen hat und brüllt wie am
Spieß. Der Vater sitzt da, fühlt sich vernachlässigt und hätte

gern was zu essen – und auch die Mutter fühlt sich schrecklich. »In zwei Hälften geteilt« nennt man das wohl, glaube ich.

JOHN   Hör auf, das ist ja furchtbar. Das hört sich ja fast an wie ein Stück von August Strindberg.

ROBIN   Erinnere dich, das sind schlimme Zeiten mit dem ersten Kind. Aber es wird besser.

JOHN   Wieso?

ROBIN   Einfach mit der Zeit. Langsam wird alles ein bißchen erträglicher, nicht so voll verzweifelter Panik. Die Mutter gewinnt an Selbstvertrauen und hat weniger Befürchtungen.

JOHN   Sie fängt an, sich an all die Veränderungen zu gewöhnen.

ROBIN   Genau. Und sie hat etwas mehr Ruhe – die Fütterungszeiten werden weniger. Dann geht sie in die Kinderklinik und tauscht mit anderen Müttern ihre Erfahrungen aus, was ihr sehr viel Unterstützung gibt. Sie wird immer selbstsicherer, was die Versorgung des Kindes anbelangt.

JOHN   Trotzdem erinnert mich das alles an den Ausspruch des amerikanischen Psychologen Guttman, der die Geburt der Kinder als »elterlichen Notstand« bezeichnete.

ROBIN   Ja, er glaubt, daß sich die psychologischen Unterschiede zwischen Männern und Frauen darin zeigen, wie sie mit der mühevollen Betreuung von Kindern umgehen. Er geht davon aus, daß wir nach der Geburt des Kindes den Kampf in den vorgeschriebenen Positionen als Mann und Frau aufnehmen,

wie etwa Soldaten auf dem Felde. Natürlich bringt uns die
Gesellschaft das schon von Kindesbeinen an bei, aber bis zur
Geburt des Babys scheint es, als wären wir noch in der »Reserve«, als ob wir mit diesen Rollen noch ein bißchen jonglieren
könnten, wie es uns gerade paßt.

JOHN   Wenn das Baby kommt, werden wir »rekrutiert«, es geht
an die Front!

ROBIN   Und wir polarisieren uns den Rollen entsprechend in
warme, beschützende Mütter oder zähe, verantwortungsbewußte Väter. Denn so sind wir programmiert worden.

JOHN   Zeigen Forschungsergebnisse, ob Väter und Mütter, nachdem die Kinder das Nest verlassen haben, wieder normale
menschliche Wesen werden?

ROBIN   Interessanterweise scheint dann ein Kompensationsprozeß stattzufinden, die Männer werden sanfter, weniger gehetzt,
wollen entspannter leben und Spaß haben, während die Frauen
oft aktiver werden, sich organisieren, selbstbewußter auftreten
und ganz allgemein die verlorene Zeit wettmachen wollen. Ich
glaube, wir können erst nachdem die Kinder aus dem Hause
sind wirklich verstehen, was eigentlich vor sich ging in dieser
»Schlacht«.

JOHN   Was meinst du denn zu diesen verschiedenen Rollen, die
wir bei der Kindererziehung spielen?

ROBIN Tja, immer mehr Leute behaupten ja, daß jeder Elternteil
die Mutterrolle übernehmen könnte. Ich bin sicher, Väter könnten das bestimmt, und manche sogar besser als einige Mütter. Ich
glaube auch, daß es gut für das Kind ist, wenn die Eltern diese
Aufgabe in gewisser Weise unter sich aufteilen. Aber da männliche und weibliche Körper so unterschiedlich gebaut sind, scheint
es mir unwahrscheinlich, daß es nicht auch innere, psychologische Unterschiede gibt, die Frauen befähigen, einige Dinge besser
zu tun als Männer und umgekehrt. Das ganz allgemein dazu.
Aber diese Frage ist noch lange nicht endgültig gelöst.

JOHN Wie dem auch sei, für »neue« Eltern ist die Frage uninter-
essant, ob diese Unterschiede nun genetisch oder umweltbe-
dingt sind. Eine Prägung durch die Umwelt ist doch ganz offensichtlich, oder?

ROBIN Nein, dem kann ich nicht ganz zustimmen. Im Moment
ändern sich diese Rollenzuweisungen fundamental, und ich bin
sicher, daß diese Entwicklung anhalten wird. Männer und Frau-
en sind längst nicht mehr so festgelegt und eingesperrt in diese
Stereotypen, und beide sind durch die größere Freiheit und das
erweiterte Verständnis viel reicher geworden. Es hat auch mich
beeinflußt, und ich bin sehr dankbar, in einer so interessanten
Zeit zu leben.

JOHN   Kennst du den chinesischen Segensspruch: »Mögest du in uninteressanten Zeiten leben«? Er bedeutet: »Mögest du ein friedvolles Leben haben.« – Na ja, wie dem auch sei, wir haben genug gehört von den Eltern und ihrer »Notlage«. Wie sieht es aus dem Blickwinkel des Babys aus? Geborenwerden bewirkt doch eine gewaltige Veränderung des Lebensstils, oder?

ROBIN   Es muß katastrophal sein. Bis dahin tut die Mutter ja soviel für das Baby, sie atmet für es, verdaut Nahrung. Jetzt muß es das alles auf einmal selbst machen. Im Mutterleib war es ja auch vollkommen sicher, beschützt, warm, dunkel, ruhig – jetzt ist es plötzlich verletzbar, ungeschützt, alles in seiner Umgebung ist neu und fremd. Und alles Neue und Fremde ist furchterregend. Hinzu kommt, daß es im Verhältnis zu seiner Größe außergewöhnlich wächst.

JOHN   Auf unserer Streßtabelle ist Geborenwerden nicht mit drauf!

ROBIN   Es wäre wahrscheinlich ganz oben, Nummer eins, wenn es meßbar wäre.

JOHN   Vermutlich hätte es soviel Punkte wie sechzehn Versöhnungen und ein Autounfall zusammen. Deshalb braucht das Baby ja diese Zuwendung und Betreuung, das heißt Schutz vor jedem unnötigen zusätzlichen Streß. Liebe oder gefühlsmäßige Unterstützung – ach, aber das dritte, die Information, die es bestärkt, die kann es nicht bekommen.

ROBIN   Das ist genau das große Problem des neugeborenen Babys! Wenn es ihm einmal schlecht geht, weiß es ja nicht, daß es ihm später besser gehen wird – dazu fehlt ihm noch die Vorstellungskraft. Und das erklärt, warum es so verzweifelt reagiert.

JOHN   Aha – bis es also zu verstehen lernt, daß diese Unannehmlichkeiten zeitlich begrenzt sind, braucht es um so mehr Unterstützung, Hilfe und Ruhe.

ROBIN   Ja, die Eltern müssen es vor jeglicher Störung schützen, es ihm warm und bequem machen, dafür sorgen, daß es nicht hungrig ist, es vor Lärm und Aufregung schützen. Sie geben ihm hin und wieder schon ein bißchen Abwechslung, aber nur so viel, wie es in Ruhe ertragen kann. Sie versuchen ihm Anregungen zu geben, aber keine Aufregung. Es ist ja so total abhängig, glücklicherweise sind wir von Natur aus programmiert – wie auch die Tiere, wo Mutter und Kind zusammenbleiben und instinktiv nacheinander suchen, sobald sie sich verlieren.

JOHN Nennt man das »Anhänglichkeitsverhalten«?

ROBIN Richtig. Das bedeutet einfach, daß zum Beispiel ein Fohlen, obwohl es schon kurz nach der Geburt auf eigenen Beinen stehen kann, instinktiv noch Jahre in der Nähe der Mutter verbringt. Dieses Verhalten bringt natürlich einen evolutionären Vorteil, denn auf diese Weise werden die Jungen geschützt, die leicht Beute für Angreifer werden könnten. Wir wissen doch alle aus Naturfilmen, daß nur die isolierten jungen Tiere angegriffen werden.

JOHN Das verstehe ich. Aber geht es hier nicht um etwas mehr als nur Schutz – hat das nicht auch mit dem Bedürfnis nach Liebe zu tun?

ROBIN Eine Menge Fachleute würden sich mit dir darüber streiten, so wie du das gesagt hast. Ich glaube, wir meinen wahrscheinlich dasselbe, nur sagen wir es mit anderen Worten. Ich rede von den Auswirkungen dieses Anhänglichkeitsverhaltens auf das Individuum und die Gattung. Und du redest von den Gefühlen, die sich daraus ergeben.

JOHN Laß uns das genauer besprechen. Wie ist das mit der »gefühlsmäßigen Unterstützung«, wie du das nennst? Wenn wir

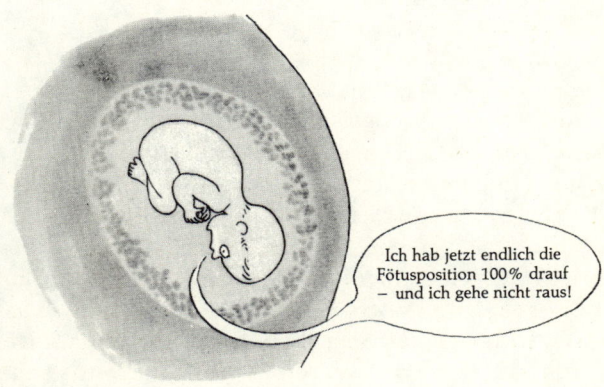

Ich hab jetzt endlich die Fötusposition 100% drauf – und ich gehe nicht raus!

über die Liebe der Mutter zu ihrem Baby sprechen, wie die
Mutter ihr Baby liebt, frage ich mich auf einmal, was bekommt
das Baby da eigentlich?

CHRISTIANE OLIVIER
Der Geschlechterunterschied: ein psychoanalytisches Mißverständnis

Das Problem der Symmetrie/Asymmetrie der Entwicklung von Mädchen und Jungen hat uns Freud zur Erforschung aufgetragen, wenn er schließlich feststellt: »Alle Erwartungen eines glatten Parallelismus zwischen männlicher und weiblicher Sexualentwicklung haben wir ja längst aufgegeben.« Wenn wir uns die Mühe machen und seine letzten Schriften über die weibliche Sexualität noch einmal lesen, fällt es uns *a posteriori* nicht schwer, das Grundmuster, die erste Skizze dieses berühmten Unterschieds der Geschlechter auszumachen, den Freud immer wieder auf einen angenommenen Körpervergleich zwischen Kindern zurückführen wollte, während er doch merkwürdigerweise alles für eine andere Erklärung in Händen hatte: Man muß nur, was er an Feststellungen dazu in loser Folge ausgestreut hat, ordnen, um etwa die folgende Argumentationskette zu erhalten:

»Hören Sie, das Merkwürdigste am Geschlechtsleben des Kindes scheint mir, daß es seine ganze, sehr weitgehende Entwicklung in den ersten fünf Lebensjahren durchläuft...«

»...in den ersten Kinderjahren stellt sich die Relation des *Ödipus*-Komplexes her, in welcher der Knabe seine sexuellen Wünsche auf die Person der Mutter konzentriert...«

»Die erste Objektwahl des Kindes ist also eine inzestuöse.«

»Es macht uns keine Schwierigkeiten, dieses Ergebnis für den Knaben abzuleiten. Die Mutter war sein erstes Liebesobjekt; sie bleibt es...«

»Anders für das kleine Mädchen. Ihr erstes Liebesobjekt war doch auch die Mutter; wie findet sie den Weg zum Vater? Wie, wann und warum macht sie sich von der Mutter los?«

»Der Ödipus-Komplex des kleinen Mädchens birgt ein Problem mehr als der des Knaben.«

»Die schicksalhafte Beziehung von gleichzeitiger Liebe zu dem einen und Rivalitätshaß gegen den anderen Elternteil stellt sich nur für das männliche Kind her.«

Der »Ödipus« ist also die Geschichte des unbewußten sexuellen Begehrens: sehr schön oder sehr traurig, je nachdem, ob man sie als Vorläufer jeder späteren Liebesgeschichte nimmt oder sie für alle Schwierigkeiten in der Liebe verantwortlich macht.

Allerdings existiert dieser kreuzweise »inzestuöse« Ödipus der Geschlechter – das auf die Mutter gerichtete Begehren des kleinen Jungen und das der Mutter hin zum Sohn – nur einseitig: Der von Freud selbst als »in der Kindheit des Individuums präsent und wirkmächtig« bezeichnete Inzestwunsch prägt in unserer Gesellschaft ausschließlich die Atmosphäre im Umgang zwischen dem männlichen Kleinkind und seiner Mutter oder einer anderen Frau, die es betreut.

Was aber geschieht im gleichen Lebensabschnitt mit dem Mädchen, das von der Mutter betreut wird und von seinem »inzestuösen Objekt«, also dem Vater, weitgehend ferngehalten wird und somit die kreuzweise Geschlechterbeziehung nicht kennenlernt? Lebt es in einem luftleeren Raum, der sich später dann so oft in Ängsten vor der Leere, in erschreckenden Anfällen von Eßsucht (Bulimie) und dann wieder in aufsehenerregender Anorexie (Magersucht) ausdrückt? Es gibt allzu viele Probleme bei den Frauen in diesem Bereich (die Leere und die Überfülle), als daß sich nicht die Frage aufdrängen müßte: Womit füllt sich das kleine Mädchen psychisch, wenn es das Fläschchen von einer Frau gereicht bekommt, die ihm gegenüber kein Begehren empfindet, da ja beide das gleiche Geschlecht haben? Kann das Mädchen sich mit seiner Mutter »zufriedenstellen«? Offenbar nicht, denn nach dieser ersten Beziehung zu einer anderen Frau finden wir die Mehrzahl der Frauen später wieder in der Abhängigkeit vom Begehren des Mannes.

Wie sind sie dahin gekommen? Ihr Verhältnis zum Begehren muß sich in besonderer Weise entwickelt haben, wenn sie später jeden Preis dafür zahlen, um nur ja nicht oder nicht wieder aus dem Bannkreis männlichen Begehrens herauszugeraten. Dieses einzigartige Festhalten an der Position des »begehrten Objekts« birgt für die Frauen viele Tücken; vor allem macht es sie ausbeutbar für alle Ideologien, die dem Mann nützen.

Heute morgen hat mir eine Frau gesagt: »Wenn *man* mich begehrt, dann bin ich nicht *nichts*.« An welches »Nichts« erinnert sie sich dabei? Und was ist dieses »man«, das sie begehren kann, wenn nicht der Mann? Es ist der Mann, den man im Leben des kleinen Mädchens vergebens sucht, denn der Mann fehlt an der Wiege und hat jedenfalls nicht die Aufgabe, sich um dieses Kind zu kümmern. Wie kann jemand übersehen, daß die »fatale« ödipale Beziehung für das Mädchen über lange Jahre nicht existiert? Wo begegnet sie dem Mann, der sie und ihr Geschlecht begehrt? Bestimmt nicht auf der Wickelkommode. Und auch nicht in der Kinderkrippe, dem Reich der Frauen.

Wo in der neuen Literatur, in welchen noch so ausgefallenen Comics (außer in denen von Claire Brétecher) sehen wir den Vater beim »Bevatern« seines Kindes? Beim Fläschchengeben oder beim Säubern? Das gibt es bisher nur selten oder als fast anstößige Ausnahme. Denn alles in allem wünscht der Mann es nicht. Und wenn er es wollte, würde die Frau es ihm zugestehen? Mann und Frau sind sich einig über eine Art Rollenteilung, bei der der Mann die Frau von gesellschaftlichen Funktionen fernhält und ihr nur den familiären Bereich zuweist. Der Sexismus zeigt sich innerhalb der Familie als ebenso unnachgiebig wie außerhalb.

Die Frau widmet sich dem Kind, der Mann dem Gelderwerb. Wer wird das leugnen in einem Land, wo seit mehreren Jahren ein Lohn für Mütter gefordert und wo jeder Vorschlag für einen längeren Vaterschaftsurlaub zurückgewiesen wird?

Der Vater ist in unseren romanischen Ländern[*] nicht dazu bestimmt, sich um das »Kleine« zu kümmern, sei es das eigene oder das der anderen. Er ist abwesend bei der Erziehung des kleinen Kindes, und er muß ungewöhnlich eigensinnig sein, will er sich daran beteiligen! Und zwar sowohl bei seinen männlichen Kollegen als auch bei seiner Frau, die ihm nur teilweise die Aufgaben überträgt, die sie für ihre natürliche und angeborene Berufung hält, wie man es ihr immer wieder sagt.

Die Hauptaufgabe des Mannes scheint es zu sein, das Geld zu verdienen, um die verschiedenen Hauptdarsteller des Dramas, das sich unter seinem Dach abspielt und an dem er im allgemeinen nicht teilnimmt, zu ernähren. Das Kind und seine Neurose ist

---

[*] Das dürfte auch auf andere Länder zutreffen (Anm. d. Ü.).

immer eine Geschichte, die von der Mutter erzählt wird, selten vom Vater, der das seiner Frau überläßt (meist das einzige, was er ihr läßt...). Alles andere nimmt er auf sich, und wenn er abends nach Hause kommt, dann hat er nur noch den Wunsch, daß man ihn entlaste; was er sich sehnlichst wünscht, ist Frieden, als ob er den Krieg nicht ertragen könnte und dieser sein täglich Brot wäre – ganz so, als stünde er außerhalb wie innerhalb der Familie nur auf dem Schlachtfeld.

Was hat es auf sich mit der Beziehung des Mannes zum Krieg, dem Krieg, den er früher mit seiner Mutter geführt hat, bis zu dem, den er heute zwischen seiner Frau und seinem Sohn wieder erlebt? Ist ihm die Beziehung Mutter-Kind in so schlechter Erinnerung, daß er da um keinen Preis wieder hineingezogen werden will? Ist er von seiner eigenen »inzestuösen Wahl« von einst derart gezeichnet, daß er sich um keinen Preis zwischen seine Frau und seinen Sohn stellen will?

Ist da etwa immer noch ein Stück Furcht vor der allmächtigen Mutter, wenn er es nicht wagt, sich seiner Frau entgegenzustellen in ihrer Macht, die sie über ihrer beider Sohn ausübt? Ist es die Erinnerung an den Krieg, die ihn heute nichts sehnlicher wünschen läßt als den Frieden? So wird er also wegen seines eigenen Ödipus den seines Sohnes vernachlässigen und den seiner Tochter unmöglich machen.

Meist zieht er dem Familienleben die Lektüre oder die Berichte von Kriegen und Konflikten draußen vor: Er vertieft sich in die Zeitung, er fordert Ruhe beim Fernsehen und zwingt damit jeden, seine persönlichen Konflikte zugunsten der nationalen und internationalen Verwicklungen zu verdrängen. Was für einen seltsamen Vater haben wir da, der Kinder haben wollte, um sich dann nicht mit ihnen zu beschäftigen! Was für eine seltsame Mutter erleben wir hier, die mit innerer Genugtuung die ganze Last der Kinderaufzucht auf sich nimmt! Und doch muß es wohl nicht allzu gut bestellt sein mit diesem System, denn Kinder will man, so scheint es, immer weniger.

Diese starren familiären Rollen, diese monosexistisch geprägte Erziehung erlebt besonders der Psychoanalytiker, in dessen Sprechzimmer fast immer die Frauen allein mit dem Kind auftauchen (es aber auch so haben wollen). Die Neurose des Kindes ist nicht Sache des Vaters, außer wenn der Analytiker wirklich nicht lockerläßt.

Das von beiden Eltern begehrte Kind wird durch seine Geburt in den Schoß einer patriarchalischen Familie ausschließliches »Objekt der Mutter«. Es gibt nur sehr wenige Frauen, die sich nicht für unersetzliche Erzieherinnen des Kindes halten, und der Mann scheint für diese Dinge ganz und gar unnötig zu sein!

Von wem aber haben sie diese Ideen, wenn nicht vom Mann selbst, der – in seinem Bestreben, die Frau zu meiden – die Lasten so verteilt hat? Er hat sich den äußeren Bereich reserviert und damit den inneren seiner Frau überlassen, so daß sie sich beide, so glaubt er, nie auf demselben Terrain begegnen können.

Gewiß – aber ist dieser den Frauen überlassene Bereich nicht enorm, riesig, an dem des Mannes überhaupt nicht zu messen? Wenn alle Bemühungen des Mannes sich um Wohlstand und Konsum drehen..., sind dann die Frauen aufgefordert, Appetit und Gelüste des künftigen Konsumenten zu wecken?

Hat sich Freud darüber auch nur einen Moment lang getäuscht? Ob sie es will oder nicht, ob sie es weiß oder nicht, die Mutter ist der Quell für alle Empfindungen des Säuglings, für all seine Lusterlebnisse. Von ihr wird er sie lernen, bis hin zur Masturbation, die lediglich eine Fortsetzung der von der Mutter erhaltenen Liebkosungen ist: »Der Verkehr des Kindes mit seiner Pflegeperson ist für dasselbe eine unaufhörlich fließende Quelle sexueller Erregung und Befriedigung von erogenen Zonen aus, zumal letztere – in der Regel doch die Mutter – das Kind selbst mit Gefühlen bedenkt, die aus ihrem Sexualleben stammen... Die Mutter würde wahrscheinlich erschrecken, wenn man sie darüber aufklärte, daß sie mit all ihren Zärtlichkeiten den Sexualtrieb ihres Kindes weckt und dessen spätere Intensität vorbereitet... Verstünde die Mutter mehr von der hohen Bedeutung der Triebe für das gesamte Sexualleben, für alle ethischen und psychischen Leistungen, so würde sie sich übrigens auch nach der Aufklärung alle Selbstvorwürfe ersparen. Sie erfüllt nur ihre Aufgabe, wenn sie das Kind lieben lehrt; es soll ja ein tüchtiger Mensch mit energischem Sexualbedürfnis werden...«

Klarer kann nicht gesagt werden, daß die Mutter die Wegbereiterin der Erotik ist – und daß das Kind mit seiner Lust auf die Lust der Mutter antwortet. Ihr eigenes genitales Begehren wird sich entscheidend auf die sexuelle Erweckung des Säuglings auswirken. Nachdem er es angesprochen hat, scheint Freud sich aber nicht mehr groß um das Sexualleben der Mutter und ihr gewöhnlich auf das männliche Geschlecht bezogene Begehren gekümmert zu haben. Aufgrund ähnlicher Bedürfnisse von verschiedengeschlechtlichen Kindern nahm er auch eine Ähnlichkeit in der Erwiderung von seiten des Erwachsenen an. Das brachte den Jungen wie das Mädchen auf sexueller Ebene in eine gleiche Stellung, sie waren nicht mehr zu unterscheiden, und der Unterschied mußte von Freud dann durch einen mehr oder weniger verspäteten und hypothetischen anatomischen Vergleich unter Kindern eingeführt werden.

Wenn man indessen im Blick behält, daß das Kind (in der Mehrzahl der Fälle) von einer Frau erzogen wird, die nur im Geschlecht des Mannes ihre Ergänzung finden kann, dann leuchtet sofort ein, daß ihr Sohn, nicht ihre Tochter, für sie ein »Sexualobjekt« ist. Umgekehrt hat der Junge in seiner Mutter ein »befriedigendes Sexualobjekt«, während das Mädchen das nur in seinem Vater hätte.

Béla Grunberger schreibt in seinen Studien zum Aufbau der weiblichen Sexualität: »Wie Freud betont hat, ist die einzige wirklich befriedigende Beziehung die zwischen der Mutter und ihrem männlichen Kind, und wir haben allen Grund zu der Annahme, daß sich auch die liebevollste Mutter gegenüber ihrer Tochter ambivalent verhält. Ein wirkliches Sexualobjekt kann nur gegengeschlechtlich sein, und so kann – außer im Fall angeborener Homosexualität – die Mutter für die Tochter nicht in gleicher Weise befriedigendes Objekt sein wie für den Sohn ... Freud sagt ja auch, daß das kleine Mädchen sich der Schwierigkeit gegenübersieht, das Sexualobjekt zu ändern und von der Mutter zum Vater überzuwechseln. Wir können aber auch sagen, daß das kleine Mädchen das Objekt gar nicht wechseln kann, denn *es hat zunächst gar keines.*«

Ich vertrete nicht allein die Auffassung, daß das Geschlecht des Säuglings für das Begehren im Blick des erwachsenen Erziehers in keinem Moment gleichgültig ist. Diese Konfrontation zwischen einer kindlichen, auf autoerotische Befriedigung gerichteten Libido des Säuglings und der stark genitalen elterlichen Libido prägt das männliche oder weibliche Individuum.

Die Tatsache, daß die gleiche Mutter sich um den Jungen und um das Mädchen kümmert, erzeugt eine grundlegende Asymmetrie der Geschlechter: das männliche Geschlecht verfügt von Geburt an über ein adäquates Sexualobjekt, das andere nicht. Es muß auf die Begegnung mit dem Mann warten, um Befriedigung kennenzulernen, und es besteht kein Zweifel daran, daß die fehlende Befriedigung zutiefst den Charakter der Frauen prägt.

Wegen der Mutter gibt es von Anfang an keine Symmetrie der Geschlechter, und dieser aus der Wiege herrührende Unterschied wird im Erwachsenenalter zu einer Divergenz, mit der fertigzuwerden Männer und Frauen sich schwertun.

Übrigens, wenn Freud seinen Gedankengang oder auch nur die Gegenüberstellung seiner verschiedenen Behauptungen weiterverfolgt hätte (die Aussage über die Erweckung der kindlichen Sexualität durch die Mutter und die Aussage, daß das erste »Objekt« des Kindes ein »inzestuöses« sei), dann hätte er selbst herausgefunden, daß schon in jenem ersten Moment des Lebens für das Mädchen ein Problem entsteht und daß es sich dem Vater zuwendet (eine von Freud nicht gelöste Frage), weil es im Umgang mit der Mutter sexuell nicht erweckt werden konnte.

Im Rahmen der Freudschen Theorie, nach der Ödipus die Person strukturiert, kann sich das Mädchen nicht strukturieren. Es kann es nur auf andere Weise und ohne Fixierung auf das andere Geschlecht. In der ersten Zeit werden der Körper, das Geschlecht des Mädchens von niemandem begehrt.

Hatte Freud Angst vor seiner eigenen Entdeckung? Es ist ja die Besinnung auf seine eigene Argumentation, auf seine eigene Logik, die uns zu der Einsicht bringt, daß das Mädchen kein erstes Liebesobjekt hat, denn die Väter, die zu Hause bleiben und ihre kleine Tochter wiegen, sind rar. Ödipale Frauen, die als erstes Liebesobjekt den Vater gehabt hätten, gibt es nicht – oder noch nicht. Uns sind nur Mädchen bekannt, die mit der Mutter eine von Begehren freie Beziehung durchlebt haben und die sich nur mit mehr oder weniger großer Verspätung dem Vater zuwenden.

Wenn die Zeit kommt, in der der von den Feministinnen geforderte »Neue Mann« das Umsorgen seines Kindes nicht mehr ablehnt, wird nicht nur ein »Neuer Sohn«, sondern vielmehr eine »Neue Tochter« sich entwickeln, die von ihrer Geburt an ein angemessenes »Sexualobjekt« vorfindet. Diese Tochter wird nicht mehr von den dämonischen Gefühlen des »Unbefriedigtseins« verfolgt werden und ihre Selbstbestätigung nicht mehr im Perfektionismus suchen müssen.

Entwicklung des Jungen

Wir werden mit ihm beginnen, da für Freud seine Entwicklung »logischer« ist und leichter deutbar als die des Mädchens.

Was sehen wir? In der Tat eine äußerst einfache Kindheitssituation: Der Junge ist von Geburt mit dem anderen Geschlecht konfrontiert, er hat die Mutter als Liebesobjekt, ist also in einer elementaren ödipalen Situation. Das berühmte »inzestuöse« Objekt ist da, über die Wiege gebeugt. Durch seine Geburt in die Hände einer Frau braucht das männliche Kind den Ödipus nicht erst herzustellen oder in ihn einzutreten, es ist in dieser Situation, von Anfang an. Es fällt kopfüber in den Ödipus, und für dieses Kind wird es besonders schwer sein, wieder aufzutauchen, herauszukommen aus dieser »fatalen« Verbindung der Geschlechter und dabei seine Integrität zu bewahren.

In ihrem Sohn hat die Mutter nämlich die einzigartige Gelegenheit, *sich in männlicher Gestalt zu sehen:* Dieses aus ihr hervorgegangene Kind ist vom anderen Geschlecht, und die Frau kann hier an den alten Menschheitstraum glauben, an die Bisexualität, an die so oft in griechischen Statuen dargestellte Zweigeschlechtlichkeit.

Seht doch, wie sie ihn stolz herumträgt, diesen Sohn, der kommt, um sie zu vervollständigen, wie kein anderer es kann, seht den Zustand der Erfüllung, der in das Gesicht all dieser Madonnen gemalt ist. Lobpreisen nicht all die italienischen »Madonnen mit Sohn« dies Mutterweib, das Glück und Vollständigkeit finden kann ohne den Umweg über den Vater, der in einen Mythos verwandelt wird. Gott der »Vater«... Eine Männer-Religion, verordnet von Männern, die an der Frau nur den Bauch anerkennen, der sie getragen hat. Es muß eine ödipale Religion gewesen sein, da man den Vater verschwinden ließ zugunsten der Mutter, wie in unseren Tagen.

Mutterschaft: Sie ist das verlorene Paradies des Mannes, sie verfolgt ihn so sehr, daß er Meister sein und über sie bestimmen will. Wenn er es schon nicht austragen kann, dieses Kind, dann kann er doch wenigstens die »andere« verpflichten, es herumzutragen. Die Frau »gerät in Umstände«, Sie kennen den Ausdruck.[*] Als ob sie ganz plötzlich einen Unfall hätte, etwas, das sie nicht hätte voraussehen können, etwas, das sie »stolpern ließ«. Wir haben Männer gesehen, die sich wegen des Problems Mutterschaft und Abtreibung in Wutanfälle von seltener Heftigkeit hineinsteigerten, Männer, die die Mutter fördern, um die Frau besser verschwinden zu lassen, und die ihr nicht einmal das Recht auf den »Wunsch« nach einem Kind zuerkennen. Darüber wird für sie entschieden. Sie ist nicht die Meisterin. Wie haben wir unter den Neidgefühlen und den Mythen gelitten, die der Mann wegen unserer Gebärfähigkeit mit sich herumschleppt!

Die Frau, die einen Sohn hat, hält also das Glück in Händen. Nicht umsonst betont Lacan, daß »die Frau nicht ganz sei«, auf daß sie sich ja nicht an diesem Platz wähne, um den der Mann sie beneidet, der sich zur eingeschlechtlichen Einsamkeit verdammt sieht.

Aber nein, seien Sie versichert, diese Mutter ist nicht »ganz«, selbst wenn sie das sehr gern glauben möchte, denn dieser kleine Junge ist nicht *sie* und *gehört ihr* auch nicht, und falls die Mutter einen Moment lang hat glauben können, im Besitz des anderen Geschlechts zu sein, so wird ihr Sohn nicht aufhören, sie eines Besseren zu belehren, während er heranwächst. Sein Widerwille wird um so heftiger und ausdauernder sein, je länger der Glaube der Mutter an die Einmaligkeit der Beziehung zu ihrem Sohn angedauert hat.

Wenn die ersten Monate der Abhängigkeit und der Mutter-Kind-Symbiose für den Jungen weniger Probleme als für das Mädchen in sich zu bergen scheinen, so wird das für die folgende

---

[*] Im französischen Original: »La femme ›tombe‹ enceinte, . . .«; dadurch schließt sich der folgende Gedanke eines Unfalls (»accident«) im Original logischer an.

Periode der analen Auseinandersetzung und der Selbstbehauptung
nicht so sein. Dann werden nämlich die Schwierigkeiten auf der
Seite des Jungen sein, der sich gegen das mütterliche Ganzheits-
Phantasma wird wehren müssen, um seine Unabhängigkeit zu erlangen, die die Mutter selbst nur halbherzig wünscht.

Die Frau hat unbewußt Schwierigkeiten, auf das einzige männliche Wesen zu verzichten, das sie je bei sich gehabt hat; denn der
Vater war nicht für sie da, und ihr Mann ist meistens abwesend.

Der kleine Junge muß da eine (von Freud nicht beschriebene)
zusätzliche Schwierigkeit überwinden, denn er muß sich aus dem
Ödipus herausretten, *gegen* seine Mutter, die weder möchte, daß
er sich entfernt, noch, daß er sie verläßt. Hier beginnt der längste
und subtilste aller Kämpfe gegen das weibliche Begehren; hier
beginnt der Junge den ödipalen Krieg der Geschlechter. Mit seiner
Mutter.

Drückt nicht seine Mutter ihr Verlangen aus, wenn sie zu ihm
sagt: »Du wirst schon schnell genug großwerden«? Ist das nicht
eine Verhaltensweise, die ihn zurückhalten soll? Habe ich doch
Mütter gekannt, die ihren Söhnen empfahlen, ihre ersten Barthaa-
re, Zeichen des beginnenden Mannesalters, auszureißen!

Bleibt nicht der Junge wegen des von der Mutter kommenden
Begehrens viel länger »klein«, im Vergleich zum gleichaltrigen
Mädchen, und sehen wir nicht anhand der Tests einen beträchtli-
chen Reifungsabstand zwischen den Geschlechtern bis hin zur Pu-
bertät, und selbst darüber hinaus?

Hier kann man ohne Zweifel die Spuren der Schwierigkeit erkennen, die der Junge beim Heranwachsen hatte, »festgehalten« in
der Falle der mütterlichen Liebe. Ist er nicht der Bettnässer, der
Einkoter, mit einem Wort der, der sich weigert, groß zu werden?
Das männliche Kind durchlebt da einen schwierigen Zeitabschnitt,
dessen Spuren es immer tragen wird, in Form der Furcht vor der
weiblichen Herrschaft.

Die vom Mann so oft erwähnte berühmte »Falle« scheint die
Symbiose mit der Mutter zu sein, die als »einsperrend« gesehen
wird. Symbiose, Psychose? Auf jeden Fall »Gefängnis«, das beim
Mann Panik vor jeder Symbiose mit jeder anderen Frau auslösen
wird. Sich nie mehr am gleichen Ort verschmolzen wiederfinden,
im gleichen Begehren wie dem der Frau: Das wird die hauptsächli-

che treibende Kraft hinter der Frauenfeindlichkeit des Mannes
sein.

Das vorrangige Ziel des männlichen Kampfes wird es sein, die
Frau weit von sich wegzuhalten, sie festzuhalten an den einzig und
allein für sie vorgesehenen Orten (Familie, Erziehung, Haus).
Zwischen sich und ihr immer eine physische oder soziale
Schranke errichten, sich ihrem Verlangen auf jedwede Weise wi-
dersetzen, den Abstand mit allen Mitteln halten wird seine haupt-
sächliche Zwangsvorstellung sein. Selbst das sexuelle Verhalten des
Mannes wird davon beeinflußt: Er wird Gesten und Worte ver-
kürzen, die ihn an Momente der symbiotischen Zärtlichkeit mit
der ›Mutter‹ erinnern.

Aus dem Ödipus herauszukommen ist gefährlich und unsicher;
der Mann bleibt auf ewig gezeichnet vom Mißtrauen gegenüber
der Frau. Ein manchmal unmögliches Herauskommen, das den
kleinen Jungen und seine Mutter zum Psychoanalytiker führen
wird: Wir sehen in diesem Lebensabschnitt dreimal so viele Jungen
wie Mädchen (die werden wir später sehen). Dies allein ist schon
ein Beweis für die Schwierigkeit, die der Kampf mit der Mutter für
das männliche Kind darstellt. Im Fall einer Neurose hat dieser
Kampf aus dem Jungen machen können:

– entweder ein Kind, das der Mutter so sehr hat widerstehen
wollen, daß es vergessen hat, für sich selbst zu leben; ein Kind, in
dem jedes Begehren *abgestorben* ist. Man nennt es amorph, es
äußert sich weder in der Klasse noch zu Hause, das Sichverschlie-
ßen ist global: Um zu lernen, sich von ihr und ihrem ständigen
Begehren zu befreien, hat der Junge sich von allem Begehren befreien müssen;

– oder ein *aggressiv* gewordenes Wesen, zunächst gegen seine
Mutter und dann erweiternd gegenüber allen Menschen, weiblich
und männlich. Er widersetzt sich dem Lehrer, streitet mit den
Kameraden und macht die Mädchen herunter. Er schleppt den
Krieg mit sich herum, und überall, wo er hinkommt, sät er Panik,
denn er will sich unbedingt als der Stärkste erweisen. Stärker als sie
und dann stärker als alle. Was er nämlich will, ist, seine Mutter zu
überwinden, sie und ihre Kontrolle. Bisweilen flatterhaft und unstet,
sucht er ihr durch seine dauernde Unruhe ständig zu entkommen.

Und was tut der Vater während dieser Zeit? Wo ist er? Sieht er nichts, weiß er nichts, obgleich er es doch selbst erlebt hat, was vorgeht? Gewiß weiß er es, erinnert er sich. Aber er wagt nicht, seinen Sohn der weiblichen Macht zu entreißen, der einzigen, über die seine Frau ganz unangefochten verfügt, denn alle andere Macht liegt bei ihm. Der Sohn kann kaum auf seinen Vater zählen, um aus dieser schwierigen Situation mit der Mutter herauszukommen, denn der Vater hält sich absichtlich aus dem Konflikt heraus.

Der Junge wird die Gleichgeschlechtlichkeit (Homosexualität) meistens erst als Heranwachsender mit den anderen Jungen seines Alters kennenlernen, die wie er aus dem gefährlichen Irrgarten kommen. Und die männliche Gleichgeschlechtlichkeit dient dort der Verteidigung gegen die Mutter, die Frau, das Mädchen. Die Gleichgeschlechtlichkeit bei Jungen ist vor allem Abwehr gegen das andere Geschlecht. Wir werden sehen, daß diejenige des Mädchens nichts mit dieser Art von Abwehr zu tun hat.

Das Problem des männlichen Ödipus, hier also zusammengefaßt in seinen Grundzügen und in seinen Wandlungen: Frucht des fatalen Aufeinandertreffens der Geschlechter durch die Geburt des Mannes in die Hände einer Frau, denn hier entsteht für den Mann die zärtlichste aller Lieben, gefolgt vom längsten aller Kriege. Der Mann entrinnt ihm, gezeichnet von Mißtrauen, Schweigen, Frauenfeindlichkeit, kurz gesagt: mit all dem, was die Frau ihm vorwirft.

Es ist keine leichte Arbeit für den Mann, sich von der Person, die er am meisten geliebt hat und von der er am meisten geliebt wurde, abzulösen (keine Mutter wird mir widersprechen, wenn ich sage, daß der Junge sehr viel liebevoller ist als das Mädchen).

All dies ist wohl das Ergebnis der Begegnung der Geschlechter innerhalb der Familie, in der die Frau allein die Rolle der Erzieherin ausfüllt und in der sie in größter Nähe mit ihrem Sohn leben muß.

Früher gab es den Großvater, den Onkel, den Cousin, Mengen von Männerbildern, geeignet, dieses gefährliche Tête-à-tête zu unterbrechen. Heute lebt die allmächtige »Mutter« allein mit ihrem Sohn, der sie für all ihre Entbehrungen von früher entschädigen muß, für die durch den abwesenden Vater entstandene Leere wie für das Weggehen des Mannes. Das Kind, es ist da, es wird also für jene bezahlen. Was wollen Sie, man muß den Mann nehmen, wo man ihn findet, und wenn es in der Wiege ist!

Wie soll der Mann nach dem schmerzlichen Kampf mit dieser

allmächtigen Mutter sich nicht wie in einem Meer von Mißtrauen bewegen, wenn er es mit der Frau und ihrer einengenden Macht zu tun hat? Was anderes bleibt ihm übrig, als unseren Platz einzugrenzen, uns mit unseren Pflichten einzuschließen? Wie könnte die Liebe eines Mannes zu einer Frau anders sein als widersprüchlich?

Welcher Mann, welcher Sohn kann von sich sagen, er hätte sich von seiner Mutter abgelöst? Sicher, er hat sie verlassen, aber wie weit? In welchem Alter? Zu wessen Vorteil? Welche Mutter könnte selbst mit achtzig Jahren sagen, sie habe ihren Sohn aufgegeben? Er bleibt der »Einmalige«, selbst wenn dies nicht gesagt wird, selbst wenn es der Respekt anderer gegenüber verlangt, daß man darüber schweigt, selbst wenn die Männer mutig und die Mütter verehrenswert sind.

Das im Dunkel der Kindheit geknüpfte Band wird den Sohn und die Mutter immer unauflöslich miteinander verbinden, und die Frauen heiraten immer nur die Söhne einer anderen Frau. Daher kommen die Schwiegermutter-Schwiegertochter-Konflikte um denselben Mann, so lange, bis die Jüngere selbst einen Sohn hat. Sie gibt dann den Kampf mit der Vergangenheit auf für die Zukunft mit ihrem Sohn: Sie konnte sich nicht auf Dauer mit dem erwachsenen Mann verbinden, der nicht frei war, da er auf geheimnisvolle Weise immer mit seiner Mutter verbunden blieb, immer hin- und hergerissen zwischen seiner Vergangenheit und seiner Zukunft.

Eine Geschichte, die sich von Generation zu Generation wiederholt: Der heimlich seiner Mutter verbundene Sohn nimmt eine Frau, um funktionieren und sich fortpflanzen zu können, zu der er aber eine gewisse Distanz behält und der er keine anderen Rechte zuerkennen wird als das der ersten Nacht und das der Mutterschaft. Ohne Mann, ohne Entsprechung für ihr eigenes Dasein, zahlt die Frau den Preis für den Krieg, in den sie sich hineingezogen findet, nur weil sie die Nachfolge der »Mutter« antritt; die Frau, die in ihrem Sohn den einzigen Mann finden wird, der ihr im Leben nahesteht. Der Kreis ist geschlossen, der Ring hat sich vollendet: Eine Frau, von ihrem Mann auf Distanz gehalten, wird sich an ihren Sohn binden und in ihm die »Distanz« vorbereiten für die andere, kommende Frau. Eine Frau legt die Saat der Frauenfeindlichkeit für eine andere.

Entwicklung des Mädchens

Betrachten wir jetzt von der anderen Seite aus, was vorgeht: Während der kleine Junge verzweifelt versucht, sich von der Bindung seiner Mutter an ihn zu befreien, was geschieht mit dem kleinen Mädchen angesichts derselben Mutter, die es sexuell nicht begehrt und darum auch nicht an sich fesselt?

Man kann sofort die Frage stellen: Ist das Mädchen ungestörter, da es dem »fatalen« Aufeinandertreffen der Geschlechter entgeht? Überhaupt nicht, aber die Gefahren sind nicht die gleichen, und die Ergebnisse sind es auch nicht. Wenn es das Problem des Jungen ist, sich von einem »allzu entsprechenden«, komplementären Objekt abzulösen, dann ist es das Drama des Mädchens, auf seinem Weg das ihm entsprechende Objekt nicht zu finden und so bis in ein fortgeschrittenes Lebensalter außerhalb des Ödipus bleiben zu müssen. Während der Junge mit einer wechselseitigen Entsprechung, einer Verschmelzung beginnt, beginnt das Mädchen sein Leben mit einer Körper-Geist-Spaltung: Es wird als Kind geliebt, wird aber als Mädchenkörper nicht begehrt. Es ist sexuell kein »genügendes« Objekt für seine Mutter, es könnte es nur für seinen Vater sein, und nur für ihn.

Nur der Vater könnte seiner Tochter die ihr angemessene Stellung als geschlechtliches Wesen geben, denn er sieht das weibliche Geschlecht als komplementär zu seinem eigenen und als unentbehrlich für sein Lustempfinden. (Etwas, was die Mutter ihrer Tochter nur selten entgegenbringt, weil sie, von Ausnahmen abgesehen, ihr eigenes Geschlecht nicht lustvoll begehrt, sondern das ihrem eigenen komplementäre, das des Mannes nämlich.)

Als nicht ödipales Objekt für die Mutter – denn es wird ja von ihr nicht begehrt – wird sich das Mädchen als *ungenügend* empfinden: Das Mädchen, später die Frau, ist nie zufrieden mit dem, was sie *hat*, mit dem, was sie *ist;* sie wünscht sich immer einen anderen Körper als den ihren; sie möchte ein anderes Gesicht, einen anderen Busen, andere Beine... Wenn man sie reden hört, findet jede Frau, daß etwas an ihrem Körper nicht richtig ist oder anderen nicht gefällt.

Die erste Sache, die nicht gefiel, bezog sich in der Tat auf den

Körper, der bei der Mutter kein sexuelles Begehren auslöste. In den Augen der Mutter ist das kleine Mädchen niedlich, reizend, anmutig, artig und vieles mehr, nur nicht sexuell anziehend oder begehrenswert. Dem von Frauenhänden umsorgten kleinen Mädchen fehlt »die Farbe« des Begehrens.

Sein Geschlecht existiert indessen sehr wohl in jener Zeit, und der vulva-klitorale Bereich ist sehr sensibel für die Liebkosungen der Mutter, wenn sie ihr Kind wäscht. Die Klitoris ist aber nicht Objekt des Begehrens für die Mutter, die, kulturell bedingt, diesen Teil bei sich selbst sowieso nicht als typisch weiblich anerkennt und es vorzieht, ihre Vagina einzusetzen als den vom Mann für »lustfähig« erklärten Ort. Die Mutter ist also die erste, die ihrer Tochter das klitorale Lustempfinden versperrt und das Schweigen einführt, das diese Lust umgibt.

Das »Du bist ein kleines Klitorismädchen« ist im mütterlichen Unbewußten ersetzt durch »Du wirst eine Vaginafrau sein, die mit einem Mann Lust erleben wird, später«. Diese im Namen einer erwarteten Zukunft verbotene Gegenwart wird allzuoft das Verhalten von Frauen bestimmen, die immer weiter auf den Orgasmus der erwachsenen Frau warten. Wie das kleine Mädchen meinen sie, daß es eine noch kommende Lust geben muß, die ihnen aber im Augenblick nicht zuteil wird.

Dem kleinen Mädchen wird so die eigene Kindheitssexualität verweigert. Es wird auf die zukünftige Frauensexualität verwiesen; es hat zu verschweigen, was es *ist:* ein kleines Klitorismädchen. Und es soll an etwas glauben, was es *nicht ist:* eine Vaginafrau.

Diese ihm aufgezwungene Dialektik versteht es wohl, und es errät, daß nur die Frau als Geschlechtswesen anerkannt wird. Also spielt es Frau. Es ahmt die Kunstgriffe nach: den Lippenstift, die Absätze, die Handtasche. Das kleine Mädchen verkleidet sich als Frau, so wie die Frau sich später verkleiden wird in eine andere Frau als die, die sie wirklich ist.

Dies ist der Ursprung der permanenten »Entfremdung« der Frau von ihrem eigenen Körper. Sie hält es immer für nützlich, hier und da zu mogeln, um als Frau akzeptiert zu werden; ihr tatsächliches Geschlecht reicht nicht aus, es muß immer noch etwas hinzukommen. Wovon sprechen denn die sogenannten Frauenzeitschriften? Von einer »Frau, natürlicher als Natur«, von einer »total weibli-

chen Frau«, von einer »Superfrau« usw. Als ob dem eigenen Geschlecht der Frau immer noch irgend etwas hinzugefügt werden
müßte, als ob die Frau nicht Frau von Natur aus wäre, als würde
ihr Geschlecht ihre Weiblichkeit nicht ausdrücken.

Ist es nicht immer noch und immer wieder die Geschichte des
kleinen Mädchens, das, anstatt so zu sein, wie es ist, sich *in anderer
Weise geschlechtlich* beweisen muß?

Hat die Frau nicht in ihrer Kindheit, seit ihrer Kindheit, begonnen, zu *schwindeln* in bezug auf das Geschlecht, das das ihre war?
Es gibt kein wahres kleines Mädchen, es gibt nur eine falsche
kleine Frau.

Jeder weiß, daß es nicht genügt, ein Mädchen zu sein, um als
solches anerkannt zu werden. Ohne Unterlaß müssen Beweise der
Weiblichkeit hinzukommen, die häufig nichts mit dem Geschlecht
zu tun haben, wie es Elena Gianini Belotti ausdrückt: »Der Junge
wird ... um seiner selbst willen geliebt ... Das Mädchen ist überhaupt nur dann erwünscht – und das nicht immer –, wenn es die
Eigenschaften erfüllt, die man von Mädchen erwartet ...:

– Mädchen sind zärtlicher ...

– sie sind dankbarer ...

– sie sind hübsch und süß ...

– sie helfen bei der Hausarbeit ...«

Kurz und gut, das kleine Mädchen wird als »Mädchen« akzeptiert, aus tausend Gründen, die nichts mit seinem Geschlecht zu
tun haben; es wird nur bedingt als »Mädchen« anerkannt, während
der Junge einzig und allein aufgrund seines Geschlechts als Junge
anerkannt wird. Das Mädchen muß immer Beweise seiner Weiblichkeit erbringen. Wie sollte die Frau nach all dem nicht von der
Idee besessen sein, die Zeichen ihrer Weiblichkeit zur Schau stellen
zu müssen? Was für ein hartes Los, lebenslang beweisen zu müssen, daß sie wirklich eine »Frau« ist! Eine Frau, die selbst nie
wirklich sicher ist, es zu sein, denn ihre soziale Identität schien nie
in ihrem physischen Geschlecht begründet zu sein.

Ein schmerzhaftes Dilemma, in dem die Identifikation (Sein-
wie) die Identität (Selbst-Sein) in den Hintergrund drängt und in
dem das »Tun-als-ob« den Platz des Authentischen einnimmt. Eine Identität, die durch das Fehlen des vom anderen Geschlecht
kommenden Begehrens verunsichert ist, eine Identifikation, die

durch die Schwierigkeit gefährdet ist, seinen Körper als *gleichartig* mit dem der »Mutter« wahrzunehmen. Das sind die beiden Klippen auf dem Weg des kleinen Mädchens.

Das Drama des kleinen Mädchens ist, daß sein Körper wie *niemandes Körper* ist. Es hat weder das Geschlecht des Vaters noch die Formen der Mutter (keine Brüste, keine schlanke Taille, keine Hüften und Schamhaare). Nackt sieht sich das kleine Mädchen flach und geschlitzt, den asexuellen Puppen gleichend, die in den Geschäften verkauft werden.

Etwas, das »wie« ist, existiert gleichwohl beim kleinen Mädchen, aber es ist ganz tief in seinem Schlitz vor seinem Blick verborgen. Und nie spricht irgend jemand mit ihm darüber, über das einzige sexuelle Organ, das mit dem der Mutter vergleichbar ist.

Die Klitoris, von den Feministinnen geltend gemacht, von den Machos verunglimpft, könnte sehr wohl eines der ersten Glieder einer bruchfesten Kette sein, wenn man die weibliche Sexualität aus der Dunkelheit hervorholen will. In der Tat spricht man zum kleinen Mädchen nie von diesem Teil seiner Sexualität, man lehnt es ab, ihm zu sagen, was es hat, und spricht lieber ganz allgemein über den restlichen Genitalapparat, der noch gar nicht in Funktion ist: Man erzählt ihm also von dem, was es *nicht* hat (Fortpflanzung, Regel), was die »Mutter« aber besitzt.

Die »Mutter« kann aus diesem Grunde kein Identifikationsobjekt für ihre Tochter sein, und ein Gefühl gleichgeschlechtlicher Liebe zwischen ihnen erweist sich als *unmöglich*. Das Mädchen wird einen ihr ähnlichen Körper erst als Heranwachsende entdekken, und deshalb ist die Freundschaft zwischen Mädchen in dieser Zeit so wichtig, denn hier bildet sich die Weiblichkeit, die sich mit der »Mutter« nicht bilden konnte.

Gegenüber dieser ungleichen und besser ausgestatteten »Mutter« entwickelt das Mädchen Neid und Eifersucht, die, im Gegensatz zu dem, was Freud glaubte, sich nicht auf den Körper des Mannes richten, sondern durch den niederschmetternden Vergleich mit dem der Mutter-Frau entstehen.

Nicht selten sieht man ein kleines Mädchen immer wieder die Brüste seiner Mutter berühren, dann seine eigene Brust, um mit trauriger Miene zu verkünden: »Karin keinen Busen ...« Weit eher als das männliche Geschlechtsteil werden doch die sexuellen

Trümpfe der Frau/Mutter – zumal sie am meisten mit dem Kind zusammen ist – vom Jungen wie vom Mädchen als fehlend empfunden, wenn sie ihre eigenen Körper betrachten.

Beim Jungen erzeugen sie das Bewußtsein unabänderlichen Mangels und das ewige Phantasma von der Süße der weiblichen Brust.

Beim Mädchen bewirken sie, daß es sich ständig mit der Mutter vergleicht und eifersüchtig ist auf jeden anderen Busen (und jeden anderen Körper), der besser geformt ist als der eigene.

Wenn es mit den Frauen soweit gekommen ist und die Eifersucht die gleichgeschlechtliche Solidarität verdrängt hat, dann auf jeden Fall deshalb, weil es die »Mutter« als die Frau, die ihr zuerst begegnet, nicht gewagt hat, am Körper ihrer Tochter anzuerkennen oder zu benennen, was diese mit ihr gemeinsam hat. Hat sie sich geschämt? Hat sie Angst gehabt? Keine Frau spricht je von der Klitoris zu ihrem kleinen Mädchen ...

Und das kleine Mädchen, verzweifelt, weder ein Geschlecht (Klitoris nicht anerkannt) noch ein sexuelles Objekt zu haben (Vater abwesend), wird seine Sexualität nicht, wie Freud es glaubt, verdrängen, sondern es wird diese nicht mögliche Sexualität verlagern.

Sexuelles, *wenn schon nicht im Geschlecht selbst,* wird es aber überall sonst geben. Das Mädchen sexualisiert alles: seinen Körper, den es weiblich will, seine Handlungen, die denen seines Geschlechts entsprechen sollen, seine Sprache, die verführerisch wird.

Die Frau wird alles sexualisieren, was an ihr vom anderen gesehen werden kann. Da sie in ihrem Geschlecht als kleines Mädchen nicht anerkannt wurde, wird die Frau es verstehen, den ganzen nicht sexualspezifischen Rest ihres Körpers anerkennen zu lassen. So weit, daß sie gelegentlich ihren ganzen Körper als Sexualsignal versteht und sich schämen wird, ihn überhaupt zur Schau zu stellen; wie jene Frau, die mir eines Tages sagte: »Wenn ich aufstehen und sprechen soll und alle mich sehen, weiß ich nicht mehr, was ich zu sagen habe, ich habe nichts mehr im Kopf, ich bin stumm vor Scham, ich fühle nur meinen Körper, und ich weiß nicht, wohin ich mich verkriechen soll.«

Die Frau lernt im Laufe ihrer Kindheit, sich ihres Äußeren zu bedienen, um ihr inneres Geschlecht zu kennzeichnen: Das kleine

Mädchen verbringt seine Zeit damit, äußere Beweise seiner Weiblichkeit zu liefern, die von den Erwachsenen, die es umgeben,
verheimlicht wird, und von da an wird es nicht mehr richtig unterscheiden können zwischen dem, was sexuell ist, und dem, was
nicht sexuell ist.

Man sagt, sie werde *hysterisch,* weil sie fortwährend den Blick
des anderen suche, um sich ihre sexuelle Identität zu bestätigen.
Welch ein Unterschied zum Mann, der diesen von der Mutter
kommenden begehrenden Blick von Anfang an erhält. Beim Mädchen scheint das Fehlen des väterlichen Blickes im frühen Lebensalter ein sexuelles Minderwertigkeitsgefühl zu erzeugen, einen
ständigen Zweifel an der Identität, den es im Erwachsenenalter
immer auszuräumen, immer wieder durch den Blick eines anderen
zu beheben gilt.

Welche Frau will behaupten, ihr seien die Blicke gleichgültig, die
auf sie gerichtet sind? Ob sie nun als aufbauend oder als vernich-
tend empfunden werden, es fällt der Frau schwer, den Bannkreis
der Blicke zu verlassen und insbesondere die Aufmerksamkeit des
Mannes zu verlieren. Dies erklärt die Schwierigkeit und die Ambivalenz bei den Frauen, wenn es gilt, die phallokratische Welt des
Mannes zu verlassen, um in die Welt der feministischen Frau einzutreten, die dem Urteil des Mannes überhaupt keinen Wert zu-
mißt und aus der Beachtung durch ihn keinerlei Prestige herleitet.

Frauen fürchten, hier etwas zu verlieren, was mit dem »Dem-
Mann-Gefallen« zu tun hat. Frauen vertrauen anderen Frauen
nicht, wenn es um ihre *Anerkennung* geht; sie fürchten, unter
Frauen die Rivalität wieder anzutreffen, die sie schon mit der ersten aller Frauen erfahren haben, mit ihrer Mutter. Der Krieg mit
der »Mutter«, der Krieg mit Jokaste, hat eher das Mißtrauen in-
thronisiert als die gleichgeschlechtliche Solidarität. Den Frauen
fällt es sehr schwer, ihr gegenseitiges Mißtrauen zu überwinden.
»Schwesterlichkeit« ist keine Selbstverständlichkeit und bedeutet,
auf die von außen empfangene Existenz zu verzichten, um sich
jene zu eigen zu machen, die von innen kommt. Ein für eine Frau
sehr unüblicher Schritt.

In bezug auf die Frau muß Descartes' Überlegung »Ich denke,
also bin ich« umgeformt werden in »Ich gefalle, also bin ich«. Dies
schafft zwischen der Körperlichkeit und der geistigen Verfassung

eine Unvereinbarkeit, die nur den Frauen eigen ist, zum Beispiel: die Magersucht des jungen Mädchens, die sich in der Adoleszenz einstellt, wenn die weiblichen Geschlechtsmerkmale offensichtlich werden und wenn es unmöglich wird, dem Gefallen zu entfliehen. Manche jungen Mädchen empfinden diesen Übergang als Verlust ihrer eigenen Identität zugunsten einer Identität von außen, die ihnen durch den Blick des »anderen« zuteil werden wird. Deshalb tun sie alles, um diesen Blick zu vermeiden, um diese neuen Reize zu verbergen, die sie als ihren eigenen Untergang ansehen.

Die Magersüchtige ist Frau »für sich«, und sie weigert sich, Frau »für die anderen« zu sein. Sie lehnt also alle allgemein üblichen Regeln der Schönheit und der Weiblichkeit ab und lebt nach ihren eigenen Normen, die es ihr erlauben, dem »Begehren« zu entgehen. Die magersüchtigen jungen Mädchen lassen durch ihre häufig selbstmörderische Haltung erkennen, daß die Heranwachsende sich vor eine fundamentale Wahl zwischen *Körper* und *Geist* gestellt sieht; denn während sie ganz offensichtlich den Körper als ein für den Blick der anderen preiszugebendes Objekt ablehnen, zeigen sie ein viel höheres intellektuelles Niveau als die meisten ihrer Gefährtinnen, die sich in den Clan der begehrenswerten Frauen eingereiht haben.

Es kann auf dem Weg zur »Weiblichkeit« viele tückische Fallen geben, und wenn die Psychoanalytiker auch wenig kleine Mädchen sehen – weil sie dem Körper-Geist-Dilemma noch nicht unterliegen und in Träumen und Sublimierungen leben, die ihre Körper noch nicht auf ein Geschlecht festlegen –, so sehen sie um so mehr Heranwachsende und Frauen, die sich weigern zu gefallen. Diese Frauen geben im allgemeinen der Beziehung zu ihrer Mutter die Schuld, die sie schließlich als Ursprung ihrer Leiden erkannt haben, weil sie ihnen nur eine asexuelle Rolle gegeben hat. Sie lehnen die Rolle der Frau ab, die man ihnen geben will, zu spät und mit Bedingungen verknüpft. Die ödipale Opposition des Mädchens (Opposition gegen das vom anderen Geschlecht kommende Begehren) kann sich erst bei der Begegnung mit dem männlichen Begehren einstellen, also in der Adoleszenz, und sie kann das ganze Leben lang andauern. Der Status »begehrte Frau«, da zu spät angenommen, wird für die Frau immer widersprüchlich bleiben oder wird offene Empörung hervorrufen wie zum Beispiel heutzutage im Feminismus in der konsequenten Weigerung, sich dem Verlangen des »begehrenden« Mannes zu unterwerfen. Und dieser ist ganz überrascht: Die Heftigkeit seiner Gefährtin erstaunt ihn; schockt ihn, denn er hat bis heute nicht wirklich begriffen, daß die Beschäftigung damit, Frau zu sein, bedeutet, auf viele andere Erfolge an anderer Stelle zu verzichten, und daß die »Superfrauen« ein Leben als »intellektuell Unterentwickelte« führen.

Es scheint, daß Frauen erst in dem Moment beginnen zu sprechen, zu schreiben, zu zeichnen, zu singen ..., in dem sie bewußt darauf verzichten zu »gefallen«. Trotzdem ist das eigenartig! Gibt es also doch einen Zusammenhang zwischen dem »Gefallen« und dem »Wissen«, zwischen der »Objekt-Frau« und der »Intellekt-Frau«? Das gesellschaftliche Ideal liegt darin, das gefährdete Gleichgewicht zwischen diesen beiden Frauen in der Balance zu halten.

Die ödipale Spur

Von den Spuren der »Mutter« gezeichnet und vom »Vater« träumend, verlassen wir alle zutiefst verwundet diesen Ödipus, in dem der Vater so sehr fehlte, während die Mutter um so mehr vorhanden war.

Beim Mann bildet sich ein Ressentiment gegen die Frau, von dem sich kein Mann je vollständig oder endgültig lösen kann. Die Identität des Mannes ist von der Weigerung gekennzeichnet, die Frau als gleichwertig anzuerkennen.

Bei der Frau findet ein hemmungsloser Wettlauf hin zum männlichen Begehren statt, eine Haltung, die sie zur Sklavin unter dem Gesetz des Mannes machen wird, mißtrauisch gegenüber anderen Frauen. Die Identität der Frau ist vom Verlangen gekennzeichnet, dem in ihrem Leben so lange abwesenden Mann zu begegnen.

Hier schließt sich also der Teufelskreis, indem die in ihrer Kindheit nicht begehrte Frau im Erwachsenenalter dem Begehren und der Anerkennung des Mannes nachjagt. Der Mann, in die Stellung des Herrn versetzt, nutzt seine Macht, um mit der Frau abzurechnen (in Erinnerung an die nicht geglückte Abrechnung mit seiner Mutter). Die Frau, die die wiedergutmachende Liebe des Mannes sucht, wird auf die kastrierende Liebe desjenigen stoßen, der endgültig entschieden hat, daß sie nie wieder herrschen wird. Die mit Jokaste erlebte Geschichte ruft sowohl die Eifersucht unter Frauen bei der Eroberung des Mannes als auch die Frauenfeindlichkeit des Mannes hervor, so daß der Frau schließlich von beiden Geschlechtern mißtraut wird, und es wird für sie schwierig sein, diesem Krieg zu entkommen.

Es fällt schwer, sagen zu müssen, daß die Frauen selbst erzeugt haben, worunter sie leiden, indem sie die Erziehung des kleinen Kindes für sich allein beanspruchen, sagen zu müssen, daß es die Mütter sind, die die zukünftigen Frauenfeinde zurichten, unter denen ihre Töchter leiden werden ...

Erfahren wir, eine wie die andere, von all dem etwas? Wohl eher nicht, scheint es, denn bei den Frauen bleibt der Anspruch auf das kleine Kind lebendig, gleichzeitig mit dem Bedürfnis, vom reifen Mann »anerkannt« zu werden. Die Frauen kommen von dem Platz nicht weg, auf den sie sich vom Mann verwiesen finden. Darüber beschweren sie sich gegenwärtig, ohne daran zu denken, daß dies für den Mann das einzige Mittel ist, um über seine Mutter zu siegen: über die erste Frau seines Lebens.

Welche Gestalt auch immer die Paarbeziehung annehmen mag, es ist immer der Bereich, in dem die Frau sich von dem »anerkennen« lassen will, der ihr die »Anerkennung« nicht geben kann, ohne selbst in Gefahr zu geraten. Daher die männliche Taubheit gegenüber den doch häufig begründeten feministischen Vorwürfen.

Die Frauen werden die Ungerechtigkeiten nicht dadurch beseitigen können, daß sie Schlußfolgerungen für Voraussetzungen ausgeben. Wenn sie die Voraussetzungen ändern, werden sie andere Männer hervorbringen, die, wenn sie in ihrer Kindheit weniger ihrer Macht ausgesetzt sind, dann auch weniger stark das Bedürfnis empfinden werden, sich im Erwachsenenalter wehren zu müssen.

Die Beschuldigungen kommen von den Frauen, denn sie sind es, die im gegenwärtigen System am meisten unterdrückt sind, aber sie müssen einsehen, daß sie das phallokratische System, das sie eingesperrt hält, immer weiter fortsetzen, je mehr sie die Aufsicht über das Kind verlangen (wie es ihnen täglich vom Staat vorgeschlagen wird). Das eine Geschlecht muß sich zurückziehen, damit das andere seinen Platz im Ödipus des kleinen Kindes einnehmen kann. Sind die Frauen bereit zu diesem Verzicht? Sind die Männer bereit, ihren Teil der ödipalen Macht zu übernehmen?

Maria Montessori
Die Erziehung des Kindes

Es gilt der eindrucksvollsten Tatsache ins Auge zu sehen, daß das Kind ein Seelenleben hat, dessen zarte Ausdrucksformen unbemerkt bleiben, und daß der Erwachsene, ohne es zu wollen, den Aufbauplan der Kinderseele zunichte machen kann.

Die Umgebung des Erwachsenen ist keine lebenbringende Umwelt für das Kind, sondern eher eine Anhäufung von Hindernissen, zwischen denen das Kind Abwehrkräfte entwickelt, zu verbildenden Anpassungen genötigt wird und allerlei Suggestionseinflüssen unterliegt. Von dieser äußeren Wirklichkeit her ist bis heute die kindliche Psyche studiert worden, und von da her hat man seine Eigenschaften abgeleitet, die zur Basis der Erziehung gemacht wurden. Somit erweist sich eine grundlegende Revision der Kinderpsychologie als Notwendigkeit. Soviel haben wir bereits erkannt: Hinter jeder überraschenden Antwort eines Kindes verbirgt sich ein Geheimnis, und jede kindliche Laune ist Ausdruck einer tiefsitzenden Ursache, die nicht bloß als oberflächlicher Zusammenstoß kindlicher Abwehrkräfte mit einer ungeeigneten Umwelt gedeutet werden darf. Hier gibt sich vielmehr ein höherer, wesentlicher Charakterzug des Kindes kund, der um seine Ausdrucksform ringt. Es ist, als ob ein Unwetter die Seele des Kindes hindere, aus ihrem verborgenen Zufluchtsort hervorzutreten und sich nach außen zu zeigen.

Nun ist es jedoch klar, daß alle diese Episoden, unter denen sich die Bemühungen der Kinderseele um ihre Selbstverwirklichung verbergen – alle diese Launen, Kämpfe und Verbildungen – nicht geeignet sind, uns die Idee einer Persönlichkeit zu geben. Sie stellen nichts weiter dar als eine Summe von Charakterzügen. Trotzdem muß diese Persönlichkeit vorhanden sein, da doch jener geistige Embryo, das Kind, in seiner Seelenentwicklung unverkennbar einem konstruktiven Aufbauplan folgt. So steckt also in dem Kind, wie wir es zu sehen vermögen, ein verborgener Mensch, ein unbekanntes Kind, ein lebendiges Wesen in einer Art Gefangenschaft, das es zu befreien gilt.

Hierin besteht die erste dringende Aufgabe der Erziehung, wobei befreien gleichbedeutend ist mit kennenlernen, entdecken von etwas Unbekanntem.

Wenn zwischen den Forschungen der Psychoanalyse und dieser Psychologie des »unbekannten Kindes« ein wesentlicher Unterschied besteht, so liegt er in folgendem: Was im Erwachsenen verborgen liegt, wurde vom Individuum selbst verdrängt; somit muß sich der Arzt an das Individuum wenden und ihm helfen, ein Geflecht zu entwirren, das unter komplizierten Anpassungen, unter Symbolen und Verstellungen, wie sie sich während eines ganzen Lebens herausgebildet haben, begraben liegt. Das Verborgene im Kind hingegen wird nur durch die Umwelt verdeckt, und daher gilt es auf diese Umwelt einzuwirken, um dem Kind einen freien Ausdruck seines Wesens zu ermöglichen. Das Kind befindet sich in einer Periode der Schöpfung und Ausweitung, und man braucht nichts anderes zu tun, als ihm die Tür zu öffnen. Was hier sich schafft, was aus dem Nichtsein ins Dasein tritt, aus dem Stand des Potentiellen in den des Aktuellen übergeht, kann in diesem Augenblick noch keine Komplikationen haben; und die expansive Energie, die hier am Werk ist, kann selbst in ihrer Kundgebung keine Schwierigkeiten bieten.

Bereiten wir also dem Kind eine offene, seinem Lebensmoment angepaßte Umwelt, so wird sich die kindliche Seele spontan offenbaren; das Geheimnis des Kindes muß sich enthüllen. Wäre dem nicht so, alle Anstrengungen der Erziehung müßten in einem ausweglosen Labyrinth steckenbleiben.

Hierin also besteht die wahre neue Erziehung: in der Entdeckung zuerst und dann in der Befreiung des Kindes. Hierin besteht ja auch das Problem der Existenz schlechthin: im Existieren. Dann erst folgt das zweite Kapitel, das so lang ist wie die Entwicklung bis zum Erwachsenendasein: das Problem der Hilfen, die dem Kind geboten werden müssen.

Für beide Kapitel aber bildet die Grundlage eine Umwelt, die das Wachstum des Kindes begünstigt, indem sie alle Hindernisse auf ein Mindestmaß reduziert. Gerade auf diese Umwelt wirken sich die kindlichen Energien aus, und sie liefert alle die Mittel, deren diese Energien zu ihrer Betätigung bedürfen. Zu dieser Umwelt aber gehört auch der Erwachsene. Er muß sich den Bedürfnis-

sen des Kindes anpassen, muß ihm zu seiner Unabhängigkeit verhelfen, darf ihm nicht zum Hindernis werden und darf sich ihm
nicht bei den für sein Heranreifen wesentlichen Tätigkeiten substi-
tuieren.

So ist denn auch unsere Erziehungsmethode durch die zentrale
Stellung gekennzeichnet, die ihr in der Umgebung eingeräumt
wird.

Auch die Figur des Lehrers in unserer Methode stellte eine
Neuerung dar, die viel Interesse und Diskussionen hervorgerufen
hat: Wir sprechen von dem passiven Lehrer, der sich bemüht, das
Hindernis beiseitezuräumen, das seine eigene Tätigkeit und Autorität darstellen könnte, und der somit bewirkt, daß das Kind von
sich aus tätig werden kann. Wir meinen den Lehrer, der erst dann
zufrieden ist, wenn er sieht, wie das Kind ganz aus sich heraus
handelt und Fortschritte macht und der nicht selbst das Verdienst
dafür in Anspruch nimmt. Dieser Lehrer soll sich die Haltung
Johannes des Täufers zum Vorbild nehmen, der sagte: »Er muß
wachsen, ich aber muß abnehmen.« Bekannt ist auch ein anderer
von den Hauptgrundsätzen unserer Methode: die Achtung vor der
Persönlichkeit des Kindes, die nie zuvor so entschieden gefordert
worden ist.

Diese drei Hauptpunkte fanden ihre Verwirklichung in beson-
deren Erziehungsanstalten, die zunächst »Kinderhäuser« genannt
wurden, welche Bezeichnung unsere Vorstellung von einem Fami-
lienmilieu gut ausdrückte.

Wer diese Erziehungsbewegung verfolgt hat, weiß, daß sie stets
umstritten war und es noch heute ist. Was daran besonders zum
Widerspruch reizte, war die Umwälzung im Verhältnis zwischen
Erwachsenen und Kindern: der Lehrer ohne Katheder, ohne die
gewohnte Autorität, fast ohne Unterrichtsfunktion, und das Kind
als Mittelpunkt des ganzen Betriebes, das allein lernt, das frei ist in
der Wahl seiner Beschäftigung und Bewegung. Wenn man dergleichen schon nicht für utopisch hielt, so sah man darin doch vielfach
eine tolle Übertreibung.

Allgemeinen Beifall hingegen fand jene andere Idee, die darin
bestand, die materielle Umwelt der kindlichen Körpergröße anzupassen. Unsere hellen, lichtdurchfluteten Räume mit niedrigen,
blumengeschmückten Fenstern, mit ihren kleinen Möbeln jegli-

cher Form, die ganz der Einrichtung eines modernen Wohnhauses glichen, die Tischchen, die Sesselchen, die bunten Vorhänge, die niedrigen Schränke in Reichweite der Kinder, die dort nach Belieben Dinge aufstellen oder fortnehmen konnten – all das erschien wirklich als eine praktisch bedeutsame Verbesserung des Kinderdaseins. Und ich glaube, der größte Teil der »Kinderhäuser« hat dieses äußerliche Merkmal bis heute als Hauptkennzeichen beibehalten.

Nach langen Jahren und Jahrzehnten der Forschungen und Erfahrungen empfinden wir das Bedürfnis, nochmals auf das ganze Anliegen zurückzukommen und insbesondere von den Ursprüngen unserer Methode zu erzählen.

Es wäre ein großer Irrtum anzunehmen, die mögliche Beobachtung von Kindern hätte uns zu der kühnen Idee geführt, im Kinde eine geheime Natur zu vermuten, und aus dieser Intuition sei dann der Gedanke einer neuen Schule und Erziehungsmethode hervorgewachsen. Unbekanntes läßt sich nicht beobachten. Unmöglich konnte jemand aus einer unklaren Ahnung heraus auf den Gedanken kommen, das Kind habe zwei Naturen, und sagen: »Jetzt will ich versuchen, das auch experimentell zu beweisen.«

Das Neue muß sozusagen kraft seiner eigenen Energie zum Vorschein kommen, und oft genug ist gerade der, vor dessen Augen es sich kundgibt, ungläubiger als ein Blinder. Er lehnt das Neue einfach ab, wie es die übrige Welt auch tut, und dieses Neue muß sich beharrlich immer wieder in sein Blickfeld drängen, bis er es endlich sieht, erkennt und stürmisch begrüßt. Aber wie gewaltig ist die Freude dessen, dem das neue Licht schließlich doch aufgegangen ist! Mit welcher Beglückung nimmt er es in sich auf und widmet ihm sein Leben! Sein Enthusiasmus läßt vermuten, er selbst habe jenes neue Licht geschaffen, während er doch nichts anderes getan hat, als für seine Manifestationen offen zu sein. Er wird dann an den Punkt gelangen, zu erkennen und zu tun, wie es im Evangelium geschrieben steht: »Das Himmelreich ist einem Kaufmann gleich, der auszog, schöne Perlen zu suchen. Und als er eine kostbare Perle fand, ging er hin und verkaufte alles, was er besaß, und kaufte sie.« Das Schwierigste ist für uns stets, das Neue zu bemerken und sich davon zu überzeugen; denn gerade vor dem Neuen verschließen sich die Pforten unserer Wahrnehmung.

Das Reich des Geistes gleicht einem vornehmen Salon, der dem Unbekannten verschlossen ist. Wer ihn betreten will, muß durch jemanden eingeführt sein, der dort schon bekannt ist, muß »vom Bekannten zum Unbekannten gehen«. Das *Neue* hingegen muß entweder die Türen einrennen oder sich heimlich einschleichen. Dann verursacht es in jenem Salon Überraschung und Verwirrung. Nicht ohne Erregung und Ungläubigkeit dürfte Volta* beobachtet haben, wie ein toter, abgehäuteter Froschschenkel zu zucken begann; aber er hielt diese Tatsache fest und isolierte aus ihr die Elektrizität. Mitunter genügt eine winzige Kleinigkeit, um unbegrenzte Ausblicke aufzureißen, denn der Mensch ist seiner Natur nach ein Sucher, ein Forscher. Aber kein Fortschritt wäre möglich ohne die Entdeckung und Kenntnisnahme jener winzigen Kleinigkeiten.

In der Physik und in der Medizin haben wir strenge Regeln dafür, was als ein neues Phänomen anzusehen ist. Ein neues Phänomen ist die Entdeckung einer Tatsache, die bis dahin unbekannt gewesen und nicht vermutet worden ist, die also für uns nicht existiert hat. Eine Tatsache ist immer objektiv und hängt daher nicht von Eingebungen ab. Wenn es sich darum handelt, die Existenz einer neuen Tatsache zu beweisen, so muß bewiesen werden, daß sie für sich besteht, das heißt, sie muß isoliert werden. Der zweite Schritt besteht dann in der Erforschung der Umstände, unter denen das Phänomen in Erscheinung tritt. Erst nach der Lösung dieses grundlegenden Problems kann man darangehen, mit dem Studium des Phänomens, mit seiner eigentlichen Erforschung zu beginnen. Das Auftreten des Phänomens ist somit das Vorzimmer seiner Erforschung. So gibt es denn eine Form des Studiums, die sich ausschließlich darauf beschränkt, ein Phänomen wieder und wieder hervorzubringen, es festzuhalten, sich seiner zu bemächtigen, damit es sich nicht, gleich einer Vision, wiederum in nichts auflöse, sondern zu einer greifbaren Wirklichkeit, zu einem festen Besitz und damit zu einem realen Wert werde.

Unser erstes »Kinderhaus« liefert das Beispiel einer Entdeckung, die ursprünglich von winzigen Tatsachen ihren Ausgang nahm, jedoch alsbald ungeahnte Horizonte eröffnet.

---

* Alessandro Graf Volta (1745–1827), italienischer Physiker; machte bedeutende Entdeckungen auf dem Gebiet der Elektrizität. (Anm. d. Red.)

Gewisse Aufzeichnungen, die ich unter meinen alten Papieren gefunden habe, beschreiben die Ursprünge unserer Methode in folgender Weise:

Wer seid ihr?

Es war der 6. Januar 1907, als unsere erste Schule für geistig
normale Kinder von drei bis sechs Jahren eröffnet wurde. Ich kann
nicht sagen, dies sei die erste nach meiner Methode geführte Schule
gewesen, denn es gab diese Methode damals noch nicht; doch
sollte sie sich sehr bald daraus entwickeln. An jenem Tag war nicht
viel mehr zu sehen als ein halbes Hundert allerärmster, ungepfleg-
ter, sichtlich verschüchterter Kinder, viele von ihnen heulend, fast
alle von analphabetischen Eltern. Sie waren nun also meiner Ob-
hut anvertraut.

Ursprünglich hatte man nichts weiter beabsichtigt, als die kleineren Kinder der Arbeiter in einem Volkswohnhaus in einem
Raum beisammenzuhalten, damit sie nicht auf den Treppen sich
selbst überlassen blieben, die Wände beschmutzten und überhaupt
Unfug stifteten. Zu diesem Zweck wurde in dem Gebäude ein
Zimmer bereitgestellt, und mir wurde die Sorge für diese Einrichtung übertragen, der man »eine vielversprechende Zukunft« vor-
aussagte.

Ein undefinierbares Gefühl sagte mir, daß hier ein großartiges
Werk im Entstehen war.

Die Worte der Liturgie, die an jenem Dreikönigstag in der
Kirche gelesen wurden, schienen mir von prophetischer Vorbe-
deutung: »Finsternis liegt über der Erde ..., aber der Herr wird
über dir aufgehen ..., und Völker werden in deinem Lichte wandeln.«

Alle Teilnehmer an der Eröffnungszeremonie wunderten sich
und fragten sich: »Warum übertreibt nur die Montessori dermaßen die Bedeutung eines einfachen Armenasyls?«

Ich begann meine Arbeit wie ein Bauer, der brauchbares Saatgut
besitzt und dem man einen fruchtbaren Acker zur Verfügung gestellt hat, auf dem er nun nach Belieben säen kann. Aber so war es
nicht: Sobald ich an die Schollen jenes Ackers rührte, fand ich
Gold statt Korn; diese Schollen verbargen einen kostbaren Schatz.
Es zeigte sich, daß ich gar nicht der Bauer war, der ich zu sein
vermeint hatte: Ich war Aladin und hielt, ohne es zu wissen, die

Wunderlampe in den Händen, die mir den Zugang zu verborgenen Schätzen erschloß.

Kaum hatte ich meine Arbeit mit geistig normalen Kindern begonnen, als mir eine Reihe von Überraschungen zuteil wurde.

Es war nur logisch anzunehmen, daß die Hilfsmittel, die bei der Erziehung von geistig zurückgebliebenen Kindern bedeutende Ergebnisse geliefert hatten, sich als wahrer Schlüssel für die Erziehung normaler Kinder erweisen würden und daß alles, was dazu gedient hatte, schwache Geisteskräfte zu stärken und fehlgeleitete Intelligenzen auf den rechten Weg zu führen, Grundsätze einer Geisteshygiene enthalten müsse, die auch normalen Geistern zu einem gesunden und richtigen Wachstum verhelfen würden. An alledem ist nichts Wunderbares, und die Erziehungstheorie, die schließlich aus unseren Erfahrungen hervorgegangen ist, hat denn auch durchaus positiven und wissenschaftlichen Charakter und vermag ausgeglichene und kluge Geister zu überzeugen. Das ändert jedoch nichts daran, daß die ersten Ergebnisse mich mit größtem Staunen und oft mit Ungläubigkeit erfüllten.

Das Unterrichtsmaterial, das ich den normalen Kindern darbot, hatte auf sie nicht dieselbe Wirkung, die es auf geistesschwache Kinder ausgeübt hatte. Wenn der betreffende Gegenstand das normale Kind anzog, so heftete es sogleich seine ganze Aufmerksamkeit darauf. Es arbeitete damit und arbeitete pausenlos, in einer bewunderungswürdigen Konzentration. Nachdem es gearbeitet hatte, *dann erst* schien das Kind befriedigt, ausgeruht und glücklich. Ausgeruhtsein war in diesen kleinen, heiteren Gesichtern, in diesen zufrieden leuchtenden Kinderaugen zu lesen, nachdem eine freiwillig übernommene Arbeit verrichtet war.

Mein Unterrichtsmaterial schien dem Schlüssel zum Aufziehen einer Uhr zu gleichen: Man dreht ihn ein paarmal, und die Uhr läuft lange Zeit von selber; hier aber war das Kind, das, nachdem es gearbeitet hatte, stärker und geistig gesünder war als vorher. Es dauerte eine ganze Weile, ehe ich mich davon überzeugte, daß dies keine Illusion war. Vor jeder neuen Erfahrung dieser Art verharrte ich lange ungläubig, zugleich aber betroffen, ergriffen, bebend. Wie oft geschah es, daß ich der Lehrerin Vorwürfe machte, wenn sie mir erzählte, was die Kleinen getan hatten: »Erzählen Sie mir doch nicht solche Hirngespinste!« sagte ich streng. Und ich entsinne mich noch, wie sie, ohne gekränkt zu sein, mit Tränen der Rührung in den Augen antwortete: »Sie haben recht. Manchmal, wenn ich diese Dinge sehe, ist mir, als gäben die Engel den Kindern das alles ein.«

Eines Tages endlich legte ich tief bewegt die Hand aufs Herz, um es in seinem Glauben zu bestärken, und bei dem ehrfürchtigen Gedanken an jene Kinder stellte ich mir die Frage: »Wer seid ihr?« War ich am Ende jenen Kleinen begegnet, die Christus auf den Arm genommen und die ihn zu den göttlichen Worten begeistert hatten: »Wer eines dieser Kinder aufnimmt in meinem Namen, der nimmt mich auf.« – »Wenn ihr nicht werdet wie die Kinder, werdet ihr nicht in das Himmelreich kommen«?

So führte der Zufall mich mit ihnen zusammen. Es waren weinende, angsterfüllte Kinder, so verschüchtert, daß sie nicht zum Sprechen zu bringen waren; ihre Gesichter waren ausdruckslos, ihre Augen leer, so als hätten sie noch nie im Leben etwas gesehen. Es waren in der Tat arme, sich selbst überlassene Kinder, aufgewachsen in elenden, finsteren Häusern, ohne jede seelische Anregung, ohne Fürsorge. Schon für den Laienblick waren sie unterernährt; man mußte nicht Arzt sein, um zu erkennen, daß sie dringend der Nahrung, der Sonne und frischen Luft bedurften. Geschlossene Knospen waren sie alle, doch ohne deren Frische – Seelen, die sich in einer engen Umhüllung verborgen hielten.

Diese Kinder nun machten alsbald eine eindrucksvolle Verwandlung durch, so daß man hätte meinen können, *ganz andere Kinder* vor sich zu haben, und ihre Seelen gaben sich in Kürze dermaßen strahlend kund, daß gleichsam ihre ganze Umgebung dadurch erhellt wurde.

Welche Umstände bewirkten eine so wunderbare Veränderung? Es mußten besonders günstige Umstände sein, die zu dieser »Befreiung der kindlichen Seele« führten. Alle Hemmnisse, die das Aufblühen ihrer Seelen bis dahin behindert hatten, waren offenbar jetzt weggefallen. Aber wer hätte je vermutet, um welche Hemmnisse es sich dabei handelte, welche günstigen Gegebenheiten erforderlich seien, damit eine verschüttete Seele nach außen hin aufblühen konnte? Es handelte sich vielfach um Faktoren, denen man zunächst eine gegenteilige Wirkung zugeschrieben hätte.

Beginnen wir mit den Familienverhältnissen dieser Kinder. Sie

alle gehörten den niedrigsten Gesellschaftsschichten an, denn ihre
Eltern waren nicht einmal richtige Arbeiter, sondern Leute, die
von Tag zu Tag auf der Suche nach irgendeiner Augenblicksbe-
schäftigung waren und sich daher nicht um ihre Kinder kümmern
konnten. Nahezu alle diese Eltern waren Analphabeten.

Eine richtige Lehrerin für diese wenig versprechende Stellung zu
finden war nicht möglich gewesen. Es wurde also eine Person
genommen, die zwar eine Zeitlang eine Lehrerbildungsschule be-
sucht hatte, dann aber Arbeiterin geworden war. Sie hatte daher
weder die Schulung noch die Vorurteile, die bei jeder wirklichen
Lehrerin zweifellos zur Geltung gekommen wären. Die besondere
Situation unseres ganzen Unternehmens bestand darin, daß es sich
hier nicht um ein soziales Hilfswerk im eigentlichen Sinne handelte, sondern um die Schöpfung einer Baugesellschaft, die die Unko-
sten der Schule als einen Teil der Ausgaben zur Erhaltung des
Gebäudekomplexes ansah. Man nahm die Kinder in diese Schule
auf, damit die Wände des Hauses unbeschädigt blieben und der
ganze Bau nicht dauernd frisch getüncht werden mußte. An Hilfs-
maßnahmen wie Heilbehandlung kranker Kinder und kostenlose
Schulspeisung war unter solchen Umständen nicht zu denken. Die
einzigen möglichen Ausgaben waren die wie für ein gewöhnliches
Büro, das heißt für Möbel und Zubehör.

Das war der Grund, warum die Möbel eigens angefertigt werden
konnten und wir nicht einfach Schulbänke zugewiesen bekamen.
Ohne diese eigenartigen Voraussetzungen wäre es nicht möglich
gewesen, den psychologischen Faktor rein zu isolieren und seinen
Einfluß auf die Verwandlung der Kinder nachzuweisen. Dieses
»Kinderhaus« war somit keine Schule, sondern eine Art Meßappa-
rat, der zu Beginn der Arbeit auf Null eingestellt war. Statt der
Schulbänke, des Katheders und der übrigen in Schulen gebräuchli-
chen Dinge wurde ein Mobiliar angefertigt, das dem eines Büros
oder einer Wohnung glich. Zugleich ließ ich wissenschaftliches
Material anfertigen, das völlig dem von mir bereits in einem Gei-
stigbehinderten-Institut benützten glich und von dem niemand
gedacht hätte, daß man es auch für normale Schulzwecke verwenden könnte.

Man darf nicht glauben, dieses erste »Kinderhaus« sei so freundlich und heiter gewesen wie die heute bestehenden. Die wichtig-

sten Möbel waren: ein fester Tisch für die Lehrerin, mehr oder weniger wie ein Katheder, und ein riesiger, hoher und massiver Schrank, in dem alle möglichen Dinge untergebracht werden konnten. Seine soliden Flügeltüren waren versperrt, und der Schlüssel befand sich in der Verwahrung der Lehrerin. Die Tische für die Kinder waren nach dem Gesichtspunkt der Solidität und Dauerhaftigkeit angefertigt worden. Sie waren so lang, daß je drei Kinder nebeneinander daran sitzen konnten, und wir stellten sie hintereinander auf, gleich Schulbänken. Das einzig Neuartige waren die sehr einfachen Stühlchen und Sesselchen – eines für jedes Kind. Sogar die Blumen fehlten dort, die doch später zu einem Kennzeichen unserer Schulen geworden sind; denn in dem Gartenhof gab es nur Bäumchen und Rasenflächen. In ihrer Gesamtheit konnte mich diese Schule also nicht mit dem schmeichelhaften Bewußtsein erfüllen, als hätte ich hier ein wichtiges Experiment begonnen. Was ich mir vorgenommen hatte, war einfach dies: eine systematische Erziehung der Sinne zu versuchen und die allfälligen verschiedenen Reaktionen normaler und schwachsinniger Kinder zu studieren; vor allem aber schien es mir interessant, mögliche Übereinstimmungen zwischen den Reaktionen jüngerer Normaler und älterer Schwachsinniger festzustellen.

Ich legte der Lehrerin keinerlei Beschränkungen und keinerlei sonderliche Verpflichtungen auf. Ich unterwies sie lediglich im Gebrauch einiger der von mir ausgearbeiteten Unterrichtsmaterialien, damit sie imstande sei, diese den Kindern richtig vorzuführen. Dies schien ihr einfach und interessant und ließ im übrigen ihrer eigenen Initiative genug Spielraum.

In der Tat fand ich bald, daß sie selbst andere Dinge hergestellt hatte: Es waren vergoldete, mit Papierornamenten verzierte Kreuze, die ihrer Absicht nach dazu dienen sollten, die fleißigsten Kinder zu belohnen; und ich sah auch öfters Kinder mit diesen harmlosen Anhängern auf der Brust. Die Lehrerin war auch auf den Gedanken verfallen, den Kindern militärisches Salutieren beizubringen, obwohl der älteste unserer Schüler bloß fünf Jahre zählte. Ihr schien dies Genugtuung zu bereiten, und ich fand die Sache ebenso komisch wie harmlos.

So begann unser Leben des Friedens und der Abgeschlossenheit.

· · ·

Die erste Erscheinung, die meine Aufmerksamkeit auf sich zog, zeigte sich bei einem etwa dreijährigen Mädchen, das damit beschäftigt war, die Serie unserer Holzzylinder in die entsprechenden Öffnungen zu stecken und wieder herauszunehmen. Diese Zylinder ähneln Flaschenkorken, nur haben sie genau abgestufte Größen, und jedem von ihnen entspricht eine passende Öffnung in einem Block. Ich erstaunte, als ich ein so kleines Kind eine Übung wieder und wieder mit tiefem Interesse wiederholen sah. Dabei war keinerlei Fortschritt in der Schnelligkeit und Genauigkeit der Ausführung feststellbar. Alles ging in einer Art unablässiger, gleichmäßiger Bewegung vor sich. Gewohnt, derlei Dinge zu beobachten, begann ich die Übungen des kleinen Mädchens zu zählen. Auch wollte ich feststellen, bis zu welchem Punkt die eigentümliche Konzentration der Kleinen gehe, und ich ersuchte daher die Lehrerin, alle übrigen Kinder singen und herumlaufen zu lassen. Das geschah auch, ohne daß das kleine Mädchen sich in seiner Tätigkeit hätte stören lassen.

Darauf ergriff ich vorsichtig das Sesselchen, auf dem die Kleine saß, und stellte es mitsamt dem Kind auf einen Tisch. Die Kleine hatte mit rascher Bewegung ihre Zylinder an sich genommen und machte nun, das Material auf den Knien, ihre Übung unbeirrt weiter. Seit ich zu zählen begonnen hatte, hatte die Kleine ihre Übung zweiundvierzigmal wiederholt. Jetzt hielt sie inne, so als erwachte sie aus einem Traum, und lächelte mit dem Ausdruck eines glücklichen Menschen. Ihre leuchtenden Augen sahen vergnügt in die Runde. Offenbar hatte sie alle jene Manöver, die sie hätten ablenken sollen, überhaupt nicht bemerkt. Jetzt aber, ohne jeden äußeren Grund, war ihre Arbeit beendet. Was war beendet und warum?

Es war dies der erste Spalt, der sich aus den unerforschten Tiefen der Kinderseele auftat. Da saß ein kleines Mädchen in dem Alter, in dem die Aufmerksamkeit für gewöhnlich ruhelos von einem Gegenstand zum anderen abirrt, ohne sich auf etwas Bestimmtes konzentrieren zu können; und doch hatte sich bei ihm eine solche Konzentration ereignet, war sein Ich für jeden äußeren Reiz unzugänglich geworden. Diese Konzentration war begleitet von einer rhythmischen Bewegung der Hand im Spiel mit genau und wissenschaftlich abgestuften Gegenständen.

Ähnliche Vorfälle wiederholten sich, und jedesmal gingen die Kinder daraus wie erfrischt und ausgeruht, voll Lebenskraft und mit dem Gesichtsausdruck von Menschen hervor, die eine große Freude erlebt haben.

Die Fälle einer solchen beinahe bis zur völligen Abschließung von der Außenwelt gehenden Konzentration bildeten zwar nicht die Regel, doch bemerkte ich bald eine seltsame Verhaltensweise, die allen Kindern gemeinsam war und ungefähr gleichmäßig bei jeder Übung auftrat. Es handelte sich um jenen Wesenszug kindlicher Betätigung, den ich später »Wiederholung der Übungen« genannt habe.

Ich sah diese schmutzigen Händchen arbeiten, und ich kam eines Tages auf den Gedanken, die Kinder etwas Nützliches zu lehren: das Händewaschen. Da beobachtete ich, daß sie sich unermüdlich weiterwuschen, auch wenn ihre Hände bereits rein waren. Sie verließen die Schule und wuschen sich sofort wieder die Hände. Einige Mütter erzählten mir, wie ihre Kinder des Morgens verschwunden waren und in der Waschküche beim Händewaschen gefunden wurden. So stolz waren sie auf ihre sauberen Hände, daß sie diese jedermann vorwiesen und sogar einmal mit Bettelkindern verwechselt wurden, weil sie die Hände einem Fremden entgegengestreckt hatten. Die Übung wurde immer von neuem wiederholt, obwohl sie längst keinen praktischen Zweck mehr hatte. Dasselbe ereignete sich bei vielen anderen Gelegenheiten; und je genauer eine Übung den Kindern in allen Einzelheiten der Ausführung erklärt wurde, desto mehr hatte es den Anschein, als würde sie zum Ansporn für unermüdliche Wiederholungen.

Eine andere Beobachtung deckte zum ersten Mal eine höchst einfache Tatsache auf. Die Kinder benutzten das Unterrichtsmaterial, aber die Lehrerin verteilte es und räumte es am Ende der Stunde wieder fort. Nun erzählte sie mir, daß bei dieser Verteilung die Kinder von ihren Plätzen aufsprangen und sich an sie herandrängten. So oft die Lehrerin sie auch zurückschickte, sie näherten sich ihr immer wieder. Daraus hatte die Lehrerin den Schluß gezogen, die Kinder seien ungehorsam.

Als ich mir die Sache selbst ansah, begriff ich, daß die Kinder den Wunsch hatten, die Gegenstände selber wieder an ihren Platz zu bringen, und ich ließ sie gewähren. Das führte zu einer Art von neuem Leben: Die Gegenstände in Ordnung zu bringen, Unordnung zu beheben erwies sich als ungemein anziehende Beschäftigung. Wenn ein Kind ein Glas mit Wasser fallen ließ, eilten sogleich andere herbei, die Scherben aufzulesen und den Fußboden trockenzuwischen.

Eines Tages aber entglitt der Lehrerin eine Schachtel, in der sich etwa achtzig Täfelchen in verschiedenen Farbschattierungen befanden. Ich sehe noch ihre Verlegenheit vor mir, denn es war schwierig, diese vielen Abstufungen von Farben wieder in die richtige Reihenfolge zu bringen. Doch schon eilten die Kinder herbei und brachten zu unserem großen Staunen alle Täfelchen schleunigst wieder in Ordnung, wobei sie eine wunderbare, der unseren weit überlegene Sensibilität für Farbnuancen bewiesen.

Eines Tages kam die Lehrerin verspätet zur Schule. Sie hatte vergessen, den Schrank mit den Lehrmitteln abzuschließen, und sah jetzt, daß die Kinder ihn geöffnet hatten und sich davor drängten. Einige von ihnen hatten bestimmte Gegenstände ergriffen und fortgetragen. Dieses Verhalten erschien der Lehrerin als Ausdruck diebischer Instinkte. Sie meinte, Kinder, die Dinge wegtragen, die es an Respekt gegenüber der Schule und der Lehrerin fehlen lassen, müßten mit Strenge und moralischen Ermahnungen behandelt werden. Ich hingegen glaubte, die Sache so deuten zu sollen, daß die Kinder diese Gegenstände nun bereits gut genug kannten, um selber ihre Wahl unter ihnen treffen zu können. Und so war es auch.

Damit begann eine lebhafte und interessante Tätigkeit. Die Kinder legten verschiedene Wünsche an den Tag und wählten dementsprechend ihre Beschäftigungen. Seit damals sind wir zu den niedrigen Schränken übergegangen, in denen das Material in Reichweite der Kinder und zu deren Verfügung bleibt, so daß sie es gemäß ihren inneren Bedürfnissen selber wählen können. So fügte sich an den Grundsatz der Wiederholung der Übungen der weitere Grundsatz der freien Wahl.

Aus dieser freien Wahl haben sich allerlei Beobachtungen über die Tendenzen und seelischen Bedürfnisse der Kinder ergeben. Eines der ersten interessanten Ergebnisse bestand darin, daß die Kinder sich nicht für das ganze von mir vorbereitete Material in-

teressierten, sondern nur für einzelne Stücke daraus. Mehr oder
weniger wählten sie alle dasselbe: Einige Objekte wurden sichtlich
bevorzugt, während andere unberührt liegen blieben und allmählich verstaubten.

Ich zeigte den Kindern das gesamte Material und sorgte dafür,
daß die Lehrerin ihnen den Gebrauch eines jeden Stückes genau
erklärte; aber gewisse Gegenstände wurden von ihnen nicht wieder freiwillig zur Hand genommen.

Mit der Zeit begriff ich dann, daß *alles* in der Umwelt des Kindes
nicht nur Ordnung, sondern ein bestimmtes *Maß haben muß*, und
daß Interesse und Konzentration in dem Grade wachsen, wie Ver-
wirrendes und Überflüssiges ausgeschieden werden.

Obwohl in unserer Schule den Kindern wahrhaftig prächtige
Spielsachen zur Verfügung standen, kümmerte sich keines der
Kinder darum. Das überraschte mich dermaßen, daß ich selber
eingriff, die Spielsachen mit den Kindern benützte, ihnen zeigte,
wie mit dem kleinen Küchengeschirr umzugehen sei, wie der Herd
in der Puppenküche angezündet werden konnte. Die Kinder inter-
essierten sich einen Augenblick lang, entfernten sich dann und
wählten diese Dinge niemals spontan als Spielzeug. Das brachte
mich auf den Gedanken, im Leben des Kindes sei Spielen vielleicht
etwas Untergeordnetes, zu dem es nur dann seine Zuflucht nimmt,
wenn ihm nichts Besseres, von ihm höher Bewertetes zur Verfügung steht. Uns selber ergeht es ja nicht viel anders: Schach oder
Bridge spielen ist ein angenehmer Zeitvertreib für Mußestunden,
aber es wäre das nicht mehr, wenn wir gezwungen wären, nichts
anderes im Leben zu tun. Wer eine hohe und wichtige Beschäftigung hat, vergißt das Bridgespiel: Und das Kind hat immer hohe
und wichtige Aufgaben vor sich.

Denn jede Minute, die verstreicht, ist kostbar für das Kind,
indem sie den Übergang von einer niedrigen zu einer höheren
Stufe darstellt. Das Kind ist ja in unausgesetztem Wachstum begriffen, und alles, was sich auf die Mittel seiner Entwicklung bezieht, fasziniert es und macht es unempfindlich für jede müßige
Tändelei.

Als ich einmal die Schule betrat, sah ich einen kleinen Jungen
mitten im Zimmer ganz allein und untätig auf seinem Stühlchen

sitzen. Auf der Brust trug er das von der Lehrerin für Belohnungen angefertigte pompöse Goldkreuz. Von der Lehrerin erfuhr ich, daß der Junge zur Strafe dort sitze. Kurz vorher hatte die Lehrerin einen anderen Jungen belohnt und ihm die Dekoration umgehängt. Der also Ausgezeichnete aber hatte das Kreuz im Vorbeigehen dem Bestraften übergeben, so als handelte es sich um etwas Nutzloses und Hinderliches für ihn, der doch arbeiten wollte.

Der bestrafte Junge sah das Ding an seiner Brust gleichgültig an und blickte ruhig um sich, so als sei er sich der Strafe überhaupt nicht bewußt. Das ganze System der Belohnungen und Strafen war mit diesem einen Vorfall eigentlich bereits erledigt. Wir wollten jedoch noch längere Beobachtungen anstellen, und in sehr langer Erfahrung fanden wir eine so beharrliche Wiederholung derselben Reaktion, daß die Lehrerin sich schließlich geradezu schämte, Kinder zu belohnen oder zu strafen, die gegen das eine genau so gleichgültig blieben wie gegen das andere.

Von da an gab es bei uns keine Belohnungen und keine Strafen mehr. Was uns aber bis dahin am meisten überraschte, war die Häufigkeit, mit der die Kinder Belohnungen zurückwiesen. Offenbar war in ihnen ein Bewußtsein und Gefühl der Würde erwacht, das sie vorher nicht gekannt hatten.

Eines Tages betrat ich das Schulzimmer, auf dem Arm ein vier Monate altes Mädchen, das ich der Mutter auf dem Hof aus den Armen genommen hatte. Nach dem Brauch des Volkes war die Kleine ganz in Windeln gewickelt, ihr Gesicht war dick und rosig, und sie weinte nicht. Die Stille dieses Geschöpfes machte mir großen Eindruck, und ich suchte mein Gefühl auch den Kindern mitzuteilen. »Es macht gar keinen Lärm«, sagte ich, und scherzend fügte ich hinzu: »Niemand von euch könnte ebenso, still sein.«

Verblüfft beobachtete ich, wie sich der Kinder ringsumher eine intensive Spannung bemächtigte. Es war, als hingen sie an meinen Lippen und fühlten aufs tiefste, was ich sagte. »Sein Atem geht ganz leise«, fuhr ich fort. »Niemand von euch könnte so leise atmen.« Erstaunt und regungslos hielten die Kinder den Atem an. Eine eindrucksvolle Stille verbreitete sich in diesem Augenblick. Man hörte plötzlich das Ticktack der Uhr, das sonst nie vernehmbar war.

Es schien, als hätte der Säugling eine Atmosphäre von Stille in dieses Zimmer gebracht, wie sie im gewöhnlichen Leben sonst nie besteht.

Niemand machte auch nur die leiseste wahrnehmbare Bewegung, und als ich die Kinder später aufforderte, diese Übung der Stille zu wiederholen, gingen sie sogleich darauf ein – ich will nicht sagen mit Begeisterung, denn die Begeisterung hat etwas Impulsives an sich, das sich nach außen hin kundtut.

Was sich hingegen hier kundgab, war eine innere Übereinstimmung, geboren aus einem tiefinneren Wunsch. Die Kinder saßen still bis zur Regungslosigkeit, beherrschten sogar ihre Atemzüge und hatten dabei heiter-angespannte Züge, so als seien sie in Meditation versunken. Inmitten der eindrucksvollen Stille wurden allmählich selbst die schwächsten Geräusche vernehmbar: das ferne Tropfen von Wasser, das Zwitschern eines Vogels draußen im Garten.

Auf diese Weise entstand unsere »Übung der Stille«.

Eines Tages kam ich auf den Gedanken, diese Stille zu Versuchen über die Gehörschärfe der Kinder zu benützen. Ich rief die Kinder also aus größerer Entfernung mit Flüsterstimme beim Namen. Das jeweils aufgerufene Kind mußte zu mir kommen und sollte dabei unterwegs kein Geräusch machen. Bei vierzig Kindern erforderte diese Übung des geduldigen Wartens einen Aufwand an Selbstbeherrschung, den ich für unmöglich gehalten hätte. Deshalb hatte ich Süßigkeiten und Schokolade mitgebracht, um jedes Kind zu belohnen, das richtig bei mir anlangte. Aber die Kinder weigerten sich, diese Geschenke anzunehmen. Es war, als wollten sie sagen: »Verdirb doch nicht unsere schöne Erfahrung! Wir genießen noch unsere geistige Freude – lenke uns nicht ab!«

Ich begriff, daß die Kinder nicht nur für die Stille empfänglich waren, sondern auch für eine Stimme, die sie ganz leise aus dieser Stille rief. Sie kamen langsam auf mich zu, gingen dabei auf den Zehenspitzen und achteten sorgfältig darauf, nirgends anzustoßen und unhörbar aufzutreten.

Später ergab sich dann, wie sehr eine Bewegungsübung wie diese, bei der jeder Fehler sogleich durch das hierbei verursachte Geräusch festgestellt wird, dazu beiträgt, die Fähigkeiten der Kinder zu vervollkommnen. Die Wiederholung dieser Übung führt schließlich zu einer so feinen Beherrschung der Handlungen, wie sie durch rein äußerlichen Unterricht niemals erreicht werden könnte.

Unsere Kinder lernten, sich zwischen einer Menge von Gegenständen zu bewegen, ohne anzustoßen, leicht und geräuschlos zu laufen, und sie wurden dabei achtsam und geschickt. Sie genossen die Vollkommenheit ihrer Leistungen, waren lebhaft daran interessiert, ihre eigenen Möglichkeiten zu entdecken und zu üben.

Viel Zeit mußte noch verstreichen, ehe ich mich davon überzeugte, daß die Zurückweisung der Süßigkeiten einen Grund für sich hatte. Diese als Belohnung ausgeteilten kleinen Leckereien stellten eine nicht notwendige und regelwidrige Speise dar. Mir schien dies alles so außergewöhnlich, daß ich das Experiment beharrlich immer aufs neue wiederholte, denn man weiß ja, wie gierig Kinder nach Süßigkeiten sind. Ich brachte also Bonbons mit, doch die Kinder wiesen sie entweder zurück oder steckten sie in ihre Schürzentaschen. Ich dachte mir, daß diese ganz armen Kinder wohl die Leckerbissen heimbringen wollten, und sagte daher: »Diese da sind für dich, und diese anderen kannst du nach Hause mitnehmen.« Die Kinder nahmen die Bonbons, steckten sie jedoch alle in die Schürzen und aßen selber nichts davon. Daß sie die Gabe dennoch schätzten, erwies sich, als einmal die Lehrerin ein erkranktes Kind besuchte. Da öffnete es nämlich eine Schublade neben dem Bett, entnahm ihm ein großes Bonbon, das es in der Schule erhalten hatte, und bot es der Lehrerin aus Dankbarkeit für den Besuch an. Dieses Bonbon hatte Wochen hindurch als ständige Versuchung dort gelegen, und das Kind hatte es nicht angerührt.

Dieses Verhalten wurde bei unseren Kindern so allgemein, daß in unseren späteren Schulen nicht wenige Besucher eigens zu dem Zweck kamen, dieses Phänomen, über das zu jener Zeit in vielen Büchern geschrieben wurde, mit eigenen Augen festzustellen. Es handelte sich um eine spontane und natürliche Erscheinung, denn niemandem wäre es je eingefallen, diesen Kindern irgendwelche Bußübungen und den Verzicht auf Süßigkeiten beibringen zu wollen, und niemand wäre auf den seltsamen Einfall gekommen zu erklären: »Die Kinder sollen nicht spielen und sollen keine Süßigkeiten essen!« Ganz von selber wiesen die Kinder unnütze äußere Annehmlichkeiten zurück, während sie im Begriff waren, in ihrer geistigen Entwicklung Fortschritte zu machen.

Einmal verteilte eine bedeutende Persönlichkeit Biskuits in geometrischen Formen unter die Kinder. Statt sie zu essen, betrachteten die Kinder diese Biskuits mit großem Interesse und riefen: »Das ist ein Kreis! Das ist ein Rechteck!« Hübsch ist auch die Anekdote von dem Kind, das seiner Mutter in der Küche zusah. Die Mutter ergriff ein Stück Butter, und das Kind sagte: »Das ist ein Rechteck!« Die Mutter schnitt eine Ecke davon ab, worauf das Kind sagte: »Jetzt hast du ein Dreieck weggenommen!« und hinzufügte: »Was übrig bleibt, ist ein Trapez!« Was das Kind jedoch nicht sagte, war der übliche Satz: »Gib mir ein Butterbrot!«

Einmal kam es mir in den Sinn, eine Art humoristischer Unterrichtsstunde darüber abzuhalten, wie man sich die Nase putzt. Nachdem ich verschiedene Arten der Benutzung des Taschentuches nachgeahmt hatte, zeigte ich den Kindern zuletzt, wie man es anzustellen habe, um möglichst wenig Lärm zu verursachen und das Taschentuch unauffällig zur Nase zu führen. Die Kinder hörten und sahen mir mit größter Aufmerksamkeit zu und lachten nicht; ich aber fragte mich, warum ich mit dieser seltsamen Lektion solchen Erfolg gehabt hatte. Kaum war ich am Ende angelangt, da brach ein Applaus los, der an ein begeistertes Theaterpublikum denken ließ. Noch nie hatte ich davon gehört, daß eine Anzahl so kleiner Kinder sich in eine applaudierende Menge verwandeln könne, noch daß diese winzigen Hände solche Kraft des Ausdrucks entwickeln können. Vielleicht, so sagte ich mir, hatte ich einen empfindlichen Punkt im sozialen Leben dieser kleinen Menschenschar berührt. Die Kinder befinden sich, was die erwähnte Frage des Naseputzens angeht, in einem erniedrigenden Zustand und sind gewissermaßen dauernder Geringschätzung ausgesetzt. Unablässig werden sie wegen ihrer schmutzigen Nasen ausgezankt und, besonders in den unteren Volksschichten, mit entsprechenden Schimpfworten bedacht. Jeder schreit sie an, jeder beleidigt sie, niemand aber lehrt sie, wie sie es eigentlich richtig machen sollen. Man muß verstehen, daß Kinder für die verächtliche Weise, in der die Erwachsenen sie behandeln, ungemein empfindlich sind. Meine Lektion ließ den Schülern Gerechtigkeit zuteil werden und ermöglichte ihnen einen Schritt aufwärts in der Gesellschaft.

Diese Deutung mußte sich mir aufdrängen, als ich mir in langer Erfahrung darüber klar wurde, daß Kinder einen tiefen Sinn für persönliche Würde besitzen und daß ihr Gemüt in einem Maße verletzt und eiterig werden kann, wie der Erwachsene sich dies nie vorzustellen vermöchte.

An jenem Tag war noch nicht alles zu Ende. Als ich nämlich fortgehen wollte, riefen die Kinder wie auf Verabredung: »Danke, danke für den Unterricht!« und auf der Straße folgten sie mir längs des Gehsteiges in schweigender Prozession, bis ich ihnen sagte: »Auf dem Weg zurück lauft auf den Zehenspitzen und achtet darauf, an der Mauerecke nicht anzustoßen.« Da kehrten sie bereitwillig um und verschwanden im Tor des Hauses, als ob sie Flügel hätten. Ich hatte diese armen kleinen Kinder wirklich in ihrer sozialen Würde angerührt.

Wann immer wir in der Schule Besuch erhielten, betrugen sich die Kinder mit Würde und Selbstachtung und verstanden es, ihre Arbeiten zu verrichten und die Gäste mit herzlicher Begeisterung zu empfangen.

Einmal wurde uns der Besuch einer wichtigen Persönlichkeit angekündigt, die mit den Kindern allein zu bleiben und ihre eigenen Beobachtungen anzustellen wünschte. Ich sagte zu der Lehrerin: »Lassen Sie die Kinder ganz aus eigenem Antrieb handeln.« Und zu den Kindern selbst gewendet, fügte ich hinzu: »Morgen bekommt ihr Besuch. Ich möchte, daß er sich denkt: Das sind die nettesten Kinder der Welt.« Später erkundigte ich mich nach dem Ausgang der Sache. »Ein großer Erfolg«, berichtete die Lehrerin. »Ein paar Kinder ergriffen einen Sessel und sagten liebenswürdig zu dem Besucher: ›Bitte nehmen Sie Platz‹. Andere sagten ›Guten Tag‹ zu ihm. Und als er wegging, standen sie alle am Fenster und riefen ihm nach: ›Vielen Dank für den Besuch, auf Wiedersehn!‹« – »Aber warum haben Sie sich solche Mühe gegeben, den Kindern alles das beizubringen?« fragte ich. »Ich habe Ihnen doch gesagt, Sie sollten nichts Ungewöhnliches unternehmen und den Dingen ihren Lauf lassen!« – »Ich habe den Kindern kein Wort gesagt«, erwiderte die Lehrerin. Und sie erzählte mir auch, die Kinder hätten mit größerem Eifer als sonst gearbeitet, jedes an einem anderen Gegenstand, und alles sei wunderbar gut abgelaufen, zum großen Staunen des sichtlich ergriffenen Besuchers.

Ich zweifelte lange Zeit und quälte in meinem Unglauben die
Lehrerin mit Vorhaltungen, weil ich stets befürchtete, sie veran-
stalte sozusagen Paraden mit den Kindern und bereite sie auf Besu-
che vor. Schließlich aber erkannte ich die Wahrheit: Die Kinder
hatten ihre Würde, ehrten ihre Gäste und waren stolz darauf, sich
von ihrer besten Seite zeigen zu können. Hatte ich nicht zu ihnen
gesagt: »Ich möchte, daß er sich denkt: Das sind die nettesten
Kinder der Welt«? Aber dieser meiner Ermahnung hätte es gar
nicht bedurft. Es genügte zu sagen: »Wir bekommen Besuch«, so
wie man einen Ankömmling in einem Salon ankündigt, und schon
war das ganze kleine Volk bereit – voll Würde und Anmut und der
Situation völlig gewachsen. Ich begriff, daß diese Kinder *nicht
schüchtern waren*. Zwischen ihrem Gemüt und ihrer Umwelt gab
es keine Hindernisse. Frei und natürlich konnten sie aus sich her-
ausgehen, gleich einer Lotosblume, die ihre weißen Blütenblätter
bis zu den Staubgefäßen öffnet, um die Sonnenstrahlen aufzunehmen, und dabei einen zarten Duft ausströmt. *Kein Hindernis:* Das
war der entscheidende Punkt. Sie brauchten nichts zu verheimli-
chen, nichts zu verschließen, nichts zu befürchten. Das war alles.
Die Unbefangenheit ergab sich sozusagen aus einer unmittelbaren
und vollkommenen Anpassung der Kinder an die Umgebung.

In ihnen wirkte eine lebhafte, tätige Seele, die sich behaglich
fühlte und ein warmes, geistiges Licht ausströmte. Dieses Licht
löste alle Wirrnisse, die auf den Seelen der Erwachsenen lasteten,
sobald diese Erwachsenen mit den Kindern in Berührung kamen.
Die Kinder nahmen jedermann liebevoll auf. So wurde es allmählich üblich, daß sie besuchte, wer Sehnsucht nach einem neuen,
belebenden Eindruck empfand.

Es war seltsam zu beobachten, wie diese Begegnungen in den
Gemütern der Besucher ganz ungewohnte Gefühle auslösten. So
genossen hochelegant gekleidete, mit kostbaren Juwelen ge-
schmückte Damen, die aussahen, als gingen sie zu einem Empfang,
die unschuldige, völlig neidlose Bewunderung, mit der die Kinder
sie ansahen, und waren beglückt darüber, wie die Kleinen ihr Staunen äußerten.

Sie streichelten die schönen Stoffe und die feinen, parfümierten
Hände der Damen. Einmal trat ein kleiner Junge auf eine Dame in
Trauer zu, lehnte sein Köpfchen an ihre Brust, ergriff ihre Hand

und hielt sie zwischen seinen Händen. Ergriffen sagte jene Dame
später, noch nie habe ihr jemand einen solchen Trost gewährt wie
diese Kleinen.

Eines Tages wollte die Tochter unseres Ministerpräsidenten den
Botschafter der Argentinischen Republik bei einem Besuch unseres »Kinderhauses« begleiten. Der Botschafter hatte darum gebe-
ten, daß der Besuch nicht vorher angekündigt werde, damit er die
vielgerühmte Unbefangenheit der Kinder aus eigenem Augen-
schein kennenlernen könne. Als er jedoch an Ort und Stelle ankam, mußte er hören, daß gerade ein schulfreier Tag und die Schule geschlossen sei. Im Hof des Hauses standen einige Kinder, die
sogleich näherkamen. »Das macht nichts, daß schulfrei ist«, sagte
ein kleiner Junge mit größter Natürlichkeit, »wir wohnen ja alle
hier im Haus, und die Schlüssel hat der Portier.«

Sogleich machten sie sich zu schaffen, riefen ihre Kameraden
zusammen, ließen das Schulzimmer aufschließen und fingen allesamt zu arbeiten an. So wurde die wunderbare Spontaneität ihres
Verhaltens bei dieser Gelegenheit in unbestreitbarer Weise offenbar.

Auch die Mütter der Kinder empfanden dies alles und begannen
ihrerseits, mir allerlei aus der Intimität ihres Familienlebens zu
erzählen.

»Diese kleinen Drei- und Vierjährigen«, berichteten sie, »sagen
Dinge zu uns, die uns beleidigen müßten, wenn es sich nicht um
unsere eigenen Kinder handelte. Zum Beispiel sagen sie: Ihr habt
schmutzige Hände, ihr müßt euch waschen – oder: Putz doch die
Flecken aus dem Kleid! Wenn wir diese Dinge aus dem Mund
unserer Kinder hören, kränkt uns das nicht.«

Es kam soweit, daß diese einfachen Leute ordentlicher und sau-
berer wurden. Die zerbrochenen Kochtöpfe verschwanden von
den Fensterbrettern, nach und nach begannen die Fensterscheiben
zu glänzen, und an den Hoffenstern erschienen da und dort Gera-
nienstöcke.

So gelöst und unbefangen sich unsere Kinder auch betrugen, so
machten sie zusammen doch den Eindruck außerordentlicher Dis-
zipliniertheit. Sie arbeiteten ruhig, jedes ganz mit seiner eigenen
Aufgabe beschäftigt. Leichten Schrittes gingen sie hin und her, um

ihr Material auszutauschen und ihre Arbeiten in Ordnung zu bringen. Sie verließen das Klassenzimmer, warfen einen Blick in den Hof und kamen sogleich wieder. Die Wünsche der Lehrerin wurden mit erstaunlicher Schnelligkeit ausgeführt. Die Lehrerin erklärte: »Die Kinder tun alles, was ich sage, so daß ich bei jedem Wort, das ich ausspreche, bereits ein Gefühl der Verantwortung habe.«

Wenn die Lehrerin die Übung der Stille anordnete, so war sie noch nicht mit dem Satz zu Ende, und schon erstarrten die Kinder in Reglosigkeit.

Diese scheinbare Abhängigkeit von den Worten der Lehrerin hinderte sie aber in keiner Weise daran, aus eigenem Antrieb zu handeln, über ihre Zeit und ihren Tag nach eigenem Ermessen zu verfügen. Sie nahmen sich selber die Gegenstände, mit denen sie sich beschäftigen wollten, brachten das Schulzimmer in Ordnung, und wenn die Lehrerin sich verspätete oder fortging und die Kinder alleinließ, ging alles ebenso gut vor sich. Auf alle Beobachter übte gerade dies die hauptsächlichste Anziehung aus: das gleichzeitige Bestehen von Ordnung, Disziplin und Spontaneität.

Woher stammte diese vollkommene Disziplin, die noch im tiefen Schweigen vibrierte, dieser Gehorsam, der im voraus erriet, was er ausführen sollte?

Die Ruhe in den Klassen, in denen die Kinder an der Arbeit waren, wirkte erstaunlich und ergreifend. *Niemand hatte sie angeordnet, ja, es wäre nie möglich gewesen, sie von außen her zu erzielen.*

Hatten diese Kinder etwa die ihnen angemessene Bahn gefunden, gleich den Sternen, die unermüdlich umlaufen, dabei nie aus ihrer Ordnung heraustreten und in alle Ewigkeit weiterstrahlen? Von diesen Sternen spricht die Bibel in einer Sprache, die auf diese Kundgebungen der Kinder angewandt werden kann: »Und die Sterne sagten, als man sie rief: ›Hier sind wir‹. Und mit Fröhlichkeit leuchteten sie Ihm, der sie schuf.« Eine natürliche Disziplin dieser Art scheint über die naheliegenden Dinge hinauszugehen und erscheint als Bestandteil einer großen Universaldisziplin, die die Welt zusammenhält. Es handelt sich um jene Disziplin, von der die alten biblischen Psalmen singen und die, nach jenen Worten, den Menschen verlorengegangen ist. Und man gewinnt den Ein-

druck, als müsse auf dieser natürlichen Disziplin jede andere, äußerlich motivierte Disziplin wie die des geselligen Beisammenle-
bens sich aufbauen.

Das war es ja gerade, was bei unseren Kindern am meisten Ver-
wunderung erregte, zur Nachdenklichkeit herausforderte und etwas Geheimnisvolles zu enthalten schien: In diesem ihrem engen
Zusammenwirken führten Ordnung und Disziplin zur Freiheit.

JIRINA PREKOP
Wie wird man ein kleiner Tyrann?

Das Drama des herrschsüchtigen Kindes

Welche Auswirkungen eine gestörte Persönlichkeitsentwicklung des Kleinkindes auf die Eltern haben kann, zeigt anschaulich der Schweizer Satiriker Franz Hohler; zwar mag manches überzeichnet wirken, doch im Kern trifft diese Episode die Situation des herrschsüchtigen Kindes und seiner Familie.

»Mir ist der Fall eines Kindes bekannt, das, knapp nachdem es ein Jahr alt geworden war, nichts mehr essen wollte. Wenn man ihm seine Nahrung, die meistens aus einem Brei bestand, eingeben wollte, verwarf es die Hände vor dem Gesicht, schüttelte den Kopf und wand sich, so daß es unmöglich war, ihm auch nur einen Löffel davon in den Mund zu bringen. War man doch einmal so weit vorgedrungen, spuckte es sofort alles wieder aus und begann zu schreien. Das einzige, was es zu sich nahm, war etwas Wasser, aber schon wenn man ihm statt dessen Milch hinhielt, wollte es nichts mehr davon wissen.

Die Eltern waren beunruhigt und konnten sich diese plötzliche Änderung nicht erklären. Sie versuchten das Kind zuerst mit Zureden, dann mit Drohungen und Schlägen zur Annahme des Breis zu bewegen, aber es war vergebens; sie legten ihm eine Banane hin, die es sonst unter allen Umständen gegessen hätte, doch das Kind nahm sie nicht. Erst ein Zufall führte zu einer Lösung. Das Zimmer des Kindes war mit einem Gatter, das man in den Türrahmen einklemmte, abgesperrt, so daß das Kind bei offener Türe im Zimmer gelassen werden konnte und man hörte, was drinnen vorging, ohne daß es die Möglichkeit hatte hinauszurennen. Am dritten Tag der Nahrungsverweigerung wollte der Vater der Mutter, die sich schon im Zimmer befand, um das Kind zu Bett zu bringen, den Brei hineinreichen, da kam das Kind an das Gatter gelaufen und schaute begierig zum Teller hinauf. Sogleich beugte sich der Vater

hinunter und begann, ihm über das Gatter hinweg den Brei einzu-
löffeln, und das Kind, das sich mit den Händen an den Stäben
festhielt und mit dem Kopf gerade über den Gatterrand hinaus-
reichte, schien sehr zufrieden und aß den ganzen Brei auf. Am
nächsten Morgen fütterte der Vater, bevor er zur Arbeit ging, das
Kind auf dieselbe Weise, und es zeigte nicht den geringsten Widerstand. Als aber die Mutter am Mittag dem Kind den Brei über das
Gatter geben wollte, lief es weg und schlug den Deckel seiner
Spieltruhe solange auf und zu, bis sich die Mutter aus dem Türrahmen entfernte. Vom Vater nahm es am Abend wieder ohne Umstände den Brei über das Gatter.

Nun aß das Kind zwar wieder, aber die Tatsache, daß es nur von
seinem Vater gespeist werden wollte, machte den Eltern zu schaffen. Abgesehen davon, daß es so nur zwei Mahlzeiten am Tag
bekam, war es für den Vater nicht einfach, jeden Abend pünktlich
dazusein, um dem Kind sein Essen zu verabreichen, er mußte sich
von Berufs wegen öfter von seinem Wohnort wegbegeben. Einmal
erschien er leicht verspätet und hörte das Kind schon schreien,
warf den Mantel rasch über einen Stuhl, ging zum Kinderzimmer
und gab dem Kind sein Essen. Erst nachher merkte er, daß er
vergessen hatte, seinen Hut abzunehmen. Als er am andern Morgen wieder zum Kind ging, wollte es nicht essen, zeigte jedoch
unablässig auf seinen Kopf. Da erinnerte sich der Vater an den
vorigen Abend, holte seinen Hut und setzte ihn auf, und befriedigt
ließ sich das Kind nun seinen Brei geben. Von nun an mußte der
Vater immer einen Hut anhaben, wenn er wollte, daß das Kind aß.

Bisher war die Mutter stets zugegen gewesen, wenn das Kind
sein Essen erhielt, nun blieb sie einmal am Morgen, als sie schlecht
geschlafen hatte, im Bett, da sich der Vater anerboten hatte, das
Kind allein zu besorgen. Das Kind weigerte sich aber, den Brei
ohne die Gegenwart der Mutter zu essen, und so blieb dem Vater
nichts anderes übrig, als die Mutter herzuholen, welche sich im
Nachthemd auf ein Kinderstühlchen setzte.

Am selben Abend wehrte sich das Kind schreiend gegen die
Zumutung, seinen Brei zu essen, dabei war alles in Ordnung. Der
Vater stand außerhalb des Gatters und hatte seinen Hut auf, und
die Mutter war auch dabei. Allerdings trug sie jetzt ihre Tagesklei-
dung, und da das Kind immer wieder auf die Mutter zeigte, zog sie

schließlich ihr Nachthemd an und kam wieder ins Zimmer. Das Kind war aber erst zufrieden, als sie sich wieder auf das Kinderstühlchen setzte und von dort aus zuschaute, wie es aß.

Von jetzt an mußte sich die Mutter immer zur Essenszeit des Kindes das Nachthemd anziehen, sonst war an eine Nahrungsaufnahme gar nicht zu denken.

Bald ließ sich das Kind nicht mehr von zufällig eingetretenen Ereignissen leiten, die es wiederholt haben wollte, sondern begann, sich selbst neue Forderungen auszudenken. So deutete es als nächstes auf den Schrank, der im Zimmer stand, und schaute dazu seine Mutter an. Die Mutter ging auf den Schrank zu und wollte ihn öffnen, doch da heulte das Kind auf und zeigte auf die Decke des Schranks. Die Mutter sagte, nein, das mache sie nicht, da legte sich das Kind auf den Boden und strampelte mit Händen und Füßen in der Luft, indem es gellende Schreie von besonderer Widerlichkeit dazu ausstieß. Trotzdem beschlossen die Eltern, auf diesen Wunsch des Kindes nicht einzugehen, und so mußte es ohne Essen ins Bett. Bis zum Morgen, so hofften sie, hätte es den Gedanken bestimmt wieder vergessen.

Als die Mutter am andern Morgen im Nachthemd auf dem Kinderstühlchen saß und der Vater im Hut vor dem Gatter stand und dem Kind das Essen eingeben wollte, lehnte es wieder ab und zeigte auf die Decke des Schranks. Die Eltern erfüllten ihm den Wunsch nicht, aber das Kind aß nichts.

Nach zwei Tagen, als es bereits Schwächeerscheinungen zeigte, weil es außer Wasser nichts zu sich genommen hatte, gaben die Eltern nach, die Mutter kletterte im Nachthemd auf den Schrank und legte sich flach hin, worauf das Kind sofort und mit großer Begeisterung seinen Brei aß, sich aber immer wieder mit Blicken versicherte, ob die Mutter ihm auch wirklich beim Essen zuschaue. Die Eltern waren nach dieser Niederlage sehr geschlagen und schauten geängstigt dem entgegen, was noch kommen würde. Man kann sich fragen, ob ihr Verhalten richtig war, aber sie sahen keinen andern Weg, um das Kind nicht verhungern zu lassen. Die Kinderärztin, die immer für die Kinder und gegen die Eltern entschied, empfahl dringend, den Wünschen des Kindes nachzugeben, da es wichtiger sei, daß das Kind esse, als daß die Eltern möglichst sorglos lebten, und ein Kinderpsychologe, mit dem der

Vater bekannt war, konnte auch nicht helfen, sprach von einer etwas verfrühten Trotzphase und machte vage Hoffnungen, daß sie vorübergehend sei.

Dafür gab es aber noch keine Anzeichen, denn als das Kind das nächste Mal essen sollte, rannte es zum Fenster und war nicht mehr davon wegzubringen. Der Vater wies das Kind auf die Mutter hin, die ordnungsgemäß im Nachthemd auf dem Schrank lag, deutete auf seinen Hut und wollte ihm das Essen über das Gatter geben, aber das Kind schüttelte sich am ganzen Körper und griff mit beiden Händen nach dem Fenstersims. Der Vater wollte es zwar nicht wahrhaben, aber er wußte, was das bedeutete. Das Zimmer lag im ersten Stock, er holte also eine Leiter im Keller, stellte sie außen an das Haus, stieg darauf zum Kinderzimmer hoch und reichte dem Kind den Brei durch das offene Fenster. Das Kind strahlte und aß alles auf.

Am folgenden Tag regnete es, und der Vater erstieg die Leiter zum Kinderzimmer mit einem Regenschirm. Von nun an mußte er immer mit dem Regenschirm ans Fenster kommen, unabhängig vom Wetter, sonst wurde der Brei nicht gegessen.

Inzwischen hatten die Eltern, um sich etwas zu entlasten, ein Dienstmädchen genommen. Das Kind jedoch lehnte dieses gänzlich ab und wollte sich nur von der Mutter betreuen lassen. Auch die Hoffnung, das Dienstmädchen könne sich im Nachthemd der Mutter auf den Schrank legen, erwies sich als falsch, das Kind verfiel fast in Tobsucht ob des plumpen Täuschungsversuches. Als aber das Dienstmädchen das Zimmer verlassen wollte, war es auch wieder nicht recht. Es mußte am Gatter stehenbleiben und ebenfalls zusehen, wie das Kind aß, und auch das reichte noch nicht. Es aß erst, wenn das Dienstmädchen bei jedem Löffel, den es schluckte, einmal eine Rasselbüchse schüttelte.

Das, hätte man annehmen können, war nun fast das äußerste, aber jetzt fing das Kind an, den Vater wegzustoßen, wenn er sich über den Sims lehnte, und auch den Teller mit dem Brei hinunterzuwerfen, den der Vater jeweils aufs Fensterbrett stellte. Dem Vater fiel nichts anderes mehr ein, als sich eine sehr hohe Bockleiter zu kaufen. Die stellte er in einiger Entfernung von der Hausmauer auf, stieg dann hoch und verabreichte dem Kind den Brei mit einem Löffel, den er an einem Bambusrohr befestigt hatte. Um mit diesem Löffel in den Brei eintauchen zu können, mußte er den linken Arm mit dem Teller ganz ausstrecken, konnte also den Brei nicht auf der Leiter abstellen. Da er aber nicht ohne Schirm auftreten durfte und ihn nicht wie bisher in der Hand halten konnte, hatte er sich ein Drahtgestell angefertigt, das er auf die Schultern nehmen konnte und in welches der Schirm eingesteckt wurde, so daß er ihn etwa in derselben Höhe über sich trug, als wenn er ihn in der Hand hätte.

Ein Nachbar, der zu diesem Zeitpunkt seinen Feldstecher auf das Haus gerichtet hat, sieht also folgendes:

Der Vater reicht dem Kind den Brei in einem an einer Bambusstange befestigten Löffel von einer Bockleiter außerhalb des ersten Stockes durchs Fenster. Dazu trägt er einen Hut und einen Regenschirm, den er an einem Drahtgestell über den Schultern festgemacht hat. Die Mutter liegt im Nachthemd auf dem Schrank, und das Dienstmädchen steht vor dem Gatter, das im Türrahmen eingeklemmt ist. Beide schauen zu, wie das Kind ißt, und das Dienstmädchen schüttelt zusätzlich bei jedem Löffel, den das Kind schluckt, eine Rasselbüchse.

Wenn diese Bedingungen erfüllt sind, und nur dann, dann ißt das Kind.«

Das Rätseln über die Ursachen

Kommt bei flüchtigen Gesprächen das Thema auf den kleinen Haustyrannen, bekommt man meist als resolute, ungehaltene Erklärung zu hören: »Das ist die Folge der antiautoritären Welle.« Falsch getippt! Diese Welle brachte zwar eine Menge erziehungsschwierige Kinder und Jugendliche hervor, die wenig Achtung vor ihren Eltern und allgemeinen Regeln haben, die wenig belastbar und haltlos sind, unter Sinnlosigkeit des Lebens leiden, zur Resignation und zum »Null-Bock-Syndrom« beziehungsweise zur Zerstörung der sinnlosen Welt und der eigenen Person neigen, sie müssen aber nicht die Umwelt beherrschen. Oftmals suchen sie geradezu einen Halt an dem Starken, sei es ein Sekten- oder Bandenführer, ein einzelner oder eine Gruppe. Zugegeben, die antiautoritären Tendenzen haben eine Desorientierung gestiftet, auf die zum Beispiel die Angst der Eltern, den Willen des Babys zu beschneiden und dessen Ausuferung lieber zu dulden, zurückgeführt werden könnte. Dies allein kann aber die Ursache nicht sein.

Letzten Endes erinnern sich die Diskutierenden daran, daß es schon seit jeher solche Herrschsüchtigen gab. Man findet schon in der Bibel einen Herodes, dem einen kommt die herrische Schwiegermutter, dem anderen der Abteilungsleiter in den Sinn. Wohl seien sie schon als Kinder von Kopf bis Fuß bedient und mit Machtbefugnissen über andere Geschwister ausgestattet gewesen. Früher hat man sie eher als »Hoffärtige« bezeichnet. Die Gründe jedoch, daß das Phänomen heute derart gehäuft auftritt und daß es ausgerechnet in Familien passiert, die von vornherein keinen Tyrannen erziehen wollten, sind nicht zu fassen. Um das Unheimliche daran zu erklären, denkt man an Vererbung, denn »der jüngste Bruder von Opa ist auch so schwierig gewesen, er wurde zum gefürchteten Oberfeldwebel«, und man sucht auch bei der Astrologie Rat. »Kein Wunder, daß uns Alexander ausnimmt«, sagte mir seine Mutter. »Ich bin Schütze, der gerne Freiheit gewährt, mein Mann ist Waage, und Alexander Skorpion. Im wahrsten Sinne des Wortes ein Skorpion. Und seine Lehrerin ist auch ein Skorpion. Da ist doch klar, daß sich die beiden nicht vertragen konnten!«

Schon anhand dieser wenigen Beispiele wird die Gefährlichkeit solcher Deutungen spürbar, die nur einer einzigen Ursache für ein so komplexes Geschehen nachgehen. Es verwundert nicht, daß Eltern aus Verzweiflung und aus Unwissen heraus zu solchen monokausalen Vereinfachungen neigen. Sie suchen Hilfe bei Fachleuten. Diese aber neigen zu ähnlichen Denkfehlern. Aus lauter Angst vor Unwissenschaftlichkeit, die aus einem ungenauen Erfassen der Daten entstehen könnte, packen sie das Problem nicht in voller Breite an, sondern zerstückeln es lieber in meßbare, berechenbare Einzelteile. Aufgrund dieses mechanistischen analytischen Denkens kommt es – je nach Spezialisierung des Fachmannes – vor, daß das eine oder andere Detail überbewertet wird und daß dann einer einzelnen Ursache eine unrealistisch hohe Bedeutung beigemessen wird.

So neigen die Wissenschaftler dazu, entweder die Unruhe, die

Konzentrationsstörungen oder den Einfluß der Massenmedien und dergleichen zu untersuchen. Die unter diesem schmalen Blickwinkel abgeleiteten Diagnosen und Hilfen fallen jedoch genauso schmalspurig aus und gehen oftmals am wahren Problem vorbei. So hätte man anstelle der Herrschsucht bei Alexander die von der Lehrerin verschuldete Schulphobie diagnostiziert. Bei Michael waren Fachleute geneigt, die geistige Behinderung mit Störung der vestibulären, taktil-kinästhetischen Funktion zu diagnostizieren und ein sensomotorisches Training zu empfehlen.

Im folgenden will ich einige dieser Interpretationsversuche auflisten, ohne sie in Frage zu stellen, denn jede hat ihre Berechtigung, sofern sie zum Verständnis der gesamten Problematik beiträgt.

– Die Annahme einer *biochemisch bedingten hirnorganischen Störung* kann zur Anordnung von Psychopharmaka führen. Nach Hochrechnungen des IMS (Institut für Medizinische Statistik in Frankfurt) werden in der Bundesrepublik Deutschland pro Jahr allein vierhunderttausend Hypnotika und Sedativa für Kinder unter zwölf Jahren verordnet, darunter befinden sich auch abhängigkeitserzeugende Schlafmittel. Außerdem wurden dieser Altersgruppe einhunderttausend Antidepressiva und erschreckenderweise fünfundsechzigtausend Tranquilizer und zweihundertfünfundzwanzigtausend Neuroleptika (das sind Mittel, die auf das zentrale Nervensystem dämpfend wirken) verschrieben. Der Kinderarzt Dr. Walther berichtet von einer Informationstagung zu dem Thema »Psychopharmaka in der Erziehung« in Frankfurt: »Psychopharmaka werden oft bei Konzentrations- und Merkstörungen, bei Schlafstörungen und bei Unruhe und Hyperaktivität für Kinder verordnet. Nur in den allerwenigsten Fällen ist dies gerechtfertigt, etwa bei kindlichen Psychosen oder bei epileptischen Anfällen.«

– Ähnliche Interpretationen finden wir bei Heilpraktikern und in der homöopathischen Medizin, die *phosphat-* und *bleihaltige Nahrung* allein für die Unruhe und die hohe Reizbarkeit des Kindes verantwortlich machen. Die Umweltverschmutzung sei schuld an allem Übel. So haben sich schon mehrere

Eltern-Initiativgruppen gebildet, um auf ökologischer Basis Selbsthilfe zu praktizieren. Das alleinige Umstellen auf blei- und phosphatarme Kost läßt manches ernsthafte erzieherische Problem außer acht, ja kehrt es geradezu unter den Teppich.

– Vertreter der Theorien von *hirnorganischen Dysfunktionen und minimalen Hirnschädigungen* gehen davon aus, daß die Verhaltensstörungen, die Unzufriedenheit der Kinder in dem Spannungsfeld zwischen hoher Intelligenz und gestörter Durchführungsmöglichkeit entstehen. Infolgedessen meinen sie, daß den Kindern mit einer neurophysiologischen Reorganisation in Form eines Funktionstrainings auf neurophysiologischer Grundlage durch Ergo- und Physiotherapeuten geholfen werden kann. Es werden zusätzlich Aufmerksamkeitsschulungen auf verhaltenstherapeutischer Grundlage mit Belohnersystemen angeboten.

– Die breite Masse der Bevölkerung gibt dem *Fernsehen* die Schuld für die heutigen Verhaltensauffälligkeiten. Wahrscheinlich kann sich diese Meinung deshalb so verbreiten, weil man das Fernsehen im wahrsten Sinne des Wortes »vor Augen hat«, es zum täglichen Lebensinhalt und zum Gegenstand des Machtkampfes geworden ist. Die Mutter eines herrschsüchtigen Kindes, Studienrätin, berichtet: »Wer die Fernsteuerung besitzt, der hat bei uns die Macht und bestimmt, was wir alle wahrzunehmen haben.« Ein Vater sagt dazu: »Wenn ich meinem Sohn bei seiner Fernsehwahl nicht nachgebe, macht er einen solchen Terror, daß ich sowieso nichts vom Fernsehen habe, also gebe ich gleich nach und habe meine Ruhe.«

Das Fernsehen zerstört vielfach die familiäre Beziehungsdynamik, die kulturelle Beeinflussung und die Einstellung zu den Werten. Der auch bei uns bekannt gewordene Autor Neil Postman meint in seinem Buch ›Wir amüsieren uns zu Tode‹, daß das Fernsehen unsere Kultur in eine riesige Arena für showbusiness verwandelte, in der praktisch jedes Thema zur Unterhaltung angeboten wird.

Weil das Fernsehen zur wichtigsten Freizeitbeschäftigung geworden ist und in seinen attraktiven Angeboten der Nachahmung Vorschub leistet, steckt es den Zuschauer mit Oberflächlichkeit, Leichtlebigkeit, Erfolgsdenken und Faszination von

Kraft und Aggressivität an. Je häufiger und brutaler die Demonstration der Aggressivität dargestellt wird, um so eher geschieht die Abstumpfung, die Ansteckung vom und zum Bösen. So manches Kind orientiert sich am Vorbild von Rambo und He-Man, fasziniert durch die Macht brutaler Gewalt, ohne dabei die Chance zu bekommen, zwischen Gut und Böse zu unterscheiden. Viele Eltern haben daraufhin das Fernsehen eingeschränkt oder ganz verboten. Das Problem des herrschsüchtigen Kindes haben sie dadurch jedoch nicht gemildert.

– Eine andere Annahme sucht ebenfalls die Ursachen nicht bei den Betroffenen: Jeder Mensch werde durch sein Umfeld geprägt, ganz besonders das hilflose, kleine, manipulierbare Kind. Es sei wehrlos den Projektionen seiner Eltern mit ihren neurotischen Nachholbedürfnissen ausgeliefert, quasi das Opfer der eigenen Eltern. Jeder einzelne habe sein eigenes Lebensskript und behindere den anderen, so auch das Kind, in seiner persönlichen Entfaltung. Wenn diese genannten Verdachtsmomente als einzige Ursache gesehen werden, dann werden die Eltern der Familientherapie und das Kind einer non-direktiven Spieltherapie zugewiesen.

– Die Kritiker der *Genuß- und Wegwerfgesellschaft* sehen die destruktiven Störungen als Folge von Verweichlichung, Verwöhnen und Bequemlichkeit. Sie vermissen den natürlichen Raum, in dem man seine realen Kräfte messen und zu einem realen Selbstwertgefühl gelangen kann. Anstelle von Eigenaktivitäten bekomme das Kind das fertige Spielzeug, die fertige Nahrung und die fertige Musik vorgesetzt. Die Fertigstellung sei technisch perfekt und gut organisiert in einer Fabrik erfolgt. Der Gegenstand sei leicht ersetzbar und erfahre keine Wertschätzung mehr. Viele Kinder wüßten nicht, woher Milch, Eier, Gemüse- und Obstkonserven kämen. Sie sähen den Supermarkt als Quelle und meinten, diese Dinge könnten wie ein Kaugummi benützt werden: kaufen, kauen und ausspucken.

– Als eine wichtige Ursache für die angestauten und nicht abgeleiteten Aggressionen wird der *Mangel an Spielmöglichkeiten und Spielplätzen* gesehen.

– Das größte Hindernis in der Entwicklung des Sozialverhaltens ist für viele aber die *Kleinfamilie,* die perfekt eingerichtet, mit

allen Diensten versorgt, hermetisch abgeschlossen in ihren vier
Wänden lebt. In einer solchen Kleinfamilie wächst wohlbehütet
das Einzelkind auf. Ich kenne vierzehnjährige Kinder, die noch
nie ein Stück Brot selbst mit dem Messer abgeschnitten haben,
die noch nie Schuhe geputzt haben oder sich einen Knopf annä-
hen, geschweige denn der Mutter helfen oder Pflichten übernehmen mußten. Warum auch – die perfekte Organisation unserer
Konsumgesellschaft erfand den Einkaufswagen und die Tiefga-
rage. Sie nehmen uns das Gehen und das Tragen ab.
– Die Anwendung der *Computersprache* führt zur Verarmung des
Denkens, und weil man sie als Mittel zur Kommunikation sowie
anstelle der zwischenmenschlichen Kommunikation benutzt,
wird auch die Sozialisation in Mitleidenschaft gezogen. Gleichzeitig aber vermittelt das mechanische Denken der Rechenma-
schinen eindeutige Denkschlüsse, die der Tendenz der stark ver-
unsicherten Leute, sich vor der unberechenbaren Vielfalt des
Lebens zurückzuziehen, entgegenkommen. Das suchtartige
Starren auf den Bildschirm der Computer ergriff schon die ganze Generation der Eltern, und es bleibt zu fragen, inwieweit
deren Denken, das die emotionale Lebendigkeit immer mehr
dämpft, auch schon die Kinder infizierte.
Die Kritik an dieser Gesellschaft und deren *Verschmutzung*, vom
Waldsterben bis hin zu ethischen Werten, hat ihre Berechtigung.
Aber bei der Betreuung eines schwer verhaltensgestörten Kindes
hat diese Betrachtung eine begrenzte Bedeutung. Bei der fast
monumentalen Größe des apokalyptischen Problems fühlen sich
viele Eltern ohnmächtig, so als wäre alles verloren, und neigen zur
Resignation.
Die Menschen sind an einem Kulminationspunkt angelangt, an
dem sie die weitere Entwicklung als Gefährdung betrachten und
innerhalb ihres bestehenden, durch Computer gesteuerten und den
Gefühlen entfremdeten Kulturkreises echte Aktivitäten für *die
Rückkehr zur Instinktgebundenheit* entwickeln. Im Interesse einer
Erneuerung des Menschseins verzichten viele junge Eltern auf die
Empfehlung ihrer Eltern, einer Generation, die in der ersten Hälf-
te des 20. Jahrhunderts von der Denkweise des amerikanischen
Behaviorismus geprägt wurde. Der Höhepunkt dieser erfolgsbe-
setzten und rationellen Denkweise in der Lernpsychologie und

Pädagogik war, daß es als schädlich empfunden wurde, Säuglinge zu verwöhnen und mit Trost auf ihr Weinen zu reagieren. – Es sei vermerkt, daß diese kühle Form der Kinderbetreuung zwar jede Menge neurotischer Abhängigkeiten von Ersatzbefriedigungen, eben auch die Computersucht, auslöste, aber keine spezifische Zunahme von Herrschsucht. – Die jungen Eltern kämpfen für die natürliche Geburt, für anschließendes rooming-in, um die Bindung zum Kind aufrechtzuerhalten, für das Tragetuch statt des Kinderwagens und für das Stillen.

Diese Kampfbereitschaft für die Vermenschlichung bildete sich zunächst in den USA, wo auch die Verwüstung durch die Technokratie zunächst einsetzte und alsbald in die BRD und Japan überging. Und eben von hier kommen erschreckende Zahlen über die ins Uferlose geratenen Aggressionen und Destruktionen: In den USA ermittelten jüngste Statistiken zwei Millionen Eltern, die von ihren Kindern mißhandelt wurden. (Vermerk der Autorin: Es handelt sich hier nicht um eine Verwechslung!) In der BRD begingen unter einhunderttausend Einwohnern eintausendachthundertsiebzig Personen Selbstmord. Darunter fallen eintausenddreihundert junge Menschen, die ihr Leben selbst beendeten, wobei bei Kindern ab dem achten Lebensjahr Selbstmord zunimmt.

Die Kritiker, denen es nicht gelang, die »sanfte« Welle zu stoppen und die technische, sterile Kinderbetreuung zu konservieren, meinen nun, recht bekommen zu haben. Die Ursache des Unheils sei durch die Abwendung von der Vernunft sowie durch die Betonung der Instinkte, die ja den Menschen gar nicht mehr zur Verfügung stehen, zu suchen. Es wäre wohl am besten, wenn wir den vom Weg abgekommenen Karren wieder auf die »alten Gleise« brächten. Darunter sind jene neurotisierenden Empfehlungen aus der erwähnten Zeit gemeint, in der die Technokratie die Existenz der Instinkte strich, ohne noch über die Emotionalität des Kleinkindes zu wissen.

Meine Ausgangsgedanken zur Entstehung der Herrschsucht

Ich gehe von der Sichtweise aus, die sich in der Psychologie und Psychiatrie immer mehr durchsetzt, daß psychische Störungen nie durch eine bestimmte Ursache entstehen, sondern »als Ergebnis von Wechselwirkungen mehrerer Kräfte ..., die innerhalb eines komplizierten Gesamtwirkungsgefüges auf unterschiedlichen Ebenen zueinander in Beziehung treten«, zu verstehen sind. Keine von den genannten Einzelursachen unterschätze ich. Je nach Kind und Situation, je nach der Art seiner Eltern, der Art seiner Mentalität und der der Familie kann diese oder jene Ursache im Rahmen des Ganzen mehr wiegen. Bei dem einen kann es eine ausgeprägte Herrschsucht bewirken, beim anderen entsteht sie unter ähnlichen Bedingungen nicht, weil die angeborene Anlage den krankhaften Bedingungen nicht unterlag.

Nur unter dieser Betrachtungsweise gestatte ich mir, die Aufmerksamkeit auf eine bestimmte Ursache zu lenken. Es mag erschütternd wirken, wenn ich einen bestimmten Zusammenhang zwischen der »sanften Welle« und der Herrschsucht vermute.

Dieses Risikos bin ich mir bewußt. Dennoch – eben dieser Welle zuliebe – wage ich auf einen Fehler hinzuweisen, der bei der Rückkehr zu alten, auf instinktivem Verhalten beruhenden Traditionen der Kinderbetreuung unterläuft. Wenn in den primitiven Kulturkreisen ein Kleinkind am Körper der Mutter getragen und gestillt wird, muß es sich notgedrungen ihr wie auch den ganzen Lebensbedingungen der Großfamilie anpassen. Es wird noch weitgehend in seinen Aktivitäten gehemmt, fühlt sich aber geborgen und unter der gegenseitigen Anpassung von seinen Eltern und Geschwistern – oder wer auch immer es trägt – verstanden, seine Bedürfnisse nach Bindung werden gesättigt, nur allmählich bekommt es von den beschützenden Eltern Zugeständnisse zur Loslösung.

Wenn aber heutige Eltern das Kind tragen, geschieht eine Umkehrung der Anpassung: Die Eltern passen sich mitsamt dem Rahmen der wohlständigen Lebensbedingungen des technokratischen Kulturkreises und der Kleinfamilie dem Baby an. Dadurch entgeht dem Kind nicht nur die Chance, seine Adaptation an das Umfeld als Voraussetzung für die Lebenstüchtigkeit zu üben, sondern auch die Möglichkeit, sich geborgen zu fühlen. Das Baby ist nämlich in einer bestimmten Stufe seiner Denk- und Persönlichkeitsentwicklung in besonderem Maße dafür sensibel, sich selbst als allmächtig und die Eltern als voll beherrschbar zu erkennen. Wird ihm diese Erfahrung zu seiner zuverlässigsten, bleibt ihm nichts anderes übrig, als das Beherrschen der Umwelt zur Ersatzbefriedigung seiner Grundbedürfnisse nach Geborgenheit zu machen. Es wird von der Erfahrung seines Herrschens suchtartig abhängig.

Mir selbst geht es um die Bekräftigung folgender Annahme: Wenn zwei dasselbe tun, so ist es noch lange nicht das gleiche. Man kann nicht unbedacht die Lebensweise einer vorindustriellen Gesellschaft oder einer sogenannten »Dritten Welt« in unsere technokratische Wohlstandsgesellschaft übertragen. Es ist nicht meine Absicht, von der Rückkehr zum Instinktiven abzuraten, ja, ganz im Gegenteil geht es mir darum, die »sanfte Welle« vor ihrem Verruf zu schützen und ihren humanistischen Strebungen die Stange zu halten.

Betroffen sind von den Problemen nicht die Mütter, die ihre Kinder wegen ihrer eigenen Emanzipation vernachlässigt haben, sondern ganz im Gegenteil: Es handelt sich um eine viel jüngere Generation, die aus innigster Überzeugung heraus und aus Angst vor Fehlern versucht hat, sich ganz und gar dem Kind zu widmen. Ausgerechnet diese Eltern, die diese Gesellschaft menschlicher machen möchten, kommen in Schwierigkeiten.

Wie wenig wir uns auf unsere Instinkte verlassen können

Durch den vom Rationalismus geprägten Lebensstil sind unsere Instinkte weitgehend verstummt. Wir wissen und spüren nicht mehr voll, was für das Baby gut ist und was ihm schadet. Solche Beobachtungen mache ich, wenn ich Eltern und Fachleuten aus pädagogisch-psychologischen Berufen, einschließlich denen aus dem Bereich der Frühförderung, Filme von der Dritten Welt zeige. Ist es gut, wenn das Kind ganz fest gewickelt ist, so daß es nicht einmal die Hände frei hat? Schaden dem Baby die vehementen Bewegungen der Mutter nicht, wenn sie Getreide drischt? Wie wirkt sich das ständige Tragen im Tuch oder das Sitzen auf einem Tragschal auf die Wirbelsäule des Babys aus? Wenn das Kind meist auf dem Rücken oder nach Art der Beduinen unter dem Schleier der Mutter getragen wird, so daß es nicht die Gelegenheit zum Blickkontakt mit der Mutter bekommt, wird es nicht autistisch? Was ist überhaupt wichtiger: der hautnahe Körperkontakt ohne Blickkontakt oder das Kind auf eine kleine Distanz anzuschauen und es anzureden? Erlebt das äthiopische Kind seine Mutter nicht als Bedrohung, wenn es, an ihrem Körper gehalten, den lebensvernichtenden Hunger und Durst erlebt? Und warum haben die Babys auf Sumatra oder in Peru keinen Schnuller? Ist das für die Kinder günstig oder ist es eine Reizüberflutung, wenn die Babys überall auf dem Rücken herumgetragen werden? Braucht das Kind nicht auch Stille und Ruhe sowie Freiheit für seine Gliedmaßen?

Im Laufe der Industrialisierung wurden die primitiven Betreuungsmaßnahmen immer mehr beseitigt. Anstelle der Mutter wurden Dinge und Regeln benutzt: Brutkasten, Wärmebettchen, Säuglingszimmer mit Reihen von Bettchen und Glasscheiben, Trinkflasche, Kinderwagen, Laufstall. Gefühle hat man versachlicht, verbildet. Für die Trennung des Kindes von der Mutter wurden medizinische und pädagogische Begründungen angeführt und anhand einiger aus dem gesamten Zusammenhang des Wohlbefindens des Kindes herausgerissener statistischer Daten wie etwa der Verringerung der Säuglingssterbequote beglaubigt. Eine perfekte medizinisch-technische Versorgung bekam die größte Bedeutung. Im Interesse der Infektionsverhütung – daher auch Glasscheiben zwischen Mutter und Kind, keine Anwesenheit des Vaters bei der Geburt, kein Anlegen an die Brust – wurde die Sterilität groß geschrieben. Daß sich dadurch eine Sterilität der Gefühle einschleicht, wurde von den verkopften Fachleuten nicht beachtet. Die Begründungen dafür schienen emotional ausreichend zu sein: Auch die Mutter soll ihre Ruhe haben. Das Kind mußte sich an Regeln gewöhnen. Es sollte schreien, damit es die Stimmbänder kräftigte.

Je mehr die Fortschritte der Technik auch den Lebensstil prägten, desto weniger Ursprünglichkeit wurde überliefert: Die Urgroßmutter wurde in ihrer Kindheit noch getragen, gestillt und schlief mit den kleinen Geschwistern im Bett der Eltern. Die Großmutter wurde als Kind zwar nicht mehr getragen, weil man für sie schon einen Kinderwagen hatte, aber sie wurde noch gestillt und mußte aus Platzgründen im Bett der Mutter schlafen, wo sie auch immer wieder den tröstenden Körperkontakt bekam. Die Mutter wurde weder getragen noch gestillt, mußte aber essen, was ihr vorgelegt wurde, und mußte, ob sie wollte oder nicht, in ihrem Bett schlafen, wo ihr Weinen, außer bei Krankheit, nicht beachtet wurde.

Beim Anleiten des »Festhaltens« mache ich eine eigenartige Beobachtung, die allerdings wegen der Anhäufung schon typisch ist. Wenn ich eine türkische Mutter, eine Perserin oder Bolivianerin auffordere, das Kind auf dem Arm zu trösten, versetzen sie das Kind sofort in schnelle, rhythmische Bewegungen. Meist tun es die Mütter, sobald sie das Kind auf dem Arm spüren, ohne auf meine Anregung zu warten. Als ich sie testweise zum Stillstand aufforderte, reagierten die Mütter, als müßte etwas Außerordentliches kommen: »Was ist los? Warum das?« Der tröstende Rhythmus des Wiegens, Körper an Körper, war diesen Frauen von Kindheit an »in Fleisch und Blut« übergegangen. Er ist unzertrennlich und unbewußt an das Bedürfnis nach Beruhigung und innerem Gleichgewicht gekoppelt. Dagegen neigen die deutschen, amerikanischen, holländischen und aus anderen »zivilisierten« Ländern kommenden Mütter dazu, das Kind ohne jegliche zusätzliche rhythmische Bewegung wie Wiegen oder Streicheln an sich zu drücken und es in diesem statischen Zustand anzusprechen.

Oftmals höre ich von diesen Müttern, daß sie meinen, ihr Kind richtig zu betreuen, wenn sie sich im Einklang mit ihren Gefühlen befinden. Diese Sicherheit dauert jedoch nur, solange keine schweren Verhaltensstörungen auftauchen. Denn hinter der Stimmigkeit der Gefühle kann sich auch ein neurotisches Nachholbedürfnis verstecken und eine instinktgebundene Sicherheit. So ein Nachholbedürfnis bestand bei der Mutter von Alexander: Weil sie zu wenig Nestwärme als Kind erfuhr, übertrug sie dieses Bedürfnis auf das heißgeliebte Nesthäkchen und sättigte sich selbst, indem sie, anstatt sich selbst zu verwöhnen, ihn vor Enttäuschungen schützte. Mit ihren Gefühlen war sie sicher im Einklang, aber nicht mehr mit den Instinkten, wenn sie dem Kind zehn- bis zwanzigmal pro Nacht seine Flasche aufwärmte und es im Kinderzimmer, weit weg vom Elternbett, schlafen ließ.

Ähnliche Nachholbedürfnisse und zugleich Entfremdungen vom Instinktiven vernebeln bei den meisten Eltern die Sichtweise. Sie wissen nicht mehr, ob das rooming-in nur tagsüber oder Tag und Nacht sein sollte, manche meinen, daß es erst einige Tage nach der Geburt einsetzen kann. Die größte Angst der Eltern dreht sich um die Loslösung des Kindes, noch bevor es die Bindung im Nest auskostete. Sie freuen sich, wenn das Baby gleich nach der Entlassung von der Geburtsklinik in seinem Kinderzimmer alleine durchschläft. In größte Angst aber schlägt diese Freude um, wenn das Kind aufwacht – was tun? Darf man das Kind trösten? Reicht dazu die Stimme der Mutter, ohne das Kind zu berühren, oder soll man das Kind in den Arm nehmen oder sogar ins Bett? Wird das Kind dann überhaupt noch in seinem Bett schlafen wollen? Hier spuken die Warnungen der Großmütter herum: Wenn du das Kind heute ins Bett nimmst, wirst du es nicht wieder los!

Selbst wenn eine Mutter von einem noch primitiveren Kulturkreis die gleichen neurotischen Nachholbedürfnisse hätte, würde sie für die Art der Kinderbetreuung schnell ein Korrektiv in den traditionellen Regeln ihrer Umgebung finden. So wie alle anderen Mütter in der Großfamilie würde sie das Kind auf eine bestimmte Weise in die Hängematte bei ihrem Bett legen oder es an ihren Körper binden. Dieses natürliche Korrektiv gibt es in unserer individualistischen, zersplitterten Gesellschaft immer weniger. Eine Großfamilie gibt es nicht mehr, die Gespräche mit dem Nachbarn werden immer weniger, der einzelne wird verunsichert durch eine Menge von widersprüchlichen Meinungen, die er durch die Massenmedien empfängt. Ob die oder jene Information maßgebend sein könnte, läßt sich nicht mehr ohne weiteres beurteilen. Denn der Autor bleibt weitgehend anonym, man weiß nicht, ob seine Stellungnahme nur vom Kopf kommt oder intuitiv richtig erspürt wurde.

Je weniger wir uns – zu unserem großen Schaden – auf unsere Intuition verlassen können, um so mehr müssen wir über die instinktiven Bedürfnisse des Kleinkindes, über seine zunehmenden kognitiven Verarbeitungsmöglichkeiten und über seine Persönlichkeitsentwicklung wissen. Ohne dieses Wissen sind wir nicht in der Lage, dem Kind das zukommen zu lassen, was ihm auf der jeweiligen Entwicklungsstufe zusteht. Erst relativ spät waren diese Themen Gegenstand der Wissenschaft. Die Untersuchungen von René Spitz, John Bowlby und Donald W. Winnicott trugen dazu bei, ein besseres Verständnis für die Erlebniswelt des Babys zu bekommen. Noch mehr an die instinktiven Bedürfnisse knüpfte H. F. Harlow an, indem er in Versuchen mit Äffchen nachgewiesen hat, daß für Säuglinge das Anklammern an die Mutter eine primäre Bedeutung hat und das Trinken zweitrangig ist.

In diese Spuren traten bahnbrechend und auf eigene Art Annemarie Dührsen, Theodor Hellbrügge, Christa Meves, Bernhard Hassenstein und andere. Erst in den siebziger und achtziger Jahren dieses Jahrhunderts wird die Wissenschaft wach dafür, daß die Beziehung zwischen Kind und Mutter schon vor der Geburt anfängt und unmittelbar nach der Geburt fortzusetzen ist. Einige Namen von der noch bescheidenen Reihe der Wissenschaftler seien genannt: Gustav H. Graber, Hanus und Mechthild Papoušek, Anneliese Korner, Thomas Verny, Sepp Schindler, Stanislav Grof und andere.

In die wissenschaftliche Welt sickert das neue Wissen nur langsam ein. Die Abwehr der naturwissenschaftlich Denkenden ist noch groß, denn sie haben ihre Sicherheit nur in Daten und Methoden gefunden, die auf exakter Berechenbarkeit beruhen. Wie kann man jedoch ein Erlebnis der Liebe, der Geborgenheit, des Trennungsschmerzes exakt untersuchen? Zerlegt man das Gefühl in einzelne meßbare Bestandteile wie die Dauer des Blickkontaktes, die Tiefensensibilität beim Umarmen, die Menge der Tränen und dergleichen, hat man nur die unwesentlichen Bestandteile erfaßt, aber keinesfalls das Ganze. Aber das Ganze ist viel mehr als die Summe der Einzelelemente. Um so weniger können diese Fachleute an die Praxis etwas weitergeben, was sie noch nicht überprüft haben. Und so beißt sich die Katze in den eigenen Schwanz.

Seitens der Fachleute waren es im Grunde nur fühlende Praktiker wie Fréderick Leboyer, die sich trauten, den Damm für die sanfte Welle zu durchbrechen und die erneuernde Initiative der Eltern zu unterstützen. Zu einer ausgiebigen Orientierung reicht dies dennoch nicht, wenn es sich um einzelne Betreuungs- und Erziehungsprobleme über die sanfte Geburt hinaus handelt.

Alte Traditionen hat die technokratische Gesellschaft vernichtet, und neue Wege sind noch nicht erschlossen. Wen wundert es also, daß sich einer in diesem Niemandsland verirrt?

Bruno Bettelheim
Vom Sinn der Märchen und des Lebens

Wenn wir nicht einfach in den Tag hinein leben, sondern uns unserer Existenz voll bewußt sein wollen, ist es unsere größte und zugleich schwerste Aufgabe, in unserem Leben einen Sinn zu finden. Man weiß, daß viele Menschen den Lebenswillen verloren und den Kampf aufgegeben haben, weil dieser Sinn sich ihnen entzogen hat. Die Einsicht in den Sinn des eigenen Lebens erringt man nicht plötzlich in einem bestimmten Alter, auch nicht, wenn man den Lebensjahren nach ein reifer Mensch sein müßte. Im Gegenteil: Das Wissen um das, was der Sinn des Lebens sein könnte oder sein sollte, ist das Zeichen seelischer Reife und das Ergebnis einer langen Entwicklung. In jedem Lebensalter suchen und brauchen wir einen Sinn, und sei es nur ein Teilsinn, der der Entwicklung unserer Seele und unseres Begriffsvermögens entspricht.

Im Gegensatz zu Athene, die aus dem Haupt des Zeus entsprang, bricht Weisheit nicht als fertiges Ganzes hervor; sie erwächst vielmehr erst Schritt für Schritt aus irrationalen Anfängen. Erst der Erwachsene kann aus seiner Lebenserfahrung ein verstandesmäßiges Wissen vom Sinn seines Lebens auf dieser Welt gewinnen. Leider verlangen nur zu viele Eltern, daß der Verstand ihrer Kinder funktioniert wie ihr eigener – als müßten das Verständnis für uns selbst und die Welt genauso wie unsere Vorstellungen vom Sinn des Lebens nicht gleich langsam heranreifen wie unsere Seele und unser Körper.

Heute liegt wie in früheren Zeiten die wichtigste und schwierigste Aufgabe der Erziehung darin, dem Kind dabei zu helfen, einen Sinn im Leben zu finden. Dazu sind viele Wachstumserfahrungen nötig. Das Kind muß in seiner Entwicklung lernen, sich selbst immer besser zu verstehen; dann vermag es auch andere zu verstehen und schließlich befriedigende und sinnvolle Beziehungen mit ihnen herzustellen.

Um einen tieferen Sinn zu finden, muß man fähig werden, die engen Grenzen einer egozentrischen Existenz zu überschreiten und darauf zu vertrauen, daß man einen bedeutsamen Beitrag zum Leben leisten wird – wenn auch nicht gleich, so doch in der Zukunft. Diese Überzeugung ist notwendig, wenn jemand mit sich selbst und mit dem, was er tut, zufrieden sein soll. Um den Wechselfällen des Lebens nicht hilflos ausgeliefert zu sein, muß man seine inneren Kraftquellen erschließen, so daß Gefühle, Phantasie und Intellekt einander unterstützen und bereichern. Unsere positiven Gefühle verleihen uns die Kraft, unseren Verstand zu entwickeln; nur die Hoffnung auf die Zukunft läßt uns den Widrigkeiten standhalten, denen jeder von uns unvermeidlich ausgeliefert ist.

Als Erzieher und Therapeut von schwer gestörten Kindern betrachte ich es als meine Hauptaufgabe, ihrem Leben wieder einen Sinn zu geben. Dabei wurde mir klar, daß Kinder keine besondere Hilfe bräuchten, wenn sie so erzogen würden, daß das Leben sinnvoll für sie ist. Ich mußte feststellen, welche Erfahrungen die Fähigkeit des Kindes, einen Sinn in seinem Leben zu finden, am meisten fördern, und welche Erlebnisse dem Leben ganz allgemein mehr Sinn verleihen. Nichts ist dabei so wichtig wie der Einfluß der Eltern und anderer Personen, die für ein Kind sorgen; fast ebenso bedeutsam ist unser kulturelles Erbe, wenn es dem Kind auf die richtige Weise vermittelt wird. Für kleine Kinder erfüllt die Literatur diese Funktion am besten.

Unter diesem Gesichtspunkt ist ein großer Teil der Literatur, die dazu bestimmt ist, Geist und Persönlichkeit des Kindes zu entwickeln, freilich sehr unzulänglich, weil gerade jene Fähigkeiten, die es am meisten braucht, um mit seinen schwierigen inneren Problemen fertigzuwerden, nicht geweckt und angeregt werden. Die Vorschulbücher und Fibeln zum Lesenlernen verfolgen den Zweck, eine notwendige Fertigkeit zu lehren, und lassen die Sinnfrage beiseite; die meisten sogenannten »Kinderbücher« wollen unterhalten oder informieren – oder auch beides. Sie sind größtenteils inhaltlich so schal, daß sie kaum etwas vermitteln, was für das Kind von Bedeutung wäre. Die Aneignung von Fertigkeiten wie zum Beispiel das Lesenlernen wird entwertet, wenn das, was man dann lesen kann, nichts enthält, was für das eigene Leben wichtig wäre.

Wir alle neigen dazu, die künftigen Vorteile einer Tätigkeit da-

nach einzuschätzen, was sie uns heute bietet. Besonders gilt dies
für das Kind, das viel stärker als der Erwachsene in der Gegenwart
lebt. Trotz seiner Angst vor der Zukunft hat es nur eine ganz
verschwommene Vorstellung davon, wie diese Zukunft sein und
was sie erfordern könnte. Die Erwartung, das Lesenlernen werde
später einmal das Leben bereichern, entpuppt sich als leeres Ver-
sprechen, wenn die Geschichten, die dem Kind vorgelesen werden
oder die es selbst liest, nichtssagend sind. Das Schlimmste an solchen Kinderbüchern ist, daß sie das Kind um den Gewinn betrügen, den ihm der Umgang mit der Literatur bringen sollte: den
Zugang zu dem, was seinem Leben auf der jeweiligen Entwicklungsstufe einen tieferen Sinn gibt.

Soll eine Geschichte ein Kind fesseln, so muß sie es unterhalten
und seine Neugier wecken. Um aber sein Leben zu bereichern,
muß sie seine Phantasie anregen und ihm helfen, seine Verstandes-
kräfte zu entwickeln und seine Emotionen zu klären. Sie muß auf
seine Ängste und Sehnsüchte abgestimmt sein, seine Schwierigkeiten aufgreifen und zugleich Lösungen für seine Probleme anbieten.
Kurz: Sie muß sich auf alle Persönlichkeitsaspekte beziehen. Dabei
darf sie die kindlichen Nöte nicht verniedlichen; sie muß sie in
ihrer Schwere ernst nehmen und gleichzeitig das Vertrauen des
Kindes in sich selbst und in seine Zukunft stärken.

In dieser und in manch anderer Hinsicht ist sowohl für Kinder
als auch für Erwachsene – von wenigen Ausnahmen abgesehen – in
der gesamten »Kinderliteratur« nichts so fruchtbar und befriedi-
gend wie das Volksmärchen. Oberflächlich betrachtet, lehren Märchen zwar wenig über die Verhältnisse des modernen Lebens in
der Massengesellschaft, denn sie wurden erfunden, ehe diese entstand. Über die inneren Probleme des Menschen jedoch und über
die richtigen Lösungen für seine Schwierigkeiten in jeder Gesellschaft erfährt man mehr aus ihnen als aus jeder anderen Art von
Geschichten im Verständnisbereich des Kindes. Da das Kind der
Gesellschaft, in der es lebt, andauernd ausgesetzt ist, lernt es natürlich, sich in ihren Verhältnissen zurechtzufinden, wenn seine inneren Kräfte es dazu befähigen.

Gerade weil ihm sein Leben oft verwirrend erscheint, muß man
dem Kind Möglichkeiten geben, sich selbst in dieser komplizierten
Welt zu verstehen und dem Chaos seiner Gefühle einen Sinn abzu-

gewinnen. Es braucht Anregungen, wie es in seinem Inneren und danach auch in seinem Leben Ordnung schaffen kann. Es braucht – und dies zu betonen ist in unserer Zeit kaum notwendig – eine moralische Erziehung, die ihm unterschwellig die Vorteile eines moralischen Verhaltens nahebringt, nicht aufgrund abstrakter ethischer Vorstellungen, sondern dadurch, daß ihm das Richtige greifbar vor Augen tritt und deshalb sinnvoll erscheint.

Diesen Sinn findet das Kind im Märchen. Wie so viele moderne psychologische Erkenntnisse haben die Dichter dies schon vor langer Zeit gewußt. Friedrich Schiller schrieb: »Tiefere Bedeutung liegt in dem Märchen meiner Kinderjahre als in der Wahrheit, die das Leben lehrt.« Im Laufe der Jahrhunderte, wenn nicht gar Jahrtausende, in denen die Märchen immer wieder neu erzählt und schließlich immer stärker durchgeformt wurden, nahmen sie allmählich einen offenen und einen versteckten Sinn an. In ihrer jetzigen Gestalt sprechen sie alle Ebenen der menschlichen Persönlichkeit gleichzeitig an. Sie erreichen den noch unentwickelten Geist des Kindes genauso wie den differenzierten Erwachsenen. Mit den Begriffen des psychoanalytischen Persönlichkeitsmodells ausgedrückt: Die Märchen vermitteln wichtige Botschaften auf bewußter, vorbewußter und unbewußter Ebene, entsprechend ihrer jeweiligen Entwicklungsstufe. Da es in ihnen um universelle menschliche Probleme geht und ganz besonders um solche, die das kindliche Gemüt beschäftigen, fördern sie die Entfaltung des aufkeimenden Ichs; zugleich lösen sie vorbewußte und unbewußte Spannungen. Sie verleihen den Es-Spannungen Gestalt und Glaubwürdigkeit und zeigen Möglichkeiten auf, diese in Übereinstimmung mit den Erfordernissen des Ichs und des Über-Ichs zu lösen. Mein Interesse am Märchen gründet aber nicht auf einer solchen fachlichen Analyse seiner Vorzüge, sondern ist das Ergebnis einer Frage, die sich mir bei meinen Erfahrungen mit Kindern aufdrängte: Warum finden normale wie abnormale Kinder aller intellektuellen Entwicklungsstufen mehr Gefallen an Volksmärchen als an jeder anderen Art von Kindergeschichten?

Je mehr ich mich bemühte zu verstehen, warum das Märchen so bezeichnend für das innere Leben des Kindes ist, um so klarer wurde mir, daß das Märchen in einem viel tieferen Sinn als jede andere Lektüre dort einsetzt, wo sich das Kind in seiner seelischen und emotionalen Existenz befindet. In den Märchen kommen die schweren inneren Spannungen des Kindes so zum Ausdruck, daß es diese unbewußt versteht; und ohne die heftigen inneren Kämpfe des Heranwachsens herunterzuspielen, bieten sie Beispiele dafür, wie bedrückende Schwierigkeiten vorübergehend oder dauerhaft gelöst werden können.

Als ich durch die Spencer Foundation die Möglichkeit erhielt zu untersuchen, welchen Beitrag die Psychoanalyse zur Kindererziehung leisten kann – und Lesen und Vorlesen sind wesentliche Erziehungsmittel –, nahm ich die Gelegenheit wahr, genauer zu erforschen, warum Volksmärchen für die Erziehung der Kinder so wertvoll sind. Ich hoffe, daß das Verständnis für die einzigartigen Vorzüge der Märchen Eltern und Lehrer anregen wird, ihnen wieder die zentrale Rolle im Leben des Kindes einzuräumen, die sie jahrhundertelang innehatten.

Die psychologischen Probleme des Heranwachsens sind vielfältig. Das Kind muß narzißtische Enttäuschungen, das ödipale Dilemma und Geschwisterrivalitäten überwinden, es muß sich aus kindlichen Abhängigkeiten lösen und Selbstbewußtsein, Selbstwertgefühl und moralisches Pflichtbewußtsein erwerben. Um diese Probleme zu meistern, muß es verstehen, was in seinem Bewußten vorgeht, damit es auch mit dem zurechtkommt, was sich in seinem Unbewußten abspielt. Dieses Verständnis und diese Fähigkeit erringt es nicht durch rationales Erfassen seines Unbewußten, sondern nur, indem es mit ihm vertraut wird: indem es als Reaktion auf unbewußte Spannungen über entsprechende Elemente aus Geschichten nachgrübelt, sie neu zusammensetzt und darüber phantasiert. Dabei formt das Kind unbewußte Inhalte zu bewußten Phantasien, die es ihm dann ermöglichen, sich mit diesem Inhalt auseinanderzusetzen. In dieser Hinsicht haben die Märchen einen unschätzbaren Wert, weil sie der Phantasie des Kindes neue Dimensionen eröffnen, die es selbst nicht erschließen könnte. Was noch wichtiger ist: Form und Gestalt der Märchen bieten dem Kind Bilder an, nach denen es seine Tagträume ausbilden und seinem Leben eine bessere Orientierung geben kann.

Das Unbewußte ist eine mächtige Determinante des Verhaltens beim Kind wie beim Erwachsenen. Wenn das Unbewußte unterdrückt wird und sein Inhalt nicht ins Bewußtsein treten darf, wird entweder das Bewußtsein im Lauf der Zeit teilweise mit Derivaten dieser unbewußten Elemente überschwemmt, oder diese müssen unter so starrer, zwanghafter Kontrolle gehalten werden, daß die Persönlichkeit dabei ernsthaften Schaden erleiden kann. Wenn das unbewußte Material jedoch bis zu einem gewissen Grad ins Bewußtsein treten und in der Phantasie durchgearbeitet werden kann, verringert sich die Gefahr, daß es uns selbst oder anderen Schaden zufügt. Dann kann ein Teil seiner Kräfte positiven Zwecken dienen. Bei den meisten Eltern herrscht jedoch die Meinung vor, man müsse ein Kind von dem, was es am meisten bedrückt, ablenken, also von seinen gestaltlosen, namenlosen Ängsten und von seinen chaotischen, zornigen oder auch gewalttätigen Phantasien. Viele Eltern glauben, man sollte das Kind nur mit bewußter Wirklichkeit oder angenehmen, wunscherfüllenden Bildern konfrontieren, ihm also nur die Schokoladenseite der Dinge zeigen. Aber eine solche einseitige Wegzehrung nährt die Persönlichkeit auch nur einseitig, und das wirkliche Leben hat Schattenseiten.

Sehr viele Eltern sind nicht bereit, ihren Kindern zu sagen, daß vieles, was im Leben nicht richtig ist, seine Ursache in unserer Natur hat, in der Neigung aller Menschen, aus Zorn und Angst aggressiv, unsozial, egoistisch zu handeln. Unsere Kinder sollen vielmehr glauben, alle Menschen seien von Natur aus gut. Kinder wissen aber, daß *sie* nicht immer gut sind; und oft, wenn sie es sind, wären sie es lieber nicht. Dies widerspricht dem, was sie von den Eltern hören, und auf diese Weise kann ein Kind in seinen eigenen Augen zum Ungeheuer werden.

In unserer Kultur besteht die Neigung, besonders wenn es um Kinder geht, so zu tun, als existiere die dunkle Seite des Menschen nicht. Sie verkündet einen optimistischen Fortschrittsglauben. Von der Psychoanalyse erwartet man, daß sie das Leben leicht machen solle, aber dies war nicht die Absicht ihres Begründers. Ziel der Psychoanalyse ist es, dem Menschen zu helfen, das Problematische des Lebens zu akzeptieren, ohne sich davon besiegen zu lassen oder in eine eskapistische Haltung auszuweichen. Freuds Rezept lautet: Nur durch mutiges Kämpfen gegen scheinbar überwältigende Widrigkeiten kann es dem Menschen gelingen, seinem Leben einen Sinn abzugewinnen.

Genau diese Botschaft vermittelt das Märchen dem Kind in vielfältiger Weise: Der Kampf gegen die heftigen Schwierigkeiten des Lebens ist unvermeidlich und gehört untrennbar zur menschlichen Existenz; wenn man aber nicht davor zurückschreckt, sondern den unerwarteten und oft ungerechten Bedrängnissen standhaft gegenübertritt, überwindet man alle Hindernisse und geht schließlich als Sieger aus dem Kampf hervor.

Die modernen Geschichten, die für kleine Kinder geschrieben werden, vermeiden meist diese existentiellen Probleme, die doch für uns alle entscheidend sind. Insbesondere das Kind braucht in Symbolform gekleidete Anregungen, wie es mit diesen Fragen umgehen und sicher zur Reife heranwachsen kann. »Heile« Geschichten erwähnen weder den Tod noch das Altern als Grenzen unserer Existenz; sie sprechen auch nicht von der Sehnsucht nach ewigem Leben. Das Märchen dagegen konfrontiert das Kind mit den grundlegenden menschlichen Nöten.

So beginnen viele Märchen mit dem Tod der Mutter oder des Vaters; in diesen Märchen – wie auch im wirklichen Leben – wirft der Tod eines Elternteils (oder die Angst davor) quälende Probleme auf. In anderen wird von einem alternden Vater erzählt, der beschlossen hat, die junge Generation ans Steuer zu lassen. Zuvor aber muß sich der Nachfolger als fähig und würdig erweisen. Das Märchen ›Die drei Federn‹ beginnt mit den Worten: »Es war einmal ein König, der schickte seine drei Söhne in die Welt.« Der König war alt und schwach und wußte nicht, welchen der Söhne er zum Erben einsetzen sollte. Deshalb stellte er den drei Prinzen eine schwierige Aufgabe, und der, der sie am besten erfüllte, »sollte nach seinem Tode das Reich haben«.

Es ist charakteristisch für das Märchen, daß es ein existentielles Dilemma kurz und pointiert feststellt. Das Kind befaßt sich also mit dem Problem in seiner wesentlichen Gestalt; eine komplizierte Handlung wäre nur verwirrend. Das Märchen vereinfacht alle Situationen. Seine Gestalten sind klar gezeichnet; Einzelheiten werden nur erzählt, wenn sie sehr wichtig sind. Die Charaktere sind nicht einmalig, sondern typisch.

Im Gegensatz zum Inhalt vieler moderner Kindergeschichten ist im Märchen das Böse so gegenwärtig wie das Gute. In fast allen Märchen sind Gut und Böse in bestimmten Figuren und ihren Handlungen verkörpert – so wie Gut und Böse auch im Leben jederzeit gegenwärtig sind und wie der Hang zu beidem in jedem Menschen liegt. Gerade diese Zweiheit verursacht das moralische Problem und erfordert den Kampf um seine Lösung.

Das Böse ist nicht ohne Faszination – es wird zum Beispiel durch die Kraft des Riesen oder Drachen, die Zauberkunst der Hexe oder die Allwissenheit der Königin in ›Schneewittchen‹ symbolisiert –, und oft gewinnt es vorübergehend die Oberhand. In vielen Märchen nimmt zeitweilig ein Usurpator den Platz ein, der rechtmäßig eigentlich dem Helden zukommt. Nicht weil der Bösewicht am Ende bestraft wird, trägt die Lektüre von Märchen zur moralischen Erziehung bei – obgleich das auch dazugehört. Im Märchen wie im Leben wirkt Bestrafung oder Angst davor in begrenztem Maße abschreckend. Die Überzeugung, daß sich das Verbrechen nicht auszahlt, ist ein wirksameres Abschreckungsmittel, und aus diesem Grund unterliegt der Böse im Märchen am Ende immer. Nicht die Tatsache, daß die Tugend am Ende siegt, fördert die Moral, sondern daß der Held für das Kind am attraktivsten ist. Das Kind identifiziert sich mit dem Helden; es durchleidet mit ihm alle Mühen und Wirrsale und triumphiert mit ihm, wenn die Tugend schließlich belohnt wird. Diese Identifikation vollzieht das Kind von sich aus; die inneren und äußeren Kämpfe des Helden bilden seine Moral.

Die Gestalten im Märchen sind nicht ambivalent, also nicht gut und böse zugleich, wie wir alle es in Wirklichkeit sind. Da aber Polarisierung den kindlichen Geist beherrscht, hat sie auch im Märchen Vorrang. Eine Person ist entweder gut oder böse, aber nichts dazwischen. Der eine Bruder ist dumm, der andere klug. Eine Schwester ist tugendhaft und fleißig, die anderen Schwestern sind verdorben und faul. Eine ist schön, die anderen sind häßlich. Ein Elternteil ist gut, der andere böse. Das Nebeneinander entgegengesetzter Charaktere soll nicht wie bei den Geschichten, die den warnenden Zeigefinger erheben, das richtige Verhalten hervorheben (es gibt einige Märchen ohne Moral, in denen Gutsein oder Bösesein, Schönheit oder Häßlichkeit keine Rolle spielen). Die Darstellung der charakterlichen Polaritäten erleichtert es dem Kind, den Unterschied zu erfassen, was nicht so einfach wäre, wenn die Figuren lebensechter und so komplex wie wirkliche Menschen wären. Mit Doppeldeutigkeiten muß man warten, bis aufgrund positiver Identifikationen eine relativ feste Persönlichkeit entstanden ist. Erst auf dieser Grundlage kann das Kind erkennen, daß große Unterschiede zwischen den Menschen bestehen und daß man sich deshalb entscheiden muß, wem man gleichen möchte. Diese grundlegende Entscheidung, die für die gesamte spätere Persönlichkeitsentwicklung entscheidend ist, wird durch die Polarisierung im Märchen leichtergemacht.

Zudem gründet sich die Wahl des Kindes nicht so sehr auf den Gegensatz zwischen richtig und falsch, sondern darauf, wer seine Sympathie und wer seine Antipathie weckt. Je einfacher und gerader eine gute Gestalt ist, um so leichter fällt es dem Kind, sich mit ihr zu identifizieren und die böse andere Gestalt abzulehnen. Das Kind identifiziert sich mit dem guten Helden nicht, weil er gut ist, sondern weil sein Wesen es zutiefst positiv anspricht. Das Kind fragt nicht: »Möchte ich gut sein?«, sondern: »Wem möchte ich gleichen?« Darüber entscheidet das Kind, indem es sich voll und ganz mit einer Gestalt identifiziert. Ist eine Märchengestalt gut, so beschließt das Kind, auch gut zu sein.

In Geschichten ohne Moral gibt es kein Gegeneinander oder Nebeneinander von guten und schlechten Personen, denn sie dienen einem ganz anderen Zweck. Geschichten oder Charaktere wie der gestiefelte Kater, der mit List Erfolg erringt, oder Hans der Riesentöter, der den Schatz des Riesen stiehlt, bilden den Charakter nicht durch die Wahl zwischen Gut und Böse, sondern durch die Hoffnung, daß auch der Schwächste es im Leben zu etwas bringen kann. Was nützt es denn, ein guter Mensch werden zu wollen, wenn man sich so bedeutungslos fühlt, daß man befürchtet, man werde es nie zu etwas bringen? Der Kern dieser Geschichten ist nicht die Moral, sondern vielmehr die Versicherung, daß man Erfolg haben kann. Ob man dem Leben mit dem Vertrauen darauf, daß man Schwierigkeiten überwinden kann, oder in der Erwartung einer Niederlage entgegentritt, ist ebenfalls eine sehr wichtige existentielle Frage.

Die tiefen inneren Konflikte, die aus unseren primitiven Trieben und unseren heftigen Emotionen entstehen, werden in den meisten modernen Kinderbüchern verschwiegen, so daß die Kinder von dort keine Hilfe zu ihrer Bewältigung erhalten. Das Kind ist aber verzweifelten Gefühlen der Einsamkeit und Absonderung ausgesetzt, und oft steht es Todesängste aus. Meist kann es diese Empfindungen nicht in Worten ausdrücken, oder doch nur indirekt: Angst vor dem Dunkeln, vor einem Tiger, Angst um seinen Körper. Eltern ist es unbehaglich, wenn sie solche Emotionen bei ihrem Kind entdecken; sie neigen dazu, darüber hinwegzugehen oder sie aus ihrer eigenen Angst heraus herunterzuspielen in dem Glauben, dies werde die Angst des Kindes überdecken.

Das Märchen dagegen nimmt diese existentiellen Ängste sehr ernst und spricht sie unmittelbar aus: das Bedürfnis, geliebt zu werden, und die Furcht, als nutzlos zu gelten; die Liebe zum Leben und die Furcht vor dem Tod. Zudem bietet das Märchen seine Lösungen so, daß das Kind sie verstehen kann. Manche Märchen zum Beispiel rühren an das Dilemma der Sehnsucht nach ewigem Leben mit dem Schluß: »Und wenn sie nicht gestorben sind, so leben sie noch heut.« Der andere Schluß: »Und sie lebten vergnügt miteinander immerdar« spiegelt dem Kind keinen Augenblick vor, ewiges Leben sei möglich. Er weist aber auf das hin, was allein den Stachel aus der engen Begrenzung unserer Lebenszeit zu nehmen vermag: eine echte Bindung an einen anderen Menschen. Die Märchen lehren, daß man aufgrund einer solchen Bindung die höchste dem Menschen mögliche emotionale Lebenssicherheit und eine dauerhafte Beziehung erreicht; dies allein kann die Angst vor dem Tod zerstreuen. Wenn man – wie das Märchen ebenfalls lehrt – als Erwachsener wahre Liebe gefunden hat, braucht man sich ewiges Leben nicht mehr zu wünschen. Dies deutet ein weiterer Märchenschluß an: »Sie lebten noch lange glücklich und in Freuden.«

Derjenige, dem bei oberflächlicher Betrachtung solche Schlüsse als unrealistische Wunscherfüllung erscheinen, geht gänzlich an der wichtigen Botschaft, die sie dem Kind vermitteln, vorbei.

Diese Märchen zeigen ihm, daß man durch echte zwischenmenschliche Beziehungen der Trennungsangst entgeht, die es immer wieder bedrängt und die den Ausgangspunkt vieler Märchen abgibt, am Ende aber stets aufgehoben wird. Darüber hinaus machen solche Märchen deutlich, daß dieser Ausgang nicht, wie es sich das Kind wünscht und glaubt, dadurch möglich wird, daß es sich ewig an seiner Mutter festklammert. Wenn wir versuchen, unserer Trennungs- und Todesangst dadurch zu entrinnen, daß

wir uns verzweifelt an unseren Eltern festhalten, werden wir nur
grausam hinausgestoßen, wie Hänsel und Gretel.

Nur wenn er in die Welt hinauszieht, kann sich der Märchenheld
(das Kind) dort finden; und dabei findet er auch den anderen
Menschen, mit dem er vergnügt bis an sein Ende leben kann, das
heißt, ohne jemals wieder unter Trennungsangst zu leiden. Das
Märchen ist auf die Zukunft gerichtet und leitet das Kind bewußt
und unbewußt dazu an, seine infantilen Abhängigkeitswünsche zu
überwinden und ein befriedigenderes, unabhängiges Leben zu er-
ringen.

Heute wachsen die Kinder nicht mehr in der Sicherheit einer
Großfamilie oder einer festgefügten Gemeinschaft auf. Deshalb ist
es heute noch wichtiger als zu der Zeit, da die Märchen entstanden,
das Kind mit Helden zu konfrontieren, die ganz allein in die Welt
hinausziehen müssen und die, obwohl sie ursprünglich nichts von
den letzten Dingen wissen, einen sicheren Platz in der Welt finden,
wenn sie mit tiefem innerem Vertrauen ihren Weg gehen.

Der Märchenheld ist eine Zeitlang ganz auf sich gestellt, genau
wie sich auch das heutige Kind oft isoliert fühlt. Der Held erfährt
Hilfe durch die Berührung mit einfachen Dingen – einem Baum,
einem Tier, der Natur –, genau so wie das Kind sich diesen Dingen
näher fühlt als die meisten Erwachsenen. Das Schicksal dieser Helden verleiht dem Kind die Überzeugung: Auch wenn es sich wie
sie ausgestoßen und verlassen fühlen mag und sich wie sie im
Dunkeln weitertasten muß, wird es wie sie im Lauf seines Lebens
Schritt für Schritt geleitet und Hilfe erfahren, wenn es sie braucht.
Heute mehr noch als früher bedarf das Kind der tröstenden Gewißheit, die von der Imago des von aller Welt verlassenen Menschen ausgeht, der trotzdem fähig ist, sinnvolle und lohnende Beziehungen mit seiner Umgebung einzugehen.

Eugen Drewermann
Leben an der Seite des Todes: das Märchen vom Fundevogel

Es war einmal ein Förster, der ging in den Wald auf die Jagd, und wie er in den Wald kam, hörte er schreien, als ob's ein kleines Kind wäre. Er ging dem Schreien nach und kam endlich zu einem hohen Baum, und oben darauf saß ein kleines Kind. Es war aber die Mutter mit dem Kinde unter dem Baum eingeschlafen, und ein Raubvogel hatte das Kind in ihrem Schoße gesehen: da war er hinzugeflogen, hatte es mit seinem Schnabel weggenommen und auf den hohen Baum gesetzt. Der Förster stieg hinauf, holte das Kind herunter und dachte: »Du willst das Kind mit nach Haus nehmen und mit deinem Lenchen zusammen aufziehn.« Er brachte es also heim, und die zwei Kinder wuchsen miteinander auf. Das aber, das auf dem Baum gefunden worden war, und weil es ein Vogel weggetragen hatte, wurde Fundevogel geheißen. Fundevogel und Lenchen hatten sich so lieb, nein so lieb, daß wenn eins das andere nicht sah, ward es traurig.

Der Förster hatte aber eine alte Köchin, die nahm eines Abends zwei Eimer und fing an, Wasser zu schleppen, und ging nicht einmal, sondern vielemal hinaus an den Brunnen. Lenchen sah es und sprach: »Hör einmal, alte Sanne, was trägst du denn so viel Wasser zu?« – »Wenn du's keinem Menschen wiedersagen willst, so will ich dir's wohl sagen.« Da sagte Lenchen, nein, sie wollte es keinem Menschen wiedersagen, so sprach die Köchin: »Morgen früh, wenn der Förster auf die Jagd ist, da koche ich das Wasser, und wenn's im Kessel siedet, werfe ich den Fundevogel 'nein und will ihn darin kochen.«

Des andern Morgens in aller Frühe stieg der Förster auf und ging auf die Jagd, und als er weg war, lagen die Kinder noch im Bett. Da sprach Lenchen zum Fundevo-

gel: »Verläßt du mich nicht, so verlaß ich dich auch
nicht.« So sprach der Fundevogel: »Nun und nimmermehr.« Da sprach Lenchen: »Ich will es dir nur sagen, die
alte Sanne schleppte gestern abend so viel Eimer Wasser
ins Haus, da fragte ich sie, warum sie das täte, so sagte sie,
wenn ich's keinem Menschen sagen wollte, so wollte sie
es mir wohl sagen; sprach ich, ich wollte es gewiß keinem
Menschen sagen; da sagte sie, morgen früh, wenn der
Vater auf die Jagd wäre, wollte sie den Kessel voll Wasser
sieden, dich hineinwerfen und kochen. Wir wollen aber
geschwind aufsteigen, uns anziehen und zusammen fortgehen.«

Also standen die beiden Kinder auf, zogen sich geschwind an und gingen fort. Wie nun das Wasser im
Kessel kochte, ging die Köchin in die Schlafkammer,
wollte den Fundevogel holen und ihn hineinwerfen. Aber
als sie hineinkam und zu den Betten trat, waren die Kinder alle beide fort; da wurde ihr grausam angst, und sie
sprach vor sich: »Was will ich nun sagen, wenn der Förster heimkommt und sieht, daß die Kinder weg sind?
Geschwind hintennach, daß wir sie wieder kriegen.«

Da schickte die Köchin drei Knechte nach, die sollten
laufen und die Kinder einfangen. Die Kinder aber saßen
vor dem Wald, und als sie die drei Knechte von weitem
laufen sahen, sprach Lenchen zum Fundevogel: »Verläßt
du mich nicht, so verlaß ich dich auch nicht.« So sprach
Fundevogel: »Nun und nimmermehr.« Da sagte Lenchen: »Werde du zum Rosenstöckchen und ich zum Röschen darauf.« Wie nun die drei Knechte vor den Wald
kamen, so war nichts da als ein Rosenstrauch und ein
Röschen obendrauf, die Kinder aber nirgend. Da sprachen sie: »Hier ist nichts zu machen«, und gingen heim
und sagten der Köchin, sie hätten nichts in der Welt gesehen als nur ein Rosenstöckchen und ein Röschen obendrauf. Da schalt die alte Köchin: »Ihr Einfaltspinsel, ihr
hättet das Rosenstöckchen sollen entzweischneiden und
das Röschen abbrechen und mit nach Haus bringen, geschwind und tut's.« Sie mußten also zum zweitenmal

hinaus und suchen. Die Kinder sahen sie aber von weitem kommen, da sprach Lenchen: »Fundevogel, verläßt du mich nicht, so verlaß ich dich auch nicht.« Fundevogel sagte: »Nun und nimmermehr.« Sprach Lenchen: »So werde du eine Kirche und ich die Krone darin.« Wie nun die drei Knechte dahin kamen, war nichts da als eine Kirche und eine Krone darin. Sie sprachen also zueinander: »Was sollen wir hier machen, laßt uns nach Hause gehen.« Wie sie nach Haus kamen, fragte die Köchin, ob sie nichts gefunden hätten; so sagten sie, nein, sie hätten nichts gefunden als eine Kirche, da wäre eine Krone darin gewesen. »Ihr Narren«, schalt die Köchin, »warum habt ihr nicht die Kirche zerbrochen und die Krone mit heimgebracht?«

Nun machte sich die alte Köchin selbst auf die Beine und ging mit den drei Knechten den Kindern nach. Die Kinder sahen aber die drei Knechte von weitem kommen, und die Köchin wackelte hintennach. Da sprach Lenchen: »Fundevogel, verläßt du mich nicht, so verlaß ich dich auch nicht.« Da sprach der Fundevogel: »Nun und nimmermehr.« Sprach Lenchen: »Werde zum Teich und ich die Ente drauf.« Die Köchin aber kam herzu, und als sie den Teich sah, legte sie sich drüber hin und wollte ihn aussaufen. Aber die Ente kam schnell geschwommen, faßte sie mit ihrem Schnabel beim Kopf und zog sie ins Wasser hinein; da mußte die alte Hexe ertrinken. Da gingen die Kinder zusammen nach Haus und waren herzlich froh; und wenn sie nicht gestorben sind, leben sie noch.

. . .

Sucht man die Erzählung vom ›Fundevogel‹ mit den Mitteln der Tiefenpsychologie als eine Entwicklungsgeschichte zu interpretieren, erscheint die Deutung als »unvollständig«; das Bild ändert sich indessen vollkommen, wenn man das Märchen als eine symbolische Gleichniserzählung auf die menschliche Existenz angesichts der ständigen Bedrohung durch den Tod versteht; kein Teil des Märchens erscheint dann noch als nebensächlich oder überflüssig, und vor allem: Es gibt nichts mehr, was man an dem

Erzählverlauf für fehlend oder ergänzungsbedürftig halten müßte. Wenn irgend die Regel gilt, daß ein Märchen erst dann wirklich verstanden ist, wenn es als eine organische Ganzheit in Erscheinung tritt, so läßt sich die Geschichte vom ›Fundevogel‹ nicht als psychologische Entwicklungsgeschichte, sondern nur als eine existentielle Symbolerzählung in der Nähe zum Mythos begreifen.

Wie lebt man als Mensch an der Seite des Todes? Das ist nach dem bisher Gesagten unsere Ausgangsfrage. ...

Wie antwortet man *ganzheitlich* auf die Drohung des Todes? Gewiß, wir alle sind auf der Flucht, und ein jeder für sich versucht, dem Tod, solange es geht, zu entlaufen. Aber die Art, mit der Grundgefährdung des Daseins umzugehen, stellt sich in den verschiedenen Lebensabschnitten recht unterschiedlich dar, und die Grimmsche Erzählung beschreibt sie, zeitlich geordnet, in drei sehr eindringlichen Bildern.

Da ist zum ersten die Verwandlung der beiden »Kinder« in ein »Rosenstöckchen« und in ein »Röschen«. Das gesamte menschliche Leben besteht entsprechend dem Märchen vom ›Fundevogel‹ in nichts anderem, als der fressenden »Köchin« Natur zu entfliehen – wohl wahr. Doch immer wieder werden die »Knechte« der »Köchin«, werden die Häscher des Todes uns einholen und das Leben in Frage stellen. Alles hängt mithin davon ab, sich Lebensabschnitt für Lebensabschnitt zu *wandeln*, indem man vor der entscheidenden Herausforderung des Todes nicht länger mehr wegläuft, sondern innehält und innerlich die Antwort zu geben versucht, die jeweils an der Stelle des bisherigen Lebensweges möglich und notwendig ist. So zu Beginn *die Antwort der Jugend:* Es ist die unmittelbarste, fröhlichste und heiterste Reaktion auf die Nähe des Todes, sich seinen Augen zu entziehen in dem Blühen und Reifen jugendlicher Schönheit. Wir würden früh schon ersterben ohne den unbekümmerten Mut der Jugend, sich so vital und intensiv wie möglich dem Leben anheimzugeben. Keine erklügelte, vom Ich überlegte, willentlich vorgesetzte »Maßnahme« ist hier zu treffen – es ist bezeichnenderweise das »Lenchen«, das eigene Unbewußte, das spontan das Richtige findet: Leben! So üppig und innig, als es nur geht! Es gilt, sich mit der Erde zu verwurzeln und das Wachstum der Blumen zum Vorbild zu nehmen. Es kommt darauf an, einfach zu *sein* und die Kräfte im Inneren sich entfalten zu lassen, bis die Gestalt in uns heranreift, zu der wir berufen sind. Wie viele Menschen werden diesen Jahren der Jugend hinterhertrauern, nur weil sie damals nicht richtig gelebt haben bzw. nicht richtig haben leben dürfen, und infolge des ungelebten Lebens werden die Schattenhände des Todes, Unerfülltheit und Schwermut, nach dem späteren Dasein greifen. Die »Knechte der Köchin« müssen indessen unverrichteter Dinge wieder abziehen, sobald wir uns ungehemmt in das Gewand des »blühenden Lebens« kleiden.

...

Und dennoch ist selbst die Jugend nur *eine* Wegmarke auf der Flucht des menschlichen Daseins vor dem Zugriff des Todes; sie ist eine erste gültige, doch keine letztgültige Antwort. Wohl ist es entscheidend, was das »Lenchen« und der »Fundevogel« erreicht haben: Ihr immer neu bestätigter Zusammenhalt ist es, der jetzt erlaubt, eine innerlich einheitliche Gestalt dem Tod entgegenzustellen und gegenüber seinen Anschlägen in gewissem Sinne unangreifbar zu werden. Die »Köchin« hat insofern ganz recht: Um das Leben in dem Erblühen der Jugend zentral zu gefährden, müßte man »das Rosenstöckchen entzweischneiden und das Röschen abbrechen und mit nach Haus bringen«; doch genau das kann ihren »Knechten« nicht gelingen: das »Lenchen« und der »Fundevogel« *lassen* sich nicht auseinanderreißen, ja die »Knechte der Köchin« kommen gar nicht erst auf die Idee, es zu versuchen. Es ist ein Vorrecht der Jugend, so »konsistent« zu existieren, daß es jeden Gedanken an Zergliederung und Aufspaltung von sich abweist. Dabei wüßte die »Köchin« eigentlich schon, wie zu verfahren wäre: Man müßte das »Lenchen«, das die Gestalt einer Rose angenommen hat, wieder »nach Hause« zurückholen und den »Fundevogel«, der in dem Rosenstock verkörpert ist, zerstören; es müßte, mit anderen Worten, gelingen, das gewissermaßen »pflanzliche«, organische Reifen der Jugend bis in die Wurzeln hinein »entzweizuschneiden« und damit gerade die Gefahr zu verstärken, die in dem »Fundevogel« ohnedies angelegt ist: das Leben zu zergrübeln und zu zergliedern, statt es mit aller Kraft einzugehen und durchzustehen. Es ist ein wichtiger Erfahrungssatz der Psychotherapie, daß insbesondere Jugendliche, die immer wieder angstvoll vom Tode sprechen, eigentlich »nur« Angst haben vor dem Leben; gerade eine bestimmte Form der Geistigkeit aber neigt ohnedies dazu, das Leben in ein Geflecht von Mutmaßungen, Hypothesen und Möglichkeiten zu verwandeln; bei jedem Schritt *ins* Leben regt sich die Angst *vor* dem Leben und setzt eine Art überreflektierter Todesstarre an die Stelle lebendiger Entwicklung.

So erzählte vor einiger Zeit ein heute etwa fünfzigjähriger Mann von den Erinnerungen seiner Jugend. »Ich war damals, mit etwa achtzehn Jahren«, gestand er, »ein wüster Hagestolz. Ich hatte Angst vor allem, insbesondere vor der Nähe eines Mädchens. Die einzige Art, mit jemandem zu reden, war das Problematisieren von allem und jedem. Gott und die Welt, die Entwicklungsländer und der Artenschutz, Politik und Meteorologie – mir fiel immer etwas ein, um von mir abzulenken und die Nähe des anderen zu meiden. Ich dachte und dachte, eigentlich nur, um die Wirklichkeit zu pulverisieren, damit sie mich nicht verletzen könnte. Ich hatte ständig Angst vor dem Tod, aber ich glaube, ich war damals selbst wie der Tod. Ich bestand nur aus Gedanken, und unter dem Gegrübel zerbröselte und zerfaserte alles in der ›Gewißheit der Endlichkeit‹, wie ich das nannte, in der fast schon vertrauten Nähe des Verlöschens.« So ähnlich wird man sich das »Entzweischneiden« des »Rosenstöckchens« durch die »Knechte der Köchin« vorstellen müssen. Erst dann wird deutlich, daß der »Fundevogel« wirklich nur gerettet werden kann durch die unzertrennliche Einheit mit dem »Lenchen«. Allein die Nähe der »weiblichen« Logik wärmerer Gefühle kann verhindern, daß die Geistigkeit, die der »Fundevogel« verkörpert, schutzlos und isoliert sich selber preisgegeben bleibt. Das Denken eines Mannes ändert sich strukturell, je nachdem, ob es wesentlich auf eine Frau bezogen ist oder nicht, und ohne die notwendige Ergänzung durch die Eigenart des Weiblichen gerät die männliche Mentalität nur allzu rasch auf den Weg der Selbstzerstörung.

Aber auch umgekehrt. Ohne die Einheit mit dem »Fundevogel« würde das »Lenchen« nichts weiter sein als ein wurzelloses, vom Stamm geschnittenes »Röslein«, das, kaum erblüht, im »Schatten der Köchin« dahinwelken müßte. Um gegen den allzu frühen Tod der Jugend zu bestehen, genügt nicht die Schönheit und Vitalität allein, es muß zu einer geistigen Überzeugung werden, was als Erleben in den Tagen der Jugend sich meldet, es muß gedacht werden, was im Gefühl sich regt, es muß einen inneren Halt bekommen, was als verlockende Pracht sich nach außen meldet. Der Tod ist tödlich erst, wenn es ihm gelingt, im Erleben der Angst die seelischen Kräfte voneinander zu trennen, deren innere Einheit allererst so etwas wie Wachstum und Reife ermöglicht. Wie viele »Röslein« mitten in der Blüte jugendlicher Schönheit werden abgeschnitten und verwüstet, nicht, wie Goethes Gedicht es dem »Knaben« zur Last legt, von dem unvorsichtigen Zugriff fremder Begehrlichkeit, sondern von dem Diktat einer Moral der ständigen Angst. Wie oft besteht nicht die Erziehung gerade eines besonders schön heranwachsenden Mädchens in einer solchen Abtrennung der »Blüte« vom »Stamm«, indem jedes tiefere Empfinden von Glück und Verlangen als Sünde und Schande verhöhnt und verpönt wird! Am Ende hält man eine Schönheit in Händen, die so reglos und leblos ist wie eine Papierrosette – nichts mehr ist in ihr von der Ursprünglichkeit des Erlebens.

Die »Einheit« des »Lenchens« und des »Fundevogels« ist mithin eine erste wichtige Leistung, die erfüllt werden muß, wenn die Jugend sich durchsetzen will gegen den Tod, und sie kommt nur zustande, wenn jemand es wagt, sich selber mit geistigen Mitteln ein Recht zum Leben, zum Wachsen, zum Blühen zuzusprechen. Nur so wird es gelingen, eine Form der Schönheit auszubilden, die in sich selber unangreifbar ist. Eine Gestalt entsteht, die wirkt wie das Gemälde aus der Hand eines vollendeten Künstlers: Niemand wird wagen, es »besitzen« zu wollen; durch das blendende Licht seiner Schönheit umgibt es sich mit einem Schutzkreis bewundernden Abstands; und wie von selber tritt es heraus aus den vordergründigen Ziel- und Zwecksetzungen der Oberfläche. Die Schönheit, wenn es so steht, braucht den Geist nicht zu fürchten noch dieser die Schönheit zu fliehen, vielmehr widerlegt das Bild des Grimmschen Märchens von dem »Rosenstock« und der »Rose« das alte Problem Thomas Manns, indem die Schönheit den Geist inspiriert und der Geist selber die Schönheit hervortreibt. Wo immer es gelingt, mit der Kraft der Jugend die Verwandlung des »Lenchens« und des »Fundevogels« in das Bild eines aus Geist und Leben erblühenden Daseins zu vollziehen, da wird der Tod seine Ohnmacht erweisen; da ist das Leben gerettet. Für diesmal zumindest. Denn nichts ist endgültig.

Kaum zurückgekehrt, werden *ein zweites Mal* die »Knechte der

Köchin« ausgesandt, um die fliehenden »Kinder« einzufangen und
zu vernichten. An sich wird man sich über den Zorn und die
Enttäuschung der »Köchin« nicht wundern dürfen, als ihre
»Knechte« unverrichteter Dinge zu ihr zurückkehren. Eins aber ist
an ihren Worten besonders bemerkenswert: daß sie glaubt, ihre
Häscher träfen die »Kinder« unverändert in dem gleichen Zustand
der Verwandlung an wie bisher. Man mag diese Einstellung bezeichnen als den Stillstand der Zeit; man muß in dieser Haltung
jedoch ein charakteristisches Merkmal der »Köchin« selber erblik-
ken. Es gehört wesenhaft zu den Gedanken des Todes, das Leben
für etwas Feststehendes und Unwandelbares zu halten und ihm
eine wirkliche Veränderung oder Verwandlung nicht zuzutrauen.
Wie es eben noch war, so wird es auch jetzt noch sein, so wird es
auf immer bleiben – eine solche Mentalität bewirkt nicht nur Tod,
sie *ist* der Tod selbst. Sie macht jede beliebige Bewegung starr, sie
fixiert jedes »Fortschreiten« des Lebens auf einen festen Standpunkt, und was eben noch als ein wirksames Hilfsmittel gegen den
Tod erscheinen mochte, droht unversehens zu einem Instrument
des Todes selbst zu werden. Eben noch sind das »Lenchen« und
der »Fundevogel« stehengeblieben, um dem Tod standzuhalten,
und zwar, wie wir erleichtert bemerken, *mit Erfolg*, da taucht
bereits die Gefahr auf, daß sogar das Standhalten sich in ein Still-
stehen verwandeln kann. Würden die beiden »Kinder« auch nur
um ein weniges zu lange in ihrer Verwandlungsgestalt von Rosenstock und Rose verharren, so müßte die baldige Rückkehr der
Todesboten ihnen zur größten Gefahr werden: Stillstand, so lernen wir, ist in sich selbst etwas Tödliches; im Leben, anders gesagt,
gibt es kein zweites Mal.

Leben, das heißt sich aufmachen und weitergehen, immer weiter, zu neuen Gestaltungen und Reifungsverwandlungen, wie sie
bislang noch nicht einmal vorstellbar waren. Leben, das ist der
ständige Aufbruch, die unaufhörliche Änderung, das Annehmen
immer neuer Formen, so überraschend, daß es von außen selbst für
die »Knechte« des Todes nicht wiederzuerkennen ist. Immer zu
spät kommt der Tod *nur* dem sich Wandelnden. Eine große Gefahr aber liegt bereits darin, daß eine Stufe der Wandlung, gerade
weil sie sich eben noch als nützlich und erfolgreich erweisen
mochte, selber so lange sich zu erhalten sucht wie möglich. Alle

gegenwärtigen Religionsformen zum Beispiel leiden unter der zunehmend unbezahlbaren Hypothek ihrer nur allzu erfolgreichen
Vergangenheit, indem sie, wie etwa der Katholizismus, selbst gegen Ende des 20. Jahrhunderts strukturell immer noch tief in der
Glanzzeit des Mittelalters verwurzelt sind, und ähnliches ließe sich
sagen vom Hinduismus, vom Islam, vom Buddhismus. Es ist so
schwer, etwas aufzugeben, das ersichtlich so schön und reich (gewesen) ist; und doch *muß* es geschehen, wenn das Leben weitergehen soll. Wenn die Boten des Todes von neuem zurückkehren, so
müssen sie einer neuen, ihnen unbekannten Gestalt begegnen, oder
sie werden den furchtbaren Befehl der »Köchin« unerbittlich ausführen.

Es ist daher ganz entscheidend, daß in dem Märchen vom ›Fundevogel‹ die beiden »Kinder«, kaum daß die »Knechte der Köchin« fortgegangen sind, sich wieder auf den Weg machen, um den
gewonnenen Vorsprung nach Möglichkeit auszubauen. Sie verlassen damit unausweichlich den so glücklichen Zustand der blühenden Schönheit der Jugend, und doch verlieren sie nichts, sondern
sie sind nur unterwegs zu einer neuen nicht minder prächtigen
Wandlungsform, die im Unterschied zu der naturhaft-vitalen Verwandlung am Anfang nunmehr vollständig dem Bereich von Kultur und Religion zugehört. Es handelt sich jetzt offenbar um eine
Antwort, wie sie gegenüber den Annäherungen des Todes spätestens von der *Mitte des Lebens* an gefunden werden muß, falls das
Leben nicht in eine schwere, womöglich tödliche Krise geraten
soll.

Konkret gesehen, kündigt sich von den anstehenden Konflikten
manches schon bei der Preisgabe der »Rosenbäumchen-Existenz«
an. Für viele *Frauen* insbesondere bricht eine oft panische Angst
bereits bei dem bloßen Gedanken an das beginnende Alter aus: Sie
haben ihre Jugend womöglich in ständiger Angst verbringen müssen; sie haben sich nie unbeschwert ihrer leiblichen und seelischen
Schönheit freuen können; doch um so mehr fürchten sie sich nun,
um die fünfundvierzig herum, schon des Morgens vor dem Blick
in den Spiegel. Obwohl man sie als Mädchen schon gelehrt hat,
den eigenen Körper gegenüber den Augen der Männer eher zu
schützen als zu schätzen, heftet sich doch insgeheim ein um so
stärkeres Selbstvertrauen oder Minderwertigkeitsgefühl an be-

stimmte Körperteile und Körpermaße. Wird man je noch geliebt werden, wenn die Haare brüchig zu werden beginnen, wenn um die Augen herum sich die ersten Fältchen bilden oder wenn die Hüften voller und der Busen schwerer zu werden beginnt? Fragen dieser Art mögen jemanden, der sie nicht selber durchlitten hat, vielleicht als banal und belanglos anmuten, für denjenigen aber, der ihnen buchstäblich leibhaftig ausgeliefert ist, können sie die Hölle bedeuten, indem sie zu einem ständigen Kampf um das schier Unwiederbringliche nötigen.

Worauf es jetzt ankommt, ist nicht mehr und nicht weniger als ein vollständiger Umbau der gesamten Existenz; er ist nötig, allein schon, um die körperlichen Veränderungen des beginnenden Alterns in ein inneres Reifen umzuwandeln, und er gelingt nur, wenn sich das vitale Aufblühen der Jugend auf einer neuen Ebene geistig in ein Gefühl für den Wert, den Auftrag und die Bedeutung der eigenen Persönlichkeit transformieren läßt.

Der französische Dichter Eugène Ionesco, der sein Leben lang an Todesangst gelitten hat, schildert diese ihm selber schier unlösbar dünkende Aufgabe in seinem ›Tagebuch‹ einmal so: »Manchmal leide ich an Schlaflosigkeit. Im Dunkeln schlage ich die Augen auf. Doch dieses Dunkel ist wie eine andere Helligkeit, wie ein negatives Licht. Im schwarzen Licht erscheint mir mit unbestreitbarer Evidenz ›die Enthüllung des Unheils, der Katastrophe, des Unabwendbaren, des absoluten Scheiterns‹. Alles scheint mir verloren. – Die Kindheit ist die Welt des Wunders und des Wunderbaren: Es ist, als erstehe die Schöpfung ganz frisch und neu und erstaunlich aus der Nacht. Sobald die Dinge nicht mehr erstaunlich sind, ist die Kindheit vorüber. Sobald die Welt einem wie ›schon dagewesen‹ erscheint, sobald man sich an die Existenz gewöhnt hat, ist man erwachsen. Die Welt des Feenhaften, des Neuen und Wunderbaren wird Banalität, Klischee. Das eben ist das Paradies, die Welt des ersten Tages. Aus der Kindheit verjagt werden heißt aus dem Paradies verjagt werden, heißt erwachsen werden. Es bleibt die Erinnerung, die Sehnsucht nach dem Augenblick, einer Gegenwart, einer Fülle, die man mit allen Mitteln wiederzufinden sucht. Das alles wiederfinden oder einen Ersatz dafür. Mich quälte und mich quält die Angst vor dem Tode, das Grauen vor der Leere, und zugleich empfinde ich den glühenden, ungeduldigen,

dringenden Wunsch zu leben. Weshalb will man leben? Was heißt
leben? Ich habe auf das Leben gewartet. Leben wollen heißt nicht
hoffen, das große Staunen wiederzufinden, das nur der Kindheit
oder sehr unschuldvollen und luziden Geistern gegeben ist. Statt
dessen suchen wir nach Befriedigung. Befriedigt ist man nie, kann
man nicht sein. Die guten Dinge des Lebens sind nicht das Leben.«
Ja, wenn man so will, besteht das Reifen bereits in der Mitte des
Lebens in dem *Abschiednehmen* von den »guten Dingen« der Jugend, und wer nicht all dies zurückläßt: den schmerzhaft vermiß-
ten Zauber des Anfangs, die träumende Poesie, die jede Wolke,
jede Straße, jedes Haus in ein Bild der Liebe und des Liebreizes der
Geliebten verklären konnte, die Fröhlichkeit und Unbeschwert-
heit, die wie frischer, perlender Tau über allem neu Entdeckten
lag, der wird in der Sehnsucht nach dem, was er war, sich dem Tod
immer dichter, immer verängstigter gegenüber sehen. Doch soll
das heißen, wir müßten den Zauber und die Poesie der Liebe und
des Glücks der Jugendtage zerbrechen oder sie als zerronnene
Illusionen selber wie mutwillig zerstören? Keineswegs. In dem
Märchen vom ›Fundevogel‹ gelingt es der »Köchin« eben *nicht*, die
Rosenblüten der Jugend abzuschneiden und verdorren zu lassen;
es muß also möglich sein, alles, was man je war, auf den Lebensweg mitzunehmen und es wiederzugewinnen, indem man es *wiederholt* in einer neuen, vergeistigten Gestalt. Es war der dänische
Religionsphilosoph Søren Kierkegaard, der den Begriff der *Wiederholung* als die eigentliche Kategorie eines gelingenden Lebens,
als den Inbegriff einer gläubigen Existenz sogar, bezeichnet hat.
Und in der Tat ist das Bild der Verwandlung, das im Grimmschen
Märchen vom ›Fundevogel‹ sich nun vor unseren Augen entfaltet,
durch und durch *religiös* besetzt. Erneut versichern die beiden
Kinder als erstes sich ihrer wechselseitigen Zugehörigkeit und Zusammengehörigkeit; doch dann, als schon die »Knechte« der »Köchin« ganz in der Nähe sind, macht wiederum das »Lenchen« den
alles entscheidenden Vorschlag: »Werde du eine Kirche und ich
die Krone darin.«
Wer heutzutage von »Kirche« reden hört, denkt wohl unweigerlich zunächst an »die« Kirche, und es kann sein, daß sich dabei die
absonderlichsten Erinnerungen und die verquertesten Erfahrungen zu Wort melden, bis dahin, daß er womöglich das ganze Mär-

chenbild als kindischen Kitsch zu verwerfen geneigt ist. Aber
Märchensymbole sind »älter« und tiefer verwurzelt als die An-
eignungsformen einer bestimmten religiösen Lehrtradition oder
kirchengeschichtlichen Praktik, und im Ursprung ist eine »Kirche« nicht ein bestimmtes Gebäude zum Zwecke liturgischer
Feiern, sondern ein Heiligtumsraum, der wie eine Asylstätte der
Geborgenheit die Menschen aufnimmt und sie der Sphäre des
Absoluten zurückgibt. Eine »Kirche« ist so etwas wie ein künst-
liches Nachbild des verlorenen Paradieses; in ihr weht uns etwas
entgegen von dem Atem des Schöpfungsmorgens, als die Menschen unverfälscht hervorgingen aus den Händen Gottes. Sie
mochten dem Stoff nach, dem sie entstammten, nichts weiter
sein als ein Gebilde aus Wasser und Lehm (aus Kohlenwasser-
stoff, wie wir heute sagen), und doch brauchten sie ihrer Armut
und Nichtigkeit sich durchaus nicht zu schämen, in dem Bewußtsein, den Lebenshauch Gottes in sich zu tragen, und dieses
Gefühl ließ sie leben.

Es war ein Bewußtsein, beabsichtigt und gewollt zu sein unter
den Augen einer unsichtbaren, doch spürbar überall gegenwärtigen Macht, die sie in gerade ihrer Eigenart auszeichnete und
wählte. Eben deswegen gehören zu einer »Kirche« all die Sym-
bole von Neuanfang und Wiedergeburt im Zeichen der »Taufe«,
von Heimkehr und Geborgenheit im Zeichen der »Höhle« des
Kirchengewölbes und der Krypta, von der Einheit mit dem
Heer der Sterne und der Weite des Himmels im Bild der zwölf
»Apostelleuchter«, entsprechend den zwölf Tierkreiszeichen des
Jahres, von der Versammlung des Herzens an dem Ort, da der
Himmel die Erde berührt, in dem Symbol des Altares und des
Kreuzes – des Weltenberges und der Weltenachse also; ein Ort
der Sammlung und der absoluten Seinsberechtigung ist eine
»Kirche«, wenn sie verkörpert, was sie sein soll; sie ist die stein-
gewordene Erfahrung einer unbedingten Geltung und Akzepta-
tion, und man »verwandelt« sich nur in ihre Gestalt, man wird
selbst mit der eigenen Existenz zur »Kirche« nur, wenn man gegen die flüchtende und flüchtige Unrast des Lebens sich dem
Tod ein zweites Mal in aller Ruhe stellt, getragen von dem Vertrauen, umfangen und beschützt zu sein und eben darin noch
ganz anders und doch ebenso »verwurzelt« und der Erde nahe

wie vormals das »Rosenstöckchen«, dessen Bild der »Fundevogel« bei der ersten Infragestellung durch den Tod zu seinem Schutz annahm.

Es ist möglich und angesichts des Todes offenbar unbedingt nötig, in dieser zweiten Verwandlung in der Mitte des Lebens wie eine gotische Kathedrale zu werden: mächtig in der gesamten Erstreckung von Längsschiff und Querschiff auf der Erde zu ruhen und doch mit den Türmen zum Himmel zu streben und die Sterne zu streifen, es ist möglich und nötig, die Wände zur Welt so stabil und fest zu machen, daß sie den Jahrhunderten trotzen, und doch so durchlässig und zart, daß sie in den Rosetten und Bogenfenstern in dem flimmernden Glassturz aus Farbe und Licht den Schimmer der Ewigkeit hindurchfließen lassen, auf daß er das ganze Innere mit seiner Verheißung durchflute und die ersten Bilder einer unendlichen Sehnsucht und Ahnung von einer anderen Welt vor unseren Augen sichtbar mache. Was ist der Tod, wenn unser Leben solch ein Gebilde zu werden vermag, in dem der tote Stein durchlässig wird zum Licht und zwischen Festigkeit und Klarheit, zwischen Konsistenz und Transzendenz, zwischen Erdverbundenheit und Himmelsheimkehr kein Gegensatz mehr ist?

Und die »Krone«, in die das »Lenchen« sich wandelt! Man muß zum Verständnis dieses Bildes etwa die Szene vor sich sehen, wie Jeanne d'Arc in der Kathedrale von Reims im Jahre 1428 den Dauphin Charles VII. zum König über Frankreich salben ließ und ihre heiligen Visionen und Stimmen zur Wirklichkeit durchbrachen, indem sie ein ganzes Volk, das sich bereits geschlagen wähnte, an seine Freiheit zu glauben lehrte. Ein jeder Mensch, wenn er auf seinem Lebensweg *zum zweitenmal* den Abgesandten des Todes begegnet, bedarf dieser Umwandlung der drohenden Niederlage eines schon geschlagenen »Königs« in den Mut, das Zeichen der eigenen Würde zu ergreifen und zu verteidigen. Was, beginnend mit dem Alten Ägypten, in der Gestalt des »Königs« sich im Verlauf der Geschichte anfanghaft meldete, war und ist im Grunde das Wesensbild eines jeden Menschen: Ein jeder Mensch ist der Souverän seines eigenen Lebens, ein jeder besitzt in sich selbst eine unableitbare Würde und Größe, und jeder ist autonom in seinem eigenen Fühlen und Denken, sobald seine Stirn sich ziert mit dem Diadem ihrer Freiheit. Ein jeder Mensch, der zu sich selber erwacht, ist im wörtlichen Sinne ein königliches Wesen. Er ist nicht dazu bestimmt, als dienstbarer Knecht und weisungsabhängiger Untertan sein Dasein zu verhocken, er verfügt jederzeit über die Chance, sich in dem geweihten Tempelbezirk eines Seins »von Gottes Gnaden« zu seinem eigenen Format zu bekennen. Es geht exakt um das Problem, das Ionesco so formuliert hat: »Die Frage lautet: Sind wir einzigartige, das heißt unsterbliche Wesen? Denn was nur einmal existiert, bleibt einzig für immer. Oder sind wir vielmehr nur ein Gefäß für namenlose Mächte, die sich in uns zusammenfinden, sich verknüpfen, um sich wieder zu lösen und zu zerstreuen? Die Materialisten sind für die zweite Hypothese. Ärgerlich ist, daß auch die Metaphysiker und die Religionen zu dieser zweiten Hypothese neigen. Nur die jüdische und die christliche Lehre bringen den Mut zum Personalismus auf.«

Was hier »Personalismus« heißt, umschließt den gesamten Erfahrungsbereich von Selbständigkeit, Individualität, Unvertauschbarkeit und Kostbarkeit, von Einzigkeit und Einzigartigkeit – von einem »Königtum«, das jeder in sich trägt und das sogleich wirklich zu werden beginnt, wenn jemand sich wandelt in das, was er ist: eine Königin und ein König inmitten eines »Ortes« der Gottesebenbildlichkeit und der Gottunmittelbarkeit. Im Akt einer solchen »Verwandlung« hört ein Mensch auf, sich von seiner Umgebung weiter bestimmen zu lassen; er hört, konkret gesprochen, damit auf, wesentlich als Vater und Mutter, Büroangestellter und Stenotypistin, Handlungsreisender und Hostesse zu existieren; ein Schritt der Reifung beginnt, bei dem in der Mitte des Lebens die Frage noch einmal ganz neu auf Leben und Tod sich zu Wort meldet: Wer bin ich selber? Wohin hat mich das Leben geführt? Und was ist mein eigener Entwurf für die Zukunft? Keine dieser Fragen beantwortet sich jetzt mehr durch die gewohnten Pflichten und Festlegungen gewisser Umstände. Auf dem Grunde der *eigenen* Existenz entdeckt sich die eigene Zuständigkeit für das eigene Leben. Es läßt sich nicht länger delegieren, was man selber ist; ja, das Leben selbst erlaubt nicht auf die Länge der Zeit eine nur abgeleitete, fremdgesteuerte Form des Daseins, und es ist der Tod selber, der dazu zwingt, das Dasein in seine Eigentlichkeit zu rufen.

Gedanken dieser Art erinnern sehr stark an die Existenzanalysen

Martin Heideggers, der immer wieder das »Vorlaufen« des Daseins auf den Tod als einen Mahnruf der »Sorge« um das eigene und eigentliche Sein interpretierte. Es war schon vor einem halben Jahrhundert der Vorschlag des deutschen Philosophen, von »Gott« am besten eine ganze Weile lang gar nicht mehr zu sprechen, um erst einmal frei von allen falschen Assoziationen in den Erfahrungsraum des »Heiligen« einzutreten und zu lernen, was es heißt, an den »Ort« zu gelangen, da das Dasein zu seiner inneren Einheit zu finden vermag. Ganz entsprechend läßt sich die Verwandlung des »Fundevogels« und des »Lenchens« in eine »Kirche« und in eine »Krone« verstehen: Es geht nicht um eine ausdrückliche Form von Religiosität, wohl aber um eine Frömmigkeit des Daseins, die an sich selber »heil« und »heilig« macht. Oder, noch klarer formuliert: Es ist der Raum des Göttlichen, der in die Selbstfindung führt, und es ist umgekehrt der Schritt einer neuen Stufe der Selbstfindung, der den Raum des Göttlichen erschließt. Welch eine spezifische Form von Religion daraus folgt, ist nicht mehr Inhalt dieses Märchens, bis auf die Tatsache, daß die Art des »Heiligen« durch und durch personal gestaltet sein muß, um als Antwort auf die Infragestellung des Todes Gültigkeit besitzen zu können.

Und noch ein anderes läßt sich an dieser Stelle zeigen. Oft ist der Vorwurf vor allem gegenüber der Tiefenpsychologie C. G. Jungs zu hören, daß die Psychologie archetypischer Bilder zu »unhistorisch« und »unpolitisch« sei. Wie sehr indessen das Gegenteil der Fall ist, zeigt zum Beispiel dieses Bild der Königsverwandlung in dem Grimmschen Märchen. Jahrtausendelang in der Geschichte der Menschheit war der »König« der einzig Freie in seinem Volke; seit dem Beginn des Neolithikums vor etwa fünftausend Jahren begann man zu ahnen, daß der Abstand von Mensch zu Mensch größer sein kann als zwischen Mensch und Gott. Aber diese Ahnung blieb all die Zeit über *äußerlich;* sie projizierte sich in die Institution eines einzigen, dessen Absolutheit und Souveränität alle anderen zu Unfreien und Abhängigen erniedrigte. Es bedeutete einen entscheidenden Durchbruch der Vernunft, eine absolute Kulturschwelle des Geistes, als man vor zweihundert Jahren im Gefolge der Aufklärung die Könige stürzte und den Menschen selber, den Dritten Stand, den »einfachen« Bürger zum Souverän erhob.

Die Tiefenpsychologie versucht nichts anderes, als diesen Schritt

innerlich nachzuarbeiten; sie steht nicht im Widerspruch zur politischen Freiheitsgeschichte, sie vollzieht lediglich psychologisch
nach, was sich in der äußeren Geschichte als Möglichkeit darbietet.
Und dieser psychische Nachvollzug ist außerordentlich wichtig.
Ein Mensch wird nicht dadurch frei, daß man ihn in der Konstitu-
tion eines Staates für frei und mündig *erklärt*, er ist es erst wirklich, wenn er die Verwandlung seines Lebens in seine eigene Kö-
nigsgestalt hinein am eigenen Leibe, in der eigenen Seele mitvoll-
zieht, und insofern ermöglicht die Tiefenpsychologie gerade im
Umgang mit dem Archetypus des »Königs« allererst, daß sich zu
realisieren vermag, was in projizierter, veräußerlichter Gestalt der
Verwirklichung des Inhaltes dieses symbolischen Bildes geradezu
im Wege stehen muß: die Königswürde und die Absolutheit der
individuellen Existenz. Nichts mehr kann der Tod einem Menschen anhaben, der nach der Entdeckung seiner Vitalität in einem
zweiten Schritt zu seiner eigenen Geistigkeit gefunden hat. Nichts
– außer dem physischen Tod selbst.

Denn das wird nun *die dritte,* die endgültige Frage des Grimmschen Märchens sein: Was können Menschen tun, wenn im vor-
rückenden Alter zum drittenmal nun nicht mehr nur die »Knechte
der Köchin«, sondern die grausame »Mutter Natur« selber ihren
»Kindern« nachstellt und die Fliehenden einholt? Wie läßt sich
leben mit der absoluten Gewißheit, die über allem steht, was wir
sind oder tun: eines Tages wird der Tod uns einholen und seine
Hand nach uns ausstrecken? Es ist ein wunderbares Bild voller
uralter religiöser Erfahrung und Weisheit, wenn das Grimmsche
Märchen erzählt, wie der »Fundevogel« und das »Lenchen« vor
dem Herannahen der »Köchin«, nachdem sie ein letztesmal sich
ihrer Zusammengehörigkeit versichert haben, die Gestalt eines
Sees und einer *Ente* annehmen.

Eine symbolische Vision der Alten Ägypter vom Anbeginn der
Welt taucht in dieser Szene auf. Speziell in der Weltentstehungs-
mythe von Hermopolis nahm man an, daß die Stadt selber auf dem
Urhügel der Welt erbaut sei. »In einem zum Tempel von Hermo-
polis gehörenden Park war ein heiliger See, der ›Meer der zwei
Messer‹ genannt wurde. Aus diesem, so hieß es, sei die ›Insel der
Flammen‹ aufgetaucht, die als Urhügel galt. Diese Insel war ein
berühmter Wallfahrtsort und Stätte vieler kultischer Feste. Vier

verschiedene Fassungen des in Hermopolis erzählten Schöpfungs-
mythus waren mit diesem See und dieser Insel verbunden. Der
einen Variante nach ist die Erde in einem kosmischen Ei entstanden (eine Vorstellung, die der vom allumfassenden Nun – dem
Urgewässer, d. V. – nicht unähnlich war). Dieses Ei war auf dem
Urhügel gelegt worden, und zwar von der himmlischen Gans, die
zuerst das Schweigen der Welt brach und ›Großer Schnatterer‹
genannt wurde. Das Ei enthielt Re, den Vogel des Lichts, der die
Welt erschaffen sollte ... Die zweite Version dieses Mythus ähnelt
der ersten; nur hat in diesem Fall ein Ibis das Ei gelegt, der Vogel
des Thot, der der Gott des Mondes und der Weisheit war.« Den
beiden anderen Fassungen zufolge entstand die Sonne als ein kleines Kind aus einer Lotusblume, die den Wassern des Teiches von
Hermopolis entstieg, und aus den Tränen dieses Sonnenkindes
bildeten sich der Überlieferung nach die Menschen. Der »See« und
die »Gans« (beziehungsweise die »Ente«) sind diesem Mythus zufolge ursprünglich als Bilder für das Geheimnis der Entstehung des
Alls aus dem Nichts zu verstehen.

Legen wir diese Symbolbedeutung von »See« und »Ente« zugrunde, so geht es an dieser Stelle des Grimmschen Märchens jetzt
nicht mehr nur um eine Widerlegung des Todes mitten im Leben,
es geht um das Symbol einer Verwandlung, die den Tod selber zu
töten vermag, indem sie *das Wunder der Schöpfung der Welt* im
Leben eines einzelnen Menschen erneuert und ihn, der in der Zeit
aus dem Nichtsein entstand, aus der Vergänglichkeit der Zeit in ein
Dasein jenseits von Zeit und Raum entläßt. Ohne von der Hoffnung auf Unsterblichkeit ausdrücklich zu sprechen, stellt dieses
Schlußbild der Grimmschen Erzählung doch gerade den Ausdruck
und die Vermittlungsform dieses Versprechens der Religionsformen aller Zeiten dar; es gibt diese Hoffnung jedoch auf eine »reli-
giösere« Weise wieder, als es die Sprache reflektierter Theologie zu
tun vermöchte: Es *redet* nicht davon, es stellt keine *Doktrin* darüber auf, es führt keine Wortgefechte um Begriffe und Begriffsver-
knüpfungen, es versucht lediglich eine »Aussicht«, eine »Evidenz«
zu begründen durch ein ebenso einfaches wie komplexes Bild, das
den Anfang der Welt im ganzen mit dem Ende und Neubeginn der
individuellen Existenz verbindet.

Den Sinn einer solchen bildhaften Überredungskunst muß man

in etwa so wiedergeben: »Du fürchtest dich beim Herannahen des Todes? Du hältst ihn für ein Hinabgezogenwerden in das Meer des Verlöschens und des Nichtseins? Du fragst dich, warum du gelebt hast, wenn nichts von dir bleiben wird, um zu überleben? Aber ist es denn so falsch, was die Religion den Menschen an allen Orten und in allen Kulturen seit jeher zu vermitteln versucht: Ein Mensch werde im Tod nicht hinweggerafft, es löse vielmehr seine Seele sich nur aus den Fesseln von Raum und Zeit, sie verlasse das Gefängnis der irdischen Existenz und sie verlange danach, zurückzukehren zu ihrer ewigen Heimat unter die Sterne? Du fragst dich, wie so etwas möglich sei. Ob es überhaupt so etwas wie eine ›Seele‹, getrennt vom Körper, geben könne? Nun, auch wenn es keine ›geistige Substanz‹ geben mag, die sich vom Körper trennen ließe, so gibt es doch deine eigene Person, und warum soll sie nicht von denselben Kräften, die dich unter den Voraussetzungen dieser irdischen Welt ins Leben riefen, am Ende deines Lebens noch einmal hervorgebracht werden? Ein solches Wunder wäre nicht geringer, als daß du überhaupt existierst, und selbst wenn du ganz richtig sagst: Ich kann mir ein Leben nach dem Tod durchaus nicht vorstellen, so bleibt doch die Frage: Wie hättest du jemals dir vorstellen können, es sollte dich oder die ganze Welt geben, als du und die ganze Welt noch gar nicht bestanden?« – Solcher Art sind die »Argumente«, die das Märchen vom ›Fundevogel‹ zugunsten der »Tötung« des Todes in den Bildern von »See« und »Ente« geltend macht; doch handelt es sich wohlgemerkt um »Argumente« in Form symbolischer Bilder, nicht in Form intellektueller Begriffe; es handelt sich nicht um Beweise einer bestimmten Überzeugung, sondern um Hinweise einer bestimmten Art, die Welt zu sehen, und diese Hinweise wollen eher meditativ als diskursiv angeeignet werden.

Das Bild von »See« und »Ente« ist den meisten Lesern wohl geläufig durch das bekannte Märchen von ›Hänsel und Gretel‹, an dessen Ende eine Ente die Kinder über ein »großes Wasser« nach Hause zu ihrem Vater zurückträgt, nachdem sie die böse, menschenfressende Hexe im Feuer getötet haben. Das Märchen von ›Hänsel und Gretel‹ erzählt von der Loslösung zweier Kinder (beziehungsweise in subjektaler Deutung, eines Jungen) von dem negativen Anteil der Mutter(-Imago); das Märchen von dem ›Fundevogel‹ hingegen schildert an dieser Stelle in einem an sich analogen Symbol den Sieg über die tödliche Macht der »Mutter Natur«, der kannibalischen »Köchin«, und so sind »See« und ›Ente« *hier* keine »Transportmittel« mehr, um über das »Meer« des Unbewußten nach Hause zu gelangen, sondern Verwandlungsformen, in welche die »Kinder« sich kleiden müssen, um den Tod zu töten und das Leben unsterblich zu machen.

Ein entscheidendes Problem religiöser Unterweisung liegt darin, bestimmte Bilder existentieller Erfahrung so zu vermitteln, daß sie sich selber als Wirklichkeit setzen. Man besiegt den Tod, besagt das Bild vom »See«, indem man die eigene Seele so weit macht wie die Urflut zwischen den Horizonten. Es gilt, ein Gefühl zu gewinnen für die Unendlichkeit des Seins, eine immer deutlichere Empfindung für das Wunder des Daseins und eine wachsende Dankbarkeit für die unerhörte Gnade des Lebens.

Eine oft rührende Sanftheit der Weltbetrachtung läßt sich in dem Verhalten mancher *älter gewordener Leute* ganz in diesem Sinne beobachten: Ihre Enkelkinder verspotten sie vielleicht ein wenig des Kanarienvogels oder der Katze wegen, mit denen sie leben, aber in Wirklichkeit bedeuten diese Tiere, die sie sehr lieben, für sie so etwas wie eine Brücke zum Universum. Sie verkörpern für sie ein Stück von der wunderbaren Schönheit der Welt; sie lehren sie etwas von dem Anrecht eines jeden noch so hinfälligen Lebewesens auf ein kreatürliches Glück; sie verweisen einfach durch ihre Existenz auf den rätselvollen Zusammenhang, der alles Leben miteinander verbindet. »Manchmal«, sagte mir vor Zeiten ein Mann, »tröstet mich bei dem Gedanken an den Tod die Vorstellung, daß in Jahrtausenden nach mir in den Felsspalten der Berge wie seit eh und je die Bergkristalle sich aufbauen werden, in den unterirdischen Tropfsteinhöhlen werden die Stalagmiten und Stalaktiten einander entgegenwachsen, Schildkröten werden nach Tausenden von Kilometern zu dem Eiland ihrer Geburt zurückkehren, und in den Weiten des Weltalls werden aus kosmischem Staub neue Sterne zu glühen beginnen und alternde Sterne die Last der schweren Elemente, die in ihrem Inneren zusammengeschweißt wurden, an den unendlichen Raum des Kosmos abgeben. Alles wird weitergehen. Früher hat mich dieser Gedanke traurig gemacht. Heute tröstet er mich. Die Welt und die Erde brauchen uns gar nicht. Sie möchten nur, daß wir sie nicht immer wieder durcheinanderbringen.«

Zu einer solch ruhigen, betrachtenden Einstellung kann man wohl nur gelangen, wenn man den »jugendlichen« Willen, die Welt nach eigenem Gusto zu gestalten, nach und nach aufgegeben hat. Solange man glaubt, etwas »machen« zu müssen, schrumpft das ganze Weltall auf das Format des Laufställchens unserer kindlichen Geh- und Greifversuche zusammen; zum Handeln brauchen wir Maßstäbe, die so klein sind, daß sie den Ansprüchen dessen, was wir »Verantwortung« nennen, einigermaßen entsprechen. Erst wenn wir das Prinzip des Tuns verlassen und uns stärker in der Einfachheit des Seins verankern, wird unser Blick frei für die Weite der Welt. Sie ist ein wirklicher Schutz vor dem Tod; denn sie zeigt uns, daß es den Tod im Grunde nicht gibt. Was es gibt, ist ein unendlicher Austausch in unendlichen Formen, ein Fließen und Sichdurchdringen von Kräften und Stoffen, die in immer neuen Strukturen und Mustern die Tendenz in sich tragen, alles, was an Komplexität und Schönheit nur irgend hervorgebracht werden kann, auch wirklich hervorzubringen. Dieses sich bis an den Horizont und darüber hinaus dehnende Vertrauen in die Güte der Welt nimmt der Nähe der »Köchin« jedes Moment von Angst und Gefahr. Ihr Antlitz versinkt buchstäblich in dem »See« der Welt und der menschlichen Seele, in den der »Fundevogel«, die Größe des menschlichen Geistes, sich selbst verwandelt hat – sich selber verwandeln kann.

Gleichwohl bleibt daneben immer noch die Angst vor dem persönlichen Tod erhalten. Gewiß, es gibt in der Natur keinen Tod, sondern nur ein endloses Umgestalten und Spielen in neuen Formen; und doch – auf der individuellen Ebene erscheint dieser »Kochtopf«Aspekt der Natur nach wie vor als grausig und unwürdig. Kein Mensch, der lebt, kann damit einverstanden sein, daß er nichts anderes gewesen sein soll als ein chemisches Substrat von relativ kurzfristiger Zusammensetzung, und es ist durchaus kein Trost, zu vernehmen, daß dieselben Stoffe, die den eigenen Körper am Leben erhielten, Eingang finden werden in neue Verbindungen und Zusammensetzungen; denn das werden sie freilich, aber es hat absolut nichts zu tun mit dem, was wir als Personen sind oder gewesen sind. Und eben deshalb ist das Bild der »Ente« (bezie-

hungsweise der »Gans« der Alten Ägypter) so wichtig. Mit ihrem
Vermögen, in die Luft zu fliegen, verkörpert die »Ente« *die verti-
kale Orientierung* in die Höhe. Es gilt mit anderen Worten, getragen von der Erstreckung ins Horizontale, sich in die Luft zu erheben und den Blick in die Weite des Himmels zu werfen, und zwar
nach »ägyptischem« Vorbild.

Die Seele des Menschen galt den Alten Ägyptern als ein goldener
Vogel, der im Moment des Todes sich von der sterblichen Hülle
des Leibes löst und zu den Sternen emporfliegt, um an der Seite
der Sonne Platz zu nehmen. Der Seelen-Vogel der Ägypter, der
»Ba«, trug das Gesicht des nur scheinbar Verstorbenen, des in
Wahrheit in das Land der Ewigkeit Hinübergegangenen, und vor
ihm abgebildet wurde gern ein Weihrauchgefäß, dem eine Wolke
von Wohlduft entstieg. »Das, was zu Gott macht« (śnṯr) nannten
die Ägypter den Weihrauch und ebenso: Als etwas, das den Menschen wie Weihrauch zum Himmel trägt und ihn erhebt in die
Sphäre des Göttlichen, galt ihnen die menschliche Seele. Erst eine
solche Vorstellung von der Größe des menschlichen Daseins, wie
sie sich in dem »Ba«-Vogel beziehungsweise in der »Gans« der
Alten Ägypter aussprach und in dem Grimmschen Märchen durch
das Seelenbild der »Ente« Gestalt gewinnt, vermag den Todes-
aspekt der Natur, die Todesgestalt der »Köchin«, endgültig in den
Fluten der Unendlichkeit zu ertränken. Und erst so, als Gerettete
jenseits der Angst, finden die fliehenden Menschen »herzlich froh«
»nach Haus«, wie das Grimmsche Märchen betont. Was sonst als
ein bloßer Formelvers auf die überzeitliche Gültigkeit und zeitlose
Schönheit der Märchen erscheinen mag, *hier* steht es zu Recht,
dieses: »Und wenn sie nicht gestorben sind, (dann) leben sie noch
(heute).« Denn eben dies, daß Menschen niemals »gestorben sind«,
wenn sie sterben, ist der Sinn und der Abschluß dieser erstaunli-
chen Erzählung der Brüder Grimm vom ›Fundevogel‹.

. . .

Nachwort

»Das größte und zugleich uns allernächste Welträtsel ist der Mensch selber.« Dieses Diktum C. G. Jungs lieferte nicht nur den Titel, sondern auch das Thema des vorliegenden Lesebuchs. Das unbekannte Wesen Mensch in seinen vielfältigen Facetten zu erkennen und für sein Seelenheil Sorge zu tragen vereint die fünfzehn hier versammelten Autoren.

Ein Rätsel ist sich der Mensch aber nicht erst in unseren Tagen. Als Problem entdeckt er sich im Lauf des 18. Jahrhunderts: Der englische Dichter Alexander Pope bestimmt den Menschen zum einzig angemessenen Thema menschlichen Fragens: »The proper study of mankind is man«, und in Deutschland faßt Immanuel Kant das große Thema seiner Philosophie in den Satz: »Was ist der Mensch?«

Daher verwundert es auch nicht, daß sich gerade in der Aufklärung die Psychologie als ein Teilfach der Metaphysik einerseits und der Ethik andererseits zu emanzipieren und sich im Lauf des Jahrhunderts langsam zu einer immer eigenständigeren Disziplin entwickelt – ein Prozeß der sich dann im 19. Jahrhundert beschleunigt. Aus dieser Entstehungsgeschichte erklärt sich auch zu einem gut Teil das ambivalente Erscheinungsbild der modernen Psychologie, wie sie dann mit Sigmund Freud einsetzt. Zum einen unternimmt sie Gesamtdeutungen des Menschlichen, zum anderen will sie lebenspraktische Hilfe geben.

Diesem doppelten Erscheinungsbild trägt auch dieses Lesebuch Rechnung. Es stellt Autoren, die eher an einer umfassenden Deutung des Menschseins interessiert sind neben solche, denen es um die Lösung ganz konkreter Einzelprobleme geht. Allen Texten ist ihre Zugehörigkeit zum 20. Jahrhundert eingeschrieben: Vorausgesetzt wird nicht mehr, daß der Mensch ein gutes und zufriedenstellendes Leben von Natur aus erreichen kann, sondern thematisiert wird die Frage, wie er dies durch alle Gefährdungen hindurch erreichen kann.

Den Reigen der Autoren eröffnet der Individualpsychologe

C. G. Jung, der als Lösung für die Probleme des Menschen eine vorrangige Bemühung um die Erkenntnis seines seelischen Wesens fordert. Er stellt ihm Selbstbesinnung anheim, das Befassen mit dem eigenen Inneren, wie es etwa in Träumen und ihren ewig gleichen Grundbildern, den Archetypen, an die Oberfläche des Bewußtseins dringt. Gelingt dieser Prozeß beim einzelnen, so wird auch über kurz oder lang die »große Sache« der Menschheit nicht schiefgehen.

Vom entgegengesetzten Standpunkt, von den gesellschaftlichen Bedingungen aus argumentiert der Psychoanalytiker und Sozialphilosoph Erich Fromm. In der modernen Gesellschaft definiert sich der Mensch nicht mehr durch sein Ich, sondern durch seinen Konsum, das Haben-Prinzip.

Diese allgemeine Ichschwäche ist mit den ökonomischen und gesellschaftlichen Bedingungen so eng verbunden, daß Selbstbesinnung allein nicht mehr ausreicht. Es bedarf der Veränderung der Gesellschaft.

Dem fortwährenden Prozeß des Zerfalls entgegenzuwirken, das ganzheitliche Ich zurückzugewinnen, darum geht es dem Begründer der Gestaltpsychologie Frederick S. Perls. Diesen Gedanken vom Organismus als einer Ganzheit, die mehr ist als die Summe ihrer Teile, in die Sprache der Psychologie eingeführt zu haben erklärt er selbst zum originären Beitrag der Gestaltbewegung.

War das Bestreben Jungs, Fromms und Perls, eine umfassende Deutung des Menschseins vorzunehmen und sich grundsätzlich über Wege zu äußern, wie seine Probleme zu lösen seien, so beschäftigen sich alle weiteren Autoren dieses Readers mit Einzelaspekten des Welträtsels Mensch und lassen seine verschiedenen Facetten aufscheinen.

Der Psychoanalytiker Arno Gruen befaßt sich mit zwei entgegengesetzten Richtungen des Wahnsinns: dem »ganz normalen« Wahnsinn lebensfeindlichen Handelns, der den Deckmantel realitätsgerechten Verhaltens trägt, und dem Wahnsinn als Protest gegen die als unerträglich empfundenen Formen des sozialen Lebens und der zwischenmenschlichen Beziehungen. Paradoxerweise gilt aber nur letztere Erscheinungsform in unserer Gesellschaft als Krankheit. Der wahre Hoffnungsträger ist demgegenüber das autonome Selbst, in dem Innenwelt und Außenwelt integriert sind,

was verantwortungsvolles Handeln und echte Menschlichkeit erst
möglich macht.

Nicht so sehr um das Individuum, sondern um den im Netz
seiner Beziehungen verflochtenen Menschen geht es in den Beiträgen von Irene Claremont de Castillejo, Peter Schellenbaum und
Anne Wilson Schaef.

Die englische Analytikerin Irene Claremont de Castillejo stellt
sich die Frage, was eine erfüllte, belebende und bereichernde
Begegnung zwischen zwei Menschen eigentlich verhindert. Und
sie konstatiert drei Ursachen: das Gefangensein auf zwei unterschiedlichen Bewußtseinsebenen, das unaufrichtige Vorspielen einer Rolle und die Unfähigkeit, einander zuzuhören. Die »Tragik
des glücklichen Paares« beginnt nach Peter Schellenbaum dort, wo
es dem seit Jahrzehnten propagierten Idealbild der bürgerlichen
Ehe aufsitzt, sich dem darin postulierten Harmonie- und Ergänzungsdruck unterwirft und das nur scheinbar trennende Nein zum
anderen aus seiner Zweierbeziehung ausklammert. Das wahrhaft
glückliche Paar lebt nämlich einen »Egoismus zu zweit«. Die
Suchtbeziehung als pervertierte Form der wahren Liebe charakterisiert die amerikanische Psychotherapeutin Anne Wilson Schaef.
Dabei entlarvt sie die Sucht nach Nähe als eigentliche Flucht vor
Nähe – nur Menschen, die sich selbst nahe sind und nicht Nähe
von außen erwarten, vermögen intakte Beziehungen aufzubauen.

Psychologischen Rat oder die Hilfe eines Therapeuten suchen
die meisten Menschen, wenn die Wogen einer Lebenskrise über
ihnen zusammenzuschlagen drohen. Die Krise hingegen nicht als
lebensbedrohend anzusehen, sondern das in ihr steckende Potential zu nutzen und sie ins Positive zu wenden ist eine wesentliche
Erkenntnis zeitgenössischer Psychologen. In diesem Sinne begreift
die Schweizer Analytikerin Verena Kast Krisen als Chancen: Wer
sie annimmt und schöpferisch mit ihnen umzugehen vermag –
nötigenfalls unter therapeutischer Anleitung –, für den halten sie die
Möglichkeit bereit, neue Sinnerfahrungen und Lebenskompetenz
zu erlangen sowie die Persönlichkeit umfassend zu entfalten. Einen
fruchtbaren Kern bergen die Grenzerfahrungen in Krisensituationen auch in den Augen von Irène Kummer, die sich speziell den
Wendezeiten im Leben der Frau zugewandt hat. Am deutlichsten
spürbar und erfahrbar ist der weibliche Gestaltwandel auf körper-

licher und psychischer Ebene wohl während der Schwangerschaft.
Und auch hier gilt es, den Abschied von der alten, vertrauten
Gestalt und den Aufbruch in die neue Identität zu bejahen und
leibhaft zu vollziehen.

Schwangerschaft, Geburt, das erste Kind ist da – völlig neue
Anforderungen und ungewohnte Situationen für jeden, für Frau,
für Mann. Was passiert? Der elterliche Notstand bricht aus. Mit
den veränderten Gleichgewichtsverhältnissen innerhalb der jungen
Familie setzen sich der englische Familientherapeut Robin Skynner und das Monty-Python-Mitglied John Cleese in ihrem höchst
unterhaltsamen Gedankenaustausch unter anderem auseinander:
Der frischgebackene Vater fühlt sich ob der neuen Lebensumstän-
de im Hintertreffen und schmollt, während die frischgebackene
Mutter gerade in dieser Umbruchszeit dringend seiner Unterstützung bedürfte. Ein ernsteres und folgenschwereres Mißverhältnis
prangert die französische Psychoanalytikerin Christiane Olivier
an: die auch heute noch weitgehend Abwesenheit der Väter vom
Wickeltisch wie auch vom Erziehungsgeschehen allgemein. Da
Mädchen und Jungen überwiegend von der Mutter erzogen werden, entsteht in ihrer geschlechtlichen Entwicklung bald eine
Asymmetrie: Das männliche Geschlecht verfügt von Geburt an
über ein adäquates Sexualobjekt, das weibliche jedoch nicht. Diese
fehlende Befriedigung hat aber lebenslange tiefgreifende Auswirkungen auf Persönlichkeit und Selbstbild der Frau.

Eine kindgerechte Erziehung stand im Mittelpunkt des Schaf-
fens der italienischen Ärztin und Pädagogin Maria Montessori. Sie
entwickelte ein eigens – heute noch weltweit bedeutendes – Erzie-
hungskonzept, das sie unter die Leitgedanken der Entdeckung und
Befreiung des Kindes stellte. Die Selbsterziehung des Erziehers zu
Toleranz und Selbstdisziplin ist dazu ebenso erforderlich wie die
Achtung vor der Persönlichkeit des Kindes und die Anpassung der
materiellen Umgebung an die kindliche Körpergröße. Wie schnell
sich Fehler in die Erziehung einschleichen können, selbst wenn
oder gerade weil sie von den besten Absichten begleitet ist, schildert die Psychologin Jirina Prekop. Einen kleinen Tyrannen produzieren allzu wohlmeinende Eltern nämlich dann, wenn sie sich
mitsamt ihren Lebensbedingungen dem Baby anpassen, anstatt der
Ambivalenz Rechnung zu tragen, wozu auch gehört, Grenzen zu

setzen. Ein Kleinkind, das seine Eltern als voll beherrschbar erkennt, wird diese Erfahrung zu einer Ersatzbefriedigung für sein
Grundbedürfnis nach Geborgenheit machen.

Für den Kinderpsychologen Bruno Bettelheim besteht die wichtigste und schwierigste Aufgabe der Erziehung darin, dem Kind
dabei zu helfen, einen Sinn im Leben zu finden. Um sich in einer
immer komplizierter werdenden Welt zurechtzufinden und Ordnung – und damit Sinn – in das Durcheinander seiner Gefühle zu
bringen, bedarf es einer Anleitung, einer moralischen Instruktion.
Diese ordnungsstiftende erzieherische Qualität besitzen die Märchen: Auf einer unbewußten Ebene bringen sie dem Kind die
eigenen schweren inneren Spannungen nahe und bieten ihm Beispiele, wie bedrückende Schwierigkeiten vorübergehend oder dauerhaft gelöst werden können.

Eugen Drewermanns meisterhafte tiefenpsychologische Deutung des Grimmschen Märchens vom Fundevogel setzt den
Schlußpunkt dieses Lesebuchs. In der Ausgangsfrage seiner Inter-
pretation kristallisiert sich nicht nur eine zentrale Problematik des
Menschseins, sie ist die letzte große Frage des Lebens überhaupt:
Wie antwortet man als Mensch auf die ständige Bedrohung durch
den Tod? Indem man sich in jedem Lebensabschnitt neu wandelt.
»Indem man«, wie Erwin Ringel es trostreich formulierte, »vor der
entscheidenden Herausforderung des Todes nicht mehr länger
wegläuft, sondern innehält und innerlich die Antwort zu geben
versucht, die jeweils an der Stelle des bisherigen Lebensweges
möglich und notwendig ist. Leben, das heißt sich aufmachen und
weitergehen, immer weiter, zu neuen Gestaltungen und Reifungs-
wandlungen, wie sie bislang noch nicht einmal vorstellbar waren.
Leben, das ist der ständige Aufbruch, die unaufhörliche Änderung, das Annehmen immer neuer Formen.«

Hannelore Roeckelein

Autoren und Quellennachweis

Bruno Bettelheim, 1903 in Wien geboren, emigrierte 1939 in die USA, war Professor für Pädagogik, Psychologie und Psychiatrie an der Universität Chicago und gründete 1944 die Orthogenic School für schwer gestörte Kinder. Er schrieb zahlreiche Werke über die Probleme der Kindererziehung. Bettelheim starb 1990 in Silver Spring, Maryland, durch Freitod.
Vom Sinn der Märchen und des Lebens (Titel der Herausgeberin) . . . 212
Aus: Kinder brauchen Märchen. Aus dem Amerikanischen von Liselotte Mickel und Brigitte Weitbrecht. Deutscher Taschenbuch Verlag, München 1980, S. 9–18. © Deutsche Verlags-Anstalt, Stuttgart 1977.

Irene Claremont de Castillejo, 1896 geboren, studierte Geschichte und lebte, mit einem Pädagogen verheiratet, viele Jahre in Spanien. 1936 emigrierte sie nach Frankreich, später nach England. Von 1945 an arbeitete sie als Jungsche Analytikerin in London.
Von der Kunst der Begegnung (Titel der Herausgeberin) 65
Aus: Die Töchter der Penelope. Elemente des Weiblichen. Aus dem Englischen von Ute Evertz. Deutscher Taschenbuch Verlag, München 1993, S. 9–24. © Walter-Verlag, Olten 1979.

Eugen Drewermann, 1940 in Bergkamen bei Dortmund geboren, studierte Philosophie, Theologie und Psychologie und habilitierte sich in katholischer Theologie. Er war Priester und Dozent in Paderborn, bis er wegen seiner grundlegenden Kirchenkritik in Auseinandersetzung mit der katholischen Amtskirche geriet, und ist seither als Therapeut und Schriftsteller tätig. Bekannt wurde er vor allem durch seine Streitschrift ›Kleriker‹ sowie durch seine tiefenpsychologischen Interpretationen Grimmscher Märchen.
Leben an der Seite des Todes: das Märchen vom Fundevogel (Titel der Herausgeberin) 223
Aus: Rapunzel, Rapunzel, laß dein Haar herunter. Grimms Märchen tiefenpsychologisch gedeutet. Deutscher Taschenbuch Verlag, München 1992, S. 317–352 (gekürzt). © Walter-Verlag, Olten 1990.

ERICH FROMM, 1900 in Frankfurt am Main geboren, kam nach seiner
Promotion im Fach Soziologie 1922 in Heidelberg mit der Psychoanalyse
Freuds in Berührung und wurde Psychoanalytiker. Von 1930 bis 1939
gehörte er neben Marcuse, Löwenthal, Benjamin, Pollock und anderen
jungen Gelehrten um Max Horkheimer zur Frankfurter Schule. 1933 emigrierte er in die USA, wo er an verschiedenen Instituten lehrte. Von 1950
bis 1974 lebte und lehrte er in Mexiko. Fromm starb 1980 in Locarno in
der Schweiz.

Aus: Über die Liebe zum Leben. Rundfunksendungen. Herausgegeben
von Hans Jürgen Schultz. Deutscher Taschenbuch Verlag, München 1986,
S. 11–25. © The Estate of Erich Fromm 1983.

ARNO GRUEN, 1923 in Berlin geboren, emigrierte 1936 in die USA, wo er
1961 als Psychoanalytiker bei Theodor Reik promovierte. Er war an verschiedenen Universitäten und Kliniken tätig, zuletzt als Professor an der
Rutgers Universität New Jersey, daneben seit 1958 in psychotherapeutischer Privatpraxis. Arno Gruen ist Autor zahlreicher Bücher, darunter
›Der Verrat am Selbst‹, sowie von Publikationen in Fachzeitschriften und
Zeitungen. Er lebt seit 1979 in der Schweiz.

Aus: Der Wahnsinn der Normalität. Realismus als Krankheit: eine grundlegende Theorie zur menschlichen Destruktivität. Deutscher Taschenbuch Verlag, München 1987, S. 184–195. © Deutscher Taschenbuch Verlag, München 1987.

CARL GUSTAV JUNG, am 26. Juli 1875 in Kesswil in der Schweiz geboren,
studierte Medizin und arbeitete von 1900 bis 1909 an der psychiatrischen
Klinik der Universität Zürich (Burghölzli). 1905 bis 1913 war er Dozent
an der Universität Zürich, 1933 bis 1942 Titularprofessor an der ETH und
1943 Ordentlicher Professor für Psychologie in Basel. Jung gehört mit
Sigmund Freud und Alfred Adler zu den drei Wegbereitern der modernen
Tiefenpsychologie. Nach der Trennung von Sigmund Freud 1913 entwik-
kelte er die eigene Schule der Analytischen Psychologie. C. G. Jung starb
1961 in Küsnacht.

Aus: Wirklichkeit der Seele. Deutscher Taschenbuch Verlag, München
1990, S. 27–48. © Walter-Verlag, Olten 1986.

VERENA KAST, 1943 in der Schweiz geboren, studierte Psychologie, Philosophie und Literatur und promovierte in Jungscher Psychologie. Sie ist Professorin für Psychologie an der Universität Zürich, Dozentin und Lehranalytikerin am C. G. Jung-Institut und Psychotherapeutin in eigener Praxis. Die Autorin zahlreicher Bücher ist vor allem bekannt durch ihre Märchenanalysen.

Aus: Der schöpferische Sprung. Vom therapeutischen Umgang mit Krisen. Deutscher Taschenbuch Verlag, München 1989, S. 11–28. © Walter-Verlag, Olten 1987.

IRÈNE KUMMER, 1944 geboren, studierte Literaturwissenschaft, Geschichte und Psychologie in Zürich, Ottawa und Freiburg im Breisgau. Sie ist Lehranalytikerin der Schweizerischen Gesellschaft für Individualpsychologie, Lehrbeauftragte am Institut für angewandte Psychologie und Privatdozentin für Literatur an der ETH Zürich. Außerdem arbeitet sie als Psychotherapeutin in eigener Praxis, hält Seminare und Vorträge im In- und Ausland, ist Autorin zahlreicher Veröffentlichungen zu Literatur und Psychologie sowie Mutter von zwei Kindern.

Aus: Wendezeiten im Leben der Frau. Krisen als Chance zur Wandlung. Unter Mitarbeit von Nina Disler. Deutscher Taschenbuch Verlag, München 1992, S. 74–85. © Kösel-Verlag, München 1989.

MARIA MONTESSORI, 1870 in Chiaravalle bei Ancona geboren, Ärztin und Pädagogin, erwarb als erste Italienerin 1896 den medizinischen Doktorgrad und war von 1900 bis 1908 Professorin in Rom. Die grundlegenden Prinzipien ihres Erziehungsprogramms und ihre Einsichten in die kindliche Psyche hatten weltweit großen Einfluß auf die moderne Pädagogik. Sie starb 1952 in Noordwijk aan Zee in den Niederlanden.

Aus: Kinder sind anders. Aus dem Italienischen von Percy Eckstein und Ulrich Weber, bearbeitet von Helene Helming. Deutscher Taschenbuch Verlag, München 1987, S. 115–135. © Klett-Cotta, Stuttgart 1952, 1986, 1993.

CHRISTIANE OLIVIER studierte Literatur und Psychologie und ist seit 1968 als Psychoanalytikerin tätig. In ihren auch für Laien verständlichen Büchern erweitert sie die traditionelle psychoanalytische Theorie um die weibliche Perspektive. Sie lebt mit Mann und drei Kindern im Süden Frankreichs.

Aus: Jokastes Kinder. Die Psyche der Frau im Schatten der Mutter. Aus dem Französischen von Siegfried Reinke. Deutscher Taschenbuch Verlag, München 1989, S. 47–68. © Claassen Verlag, Düsseldorf 1987.

FREDERICK S. PERLS, 1893 in Berlin geboren, ist der Begründer der Gestalttherapie. Nach Abschluß seiner medizinischen und psychoanalytischen Ausbildung bei Karen Horney und Wilhelm Reich arbeitete er bis zu seiner Emigration bei Kurt Goldstein in Frankfurt. 1934 gründete er das Südafrikanische Institut für Psychoanalyse. Von 1946 bis zu seinem Tod 1970 praktizierte er in den USA, seit 1964 am Esalen-Institut in Kalifornien.

Aus: Gestalttherapie. Praxis. Aus dem Amerikanischen von Wolfgang Krege und Monika Ross. Deutscher Taschenbuch Verlag, München 1991, S. 44–48. © F. S. Perls, R. F. Hefferline, P. Goodman; Klett-Cotta, Stuttgart 1990.

JIRINA PREKOP, 1929 geboren, ist promovierte Diplom-Psychologin und arbeitet in der Abteilung für Entwicklungsstörungen im Olgahospital in Stuttgart. Die Autorin zahlreicher Bücher und Fachaufsätze ist vor allem bekannt durch ihre Festhalte-Therapie bei autistischen Kindern.

Aus: Der kleine Tyrann. Welchen Halt brauchen Kinder? Deutscher Taschenbuch Verlag, München 1991, S. 66–70 und 43–54. © Kösel-Verlag, München 1988.

ANNE WILSON SCHAEF, eine der bekanntesten amerikanischen Psychotherapeutinnen, ist Mitbegründerin des Woman's Institute of Alternative Psychotherapy. Seit ihrer Promotion arbeitet sie in eigener Praxis, daneben lehrt sie ihren prozeßtherapeutischen Ansatz auf zahlreichen Vortragsreisen und Workshops in den USA, Kanada und Europa, vor allem in der Bundesrepublik Deutschland.

Aus: Die Flucht vor der Nähe. Warum Liebe, die süchtig macht, keine Liebe ist. Aus dem Amerikanischen von Brigitte Jakobeit. Deutscher Taschenbuch Verlag, München 1992, S. 121–128 und 144–147. © Hoffmann und Campe, Hamburg 1990.

PETER SCHELLENBAUM, 1939 geboren, studierte Theologie und absolvierte eine Ausbildung zum Psychoanalytiker am C. G. Jung-Institut in Zürich, wo er zuletzt als Studienleiter tätig war. 1992 gründete er sein Institut für Psychoenergetik im Tessin. Er ist Autor zahlreicher Bücher, seine bekanntesten ›Das Nein in der Liebe‹ und ›Abschied von der Selbstzerstörung‹.

Aus: Das Nein in der Liebe. Abgrenzung und Hingabe in der erotischen Beziehung. Deutscher Taschenbuch Verlag, München 1986, S. 25–32. © Kreuz Verlag, Stuttgart 1984.

ROBIN SKYNNER studierte Medizin am University College Hospital in London und wurde zu einem Wegbereiter der Familientherapie in England. Er ist Mitbegründer sowohl des Institute of Group Analysis als auch des Institute of Family Therapy in London.
JOHN CLEESE, 1939 in Weston-super-Mare geboren, machte sein Abitur an der Clifton College Sports Academy, unterrichtete zwei Jahre lang und studierte dann Jura. Anschließend wurde er Komiker.
Aus: . . . Familie sein dagegen sehr. Aus dem Englischen von Annegret O'Dwyer. Mit zahlreichen Zeichnungen von Bud Handelsman. Deutscher Taschenbuch Verlag, München 1994, S. 66–78. © Junfermannsche Verlagsbuchhandlung, Paderborn 1988.

dialog
und praxis

dialog und praxis

Kathrin Asper:
Verlassenheit und
Selbstentfremdung
Neue Zugänge zum therapeutischen Verständnis

dtv

dialog und praxis

Frederick S. Perls
Ralph F. Hefferline
Paul Goodman:

Gestalttherapie
Grundlagen

dtv/Klett-Cotta

Psychologie
Analyse
Therapie

Kathrin Asper:
Verlassenheit und
Selbstentfremdung
Neue Zugänge zum
therapeutischen
Verständnis
dtv 35018

Verena Kast:
Wege aus Angst
und Symbiose
Märchen psycho-
logisch gedeutet
dtv 35020

Mann und Frau
im Märchen
Psychologische
Deutung
dtv 35001

Familienkonflikte
im Märchen
Psychologische
Deutung
dtv 35034

Wege zur
Autonomie
Märchen psycho-
logisch gedeutet
dtv 35014

Frederick S. Perls:
Das Ich, der Hunger
und die Aggression
Die Anfänge der
Gestalt-Therapie
dtv/Klett-Cotta
15050

Frederick S. Perls,
Ralph F. Hefferline,
Paul Goodman:
Gestalttherapie
Grundlagen
dtv 35010

Gestalttherapie
Praxis
dtv/Klett-Cotta
35029

Jean Piaget:
Das Weltbild des
Kindes
dtv/Klett-Cotta
35004

Das Erwachen
der Intelligenz
beim Kinde
dtv/Klett-Cotta
15098

Jean Piaget:
Die Psychologie des
Kindes
dtv/Klett-Cotta
35030

Peter Schellenbaum:
Die Wunde der
Ungeliebten
Blockierung und
Verlebendigung
der Liebe
dtv 35015

Tanz der
Freundschaft
Eine ungewöhnliche
Annäherung an das
Wesen der
Freundschaft
dtv 35067

Claude Steiner:
Wie man Lebens-
pläne verändert
Das Skript-Konzept
in der Transaktions-
analyse
dtv 35053